Neue Heimat – 0101

FRAUKE ANGEL

NEUE HEIMAT 0101

mit Illustrationen
von Stephanie Brittnacher

TULIPAN VERLAG

Gut gebrüllt, Löwe!

Omar nervt. Erst will er, dass ich mit ihm Fußball spiele. Kaum sind wir aufm Sportplatz, sieht er irgendeinen Knirps mit einem Bobbycar und er muss unbedingt sofort seines haben, da führt kein Weg dran vorbei. Weil ich aber genau weiß, dass Mama auch genervt ist, wenn er jetzt wieder reingeht, um es zu holen, mache ich das. Natürlich steht es vollkommen eingekeilt in der Abstellkammer, schließlich ist er ewig nicht damit gefahren. Und als ich nach fünfzehn Minuten zurückkomme, ist der Knirps samt Bobbycar verschwunden und Omar nicht mehr interessiert an seinem Babyspielzeug. Den Sportplatz haben inzwischen die Checker erobert, die angefixt vom Slalomfahren am Freitag schon wieder ihre Kurven drehen. Omar gafft und will jetzt unbedingt sofort Fahrradfahren lernen. Und zwar genau so! Einer von den Jungs kriegt das mit und lacht meinen Bruder aus, der wütend wird und »Doofmann!« auf den Platz brüllt. Was sich zugegebenermaßen ziemlich niedlich anhört, weshalb die Jungs auf ihren Rädern Omar noch lauter abfeiern und Omar noch wütender wird, weshalb er genau jetzt um den Käfig und durch das Drehkreuz auf den Platz rennt und brüllt. Womit ich kein Schimpfwort meine, Omar brüllt einfach Brülllaute. So wie Tiere es tun. Wobei es bei Tieren natürlich auch Sprache sein könnte, das weiß ich aber nicht, müsste ich mal googeln, aber nicht jetzt, denn jetzt hat Omar meine ganze Aufmerksamkeit, obwohl ihn die ausnahmsweise mal nicht interessiert. Er will die der Checker. Das mit dem Brüllen macht mein Bruder seit ein paar Tagen jedes Mal, wenn er wütend wird, und zwar urplötzlich, aber dann mit Ausdauer und Karacho. Er brüllt genau so lange, bis er kriegt, was er will, oder bis das, was ihn stört, beendet wird. Als diese Taktik noch nicht als solche zu erkennen war, haben wir uns zu Hause jedes Mal absolut erschrocken, weil wir dachten, es sei etwas wirklich Schlimmes passiert. Also mindestens ein Hundebiss oder irgendwas anderes mit Blut. Aber da war nichts. Nur Wut. Die Jungs auf dem Sportplatz erschrecken allerdings nicht, sie sind maximal kurz irritiert und dann endgültig abgenervt von dem kleinen Brüller. Und genau deshalb könnte es doch noch schlimm ausgehen. Mist!

»Verpiss dich!«, schreit einer scharf, als Omar den Käfig und damit ihre Slalompiste betritt. Und ein anderer fährt mit seinem Rad genau auf Omar zu, der aber keinen Millimeter zur Seite geht. Mutig ist er, das muss ich meinem Bruder lassen, aber ein bisschen blöd eben auch.

»Komm jetzt, Omar!«, schreie ich deswegen gegen sein Gebrülle an. »Ich hab ne super Idee, was wir machen können!« Aber Omar hört mich nicht. Sein Gebrülle ist lauter. Vor ihm stoppt das Rad und der Checker, er heißt Yildiz und wohnt in Turm eins, beugt sich über den Lenker zu meinem Bruder und sagt etwas. Und Omar hört auf zu brüllen. Und zwar genauso plötzlich, wie er begonnen hatte. Ich halte die Luft an. Was anderes bleibt mir auch gar nicht übrig, denn Klettern ist nicht mein Ding und der Eingang zum Sportplatz ist auf der gegenüberliegenden Seite des Käfigs. Bleibt also nur glotzen und beten.

Jetzt nickt Omar.

Yildiz sagt wieder was.

Dann schüttelt Omar den Kopf.

Yildiz lacht. Er steigt vom Rad, das er behutsam auf die Seite ablegt, und kommt noch näher zu meinem Bruder. Lieber Gott, bitte heute keine Katastrophe!

Yildiz beugt sich über Omar, formt seine Hände zu einem Trichter und legt sie meinem Bruder ans Ohr. Dann spricht er was in den Trichter. Nimmt die Hände runter, geht einen Schritt zurück und sieht Omar fragend an.

»Verstanden?«, verstehe ich.

Omar nickt.

Yildiz geht in die Hocke und fordert meinen Bruder auf, näher zu kommen. Als Omar fast bei ihm ist, bohrt er ihm seinen zuvor lockenden Zeigefinger plötzlich in die Brust.

Omar nickt wieder.

Was soll das sein? Gebärdensprache? Stille Post?

Oh mein Gott, mir wird schlecht.

Plötzlich legt Omar die Hände genauso zusammen wie Yildiz zuvor und spricht jetzt ihm was ins Ohr.

Yildiz grinst.

Und dann gibt er meinem Bruder High Five.

Der strahlt wie ein Mondgesicht und marschiert breitbeinig über den Sportplatz zurück zum Drehkreuz.

Ich fass es nicht.

»Alles klar, Panda?«

Als Enna mir ihre Hand auf die Schulter legt, erschrecke ich so sehr, dass ich ihr beim Umdrehen versehentlich das Bobbycar gegen das Schienbein donnere.

»Mist. Tut … tut mir leid.«

»Schon gut«, stöhnt Enna und kneift die Augen zusammen, schätze vor Schmerz. Aber dann holt sie kurz hintereinander dreimal tief Luft, die sie geräuschvoll ausstößt und ... es geht wieder?

»Gehts wieder?«, frage ich verwundert, denn ihre Stirn ist blitzschnell wieder glatt wie die See – ohne Wind.

»Ja, geht schon. Ich hab da nen Trick, mit dem lächelst du alles weg. Also alles außer ...« Enna unterbricht sich selbst. »Was wolltest du machen, kleine Spritztour durchs Ghetto?« Sie zeigt auf das Bobbycar, das ich immer noch festhalte. Keine Ahnung warum. Jetzt lass ichs ins Gras fallen. Augenblicklich geht Omars Gebrüll wieder los, der inzwischen auf unserer Seite des Käfigs auf der Zielgeraden ist.

»Nee«, stöhne ich genervt, »ich passe auf meinen Bruder auf, oder ich versuche es zumindest. Sei bloß froh, dass du keine Geschwister hast!« Und Enna ist froh. Das sehe ich. Sie widerspricht nicht. Sondern verzieht das Gesicht wieder, und diesmal scheint das mit dem Weglächeln auch nicht zu klappen, jedenfalls hält sie sich die Ohren zu, als Omar angebrüllt kommt. Doch als mein Bruder uns fast erreicht hat und noch bevor er sich heulend und schimpfend auf sein Bobbycar schmeißen kann – denn das würde normalerweise jetzt folgen –, hallt ein gellender Pfiff über den Sportplatz. Ein zweites Mal ist Omar augenblicklich ruhig. Alle sind das. Und alle starren Yildiz an. Der im Käfig wieder von seinem Rad abgestiegen ist und jetzt ganz nahe am Zaun auf Omars Höhe kommt.

»Ey Bro, was habe ich zu dir gesagt? Weißt du es noch?«

Omar nickt.

Yildiz lächelt freundlich und sagt dann bestimmt: »Gut, dann denk dran, du Penner. Und jetzt, verpiss dich! Und vergiss deine Kollegas nicht.«

Und Omar tut das. Schlendert die letzten Meter lässig auf Enna und mich zu. Wieder breitbeinig, oder bilde ich mir das ein? ›Okay‹, denke ich, ›muss ich das verstehen?‹ Nein, muss ich nicht. Jedenfalls nicht jetzt. Jetzt muss ich hier weg. Wir müssen weg! Als Omar bei uns ist, quetsch ich mir ein Lächeln raus und sage: »Lass uns abhauen, Omar. Sportplatz ist besetzt. Und aufm Rasen kannst du eh kein Bobbycar fahren. Wir müssen auf den Parkplatz. Oder wir nehmen die Rolli-Auffahrt vorm Haus, das fetzt bestimmt auch!«

Das fetzt bestimmt auch? Oh mein Gott, was rede ich denn da für einen Mist? Ich hör mich an wie Papa. Und ich kann Ennas Blick von der Seite spüren.

»Scheiße!«

Womit sie recht hat.

Yildiz ist inzwischen schon wieder mit Kurvendrehen beschäftigt. Mist, Mist, Mist! Warum kann ich dem Idioten nicht einfach eine reinhauen? Weil ich …, weil ich … feige bin. So einfach ist das. Ich bin feige und ängstlich und … nicht besonders stark. Das ist keine gute Mischung, um eine Schlägerei zu gewinnen. Aber mit Argumenten muss man den Checkern gar nicht erst kommen. Die hören ja doch keine drei Sätze zu. Und am Ende hauen sie mir vor meinem kleinen Bruder trotzdem eine rein.

Der jetzt Enna anstarrt. Sie starrt zurück. Dann grinst sie plötzlich.

»Du bist Omar? Hi. Ich bin Enna. Und ich hab schon viel von dir gehört.«

Omar reißt den Mund auf. Und dieses Mal bin ich gefasst auf sein Gebrüll. Aber es kommt nichts. Omar hat es die Sprache verschlagen. Mein Bruder schnappt nach Luft. Das ist mal was Neues! Schließlich stottert aber doch was aus ihm raus.

»Das ist das Pimmel-Mädchen, Firuz! Die aus dem Zirkus!«

So richtig weiß ich mit der Information nichts anzufangen. Aber ich ahne etwas. Und Enna bestätigt meine Vermutung. »Die bin ich. Aber das mit dem Pimmel war nicht so gemeint. Ist mir rausgerutscht. Passiert mir öfter. Aber das kennst du ja. Dein Gebrüll ist jedenfalls mega! Welches Tier? *Toktoktok.*«

»Löwe«, nuschelt Omar und plötzlich ist er wieder mein kleiner, süßer Bruder. Und – ein Löwe? Interessant.

»Okay, Löwe, dann lass uns gehen!«, sage ich, und zwar bestimmt. Ich schnapp mir das Bobbycar und stampfe los.

»Willst du wirklich Bobbycar fahren?«, fragt Enna ehrlich erstaunt. »Du bist doch bestimmt schon sechs, oder?«

»Fünf!«, antwortet Omar stolz und hüpft hinter Enna her. »Ich will Fahrrad fahren. So wie die« – er dreht sich zurück zum Sportplatz – »aber Firuz hat Nein gesagt.«

»Das stimmt nicht«, widerspreche ich. »Ich hab nicht Nein gesagt. Aber bevor du einen auf dicke Hose und Kunststückchen machst, musst du überhaupt mal fahren lernen. Und dazu hattest du noch nie Lust.«

»Ich will nicht lernen, lernen ist doof!«

»Das stimmt auch nicht!«

»Mama lernt immer. Das ist doof.«

»Wieder falsch. Mama lernt heute. Damit sie es morgen kann.«

»Lernen macht keinen Spaß.«

»Quatsch, wer sagt denn so was?«, lacht Enna jetzt.

»Mama hat keinen Spaß!«

Enna sieht mich fragend an.

»Sie lernt für ihre Führerscheinprüfung. Die ist morgen. Deshalb ist sie im Stress«, antworte ich.

»Siehste, Lernen macht keinen Spaß!«, triumphiert Omar und tritt gegen das Bobbycar.

So langsam werde ich sauer. Und müde. »Hör jetzt auf mit dem Scheiß, sonst …«

Enna unterbricht mich mit »Wie wär es mit Trampolinspringen? Das macht auf jeden Fall Spaß!«

»Wo?«, fragt Omar misstrauisch zurück, aber er beruhigt sich immerhin.

»Na da!« Enna zeigt auf das Trampolinfeld, das in die Rasenfläche neben dem Wäscheplatz eingelassen ist.

»Das fetzt nicht!«, mault Omar prompt. »Das geht viel zu schwer!«

»Schon mal zusammen mit deinem großen Bruder und seiner Freundin gesprungen? Das fetzt! Wetten?«, sagt Enna grinsend und sprintet los.

Sie hat Freundin gesagt.

Und sie hat recht! Es fetzt! Jedenfalls für Omar. Der sitzt auf seinem Bobbycar in der Mitte des Sprungtuches und wir zwei springen zu beiden Seiten, sodass er schön hoch fliegt. Es erinnert mich an dieses elektrische Bullenreiten aus amerikanischen Filmen. Nur dass Omar sich an seinem Plastiklenkrad festhält anstatt an einem Halfter – haben die Bullen Halfter oder wo hält man sich fest, damit man nicht runterknallt? Noch was zu googeln. Omar quietscht vor Vergnügen, während mir schon nach ein paar Minuten die Puste ausgeht. Enna kriegt nicht mal einen roten Kopf. Aber ich brauche dringend eine Pause.

»Was wollte Yildiz von dir?«, versuche ich die mit einem Gespräch einzuleiten, aber Omar protestiert sofort, weil ich nicht mehr kräftig genug springe.

»Höher!«, schreit er, »du sollst höher springen!« Und ich – springe.

»Was hat er dir ins Ohr geflüstert?«, will ich dafür wissen, aber Omar antwortet mir nicht, er kreischt nur wieder vor Begeisterung. Dafür stoppt Enna jetzt seine Hüpfparty. Sie lässt sich aus dem Stand in den Schneidersitz fallen und legt damit unsere Sprungkonstellation lahm. Weil es ohne Vorwarnung kommt, hauts mir fast die Beine weg. Ich schwanke kurz und dann lasse ich mich zugegebenermaßen erleichtert ebenfalls auf meinen Hintern fallen. Atmen.

»Dein Bruder hat dich was gefragt!« Enna sieht Omar auffordernd an. Sie lächelt nicht mehr. Wahnsinn, wie schnell sie lernt. »Er will wissen, was dieser Yildiz gesagt hat.«

»Nichts«, antwortet Omar beleidigt. Beleidigt ist gut, das heißt, er ist kurz vorm Aufgeben. Also hake ich ein. »Warum nennt er dich Penner?«

»Das war nur Spaß.«

»Ach so? Nee, ist klar. Total witzig.« Ennas Stirn schlägt Falten. »Scheiße!«

»Wir sind Freunde!«

»So redet man aber nicht mit Freunden, Omar! Das ist total daneben und …«

»Und dein Bruder meint, es ist eher ungewöhnlich, dass Fünfzehnjährige mit Fünfjährigen befreundet sein wollen«, unterbricht mich Enna, »es sei denn, sie ziehen einen Vorteil daraus.«

»Was soll denn das für ein Vorteil sein?« Bei Ennas Gedankengängen komme ich manchmal echt nicht mit.

»Magst du Hunde, Firuz?«, kommt prompt die Gegenfrage.

»Hast du mich das nicht schon mal gefragt? Nein, mag ich nicht besonders!«

»Trotzdem gehst du regelmäßig mit Senta und jeder Menge anderen Kläffern um den Block. Weshalb machst du das? Wenn ihr keine Freund:innen seid?«

Ich überlege laut. »Na, weshalb wohl? Ich machs, weil ich von ihren Herrchen und Frauchen dafür … oh mein Gott …!«

»Nein, der hat damit nichts zu tun.«

»Mist!«

»Da geh ich mit.«

Ich hole Luft, dreimal, wie Enna vorhin, versuche ruhig zu bleiben und zu lächeln. Klappt semigut.

»Omar, Freunde sind das Wichtigste auf der Welt.«

»Und Freundinnen!«, korrigiert Enna leise. Und sie hat wieder recht.

»Freunde und Freundinnen, das ist wie Familie, Omar. Ohne die kann man nicht sein, für die würde man alles tun, manchmal auch richtig dumme Sachen. So was wie lügen oder klauen oder …?« Irgendwie krieg ich die Kurve heute nicht, dabei kann ich das sonst ganz gut.

»Firuz will wissen, ob Yildiz dich nach Geld gefragt hat. Will dein Freund vielleicht Geld von dir, Omar?« Enna kürzt die Sache ab. Das kann sie gut. Ist mir schon aufgefallen.

Omar schüttelt den Kopf. Seine Unterlippe zittert und ich hab Angst, dass er gleich anfängt zu weinen. Aber Enna sieht es auch und sie kriegt die Kurve.

»Oder irgendwas anderes Wertvolles? Dein Bobbycar vielleicht? Will Yildiz mal ne Runde drehen?«

Das Zittern hört auf und ein kleines Lächeln huscht über Omars Gesicht. Gerettet!

»Oh Mann, Enna, du bist so schlau! Das wirds sein, na klar. Sicher kann Yildiz gar nicht Bobbycar fahren und will es von Omar lernen.«

Jetzt schüttelt Omar wild den Kopf. Aber er lacht. Dann haut er auf die Plastikhupe, die aber nur ein armseliges Quietschen rausbringt. »Will er nicht! Yildiz will nichts von mir lernen! Und ich will jetzt Trampolin springen!«

»Na dann«, Enna steht auf und zeigt Richtung Haus, »guck mal, wer da kommt, Panda.«

Ich mag es, wenn Enna mich so nennt. Und ich erkenne Vivi und JJ, als ich mich umdrehe. Hoffentlich haben sie was zu trinken mit, die Sonne knallt inzwischen genau aufs Trampolin. Omar denkt laut. »Wieso sagst du Panda zu Firuz?«

»Na überleg mal, Löwe. Wenn du die Antwort hast, kannst du sie mir ins Ohr flüstern. *Toktoktok.*«

»Und warum machst du immer so?«

Omar legt den Kopf schief und kneift die Augen zusammen. Es dauert ein bisschen, aber dann … Oh mein Gott, er äfft Enna nach! Mein Magen krampft sich zusammen. Enna starrt Omar an. Dann mich.

»Sieht es echt so aus, Panda?«

Ich weiß nicht, was ich sagen soll. Ich mag Enna. Und ich hasse es, auf meinen Bruder aufzupassen!

»Oder eher so?« Jetzt legt Enna den Kopf schief und zwinkert ihr Enna-Zwinkern. Und dann feuert sie das *Toktoktok* raus.

Noch nie hab ich es laut gehört. Sonst zischt sie es mehr so durch die zusammengebissenen Zähne. Omar ist hin und weg. »Du bist ein Specht! Bist du ein Specht?«

Enna zögert, doch dann geht sie in die Hocke und flüstert meinem Bruder etwas ins Ohr. Der kriegt große Augen. Und sieht Enna ehrfürchtig an.

»Echt jetzt?«, flüstert er zurück. Enna nickt.

»Aber erzähl es niemandem weiter. Das wissen nur meine engsten Freund:innen. Und jetzt auch ein einziger Löwe, verstanden?«

Omar nickt.

»Was wissen wir, Rich Girl?«, mischt Vivien sich ein, die inzwischen das Trampolin erreicht hat, ihre Sneaker wegkickt und sofort zu hüpfen beginnt.

»Dass ich nen Schaden hab.« Enna lacht.

»Den haben wir alle, das ist nichts Besonderes«, kommt es aus einem Mund von JJ. Ich versuche mich aufzurappeln, was gar nicht so leicht ist, wenn die Matte schon bebt. Ich brauche drei Anläufe, bis ich stehe.

»Mensch, Firuz, das geht so!« Die Zwillinge betreten die Matte, lassen sich auf den Hintern plumpsen und kommen vom Sitzen in einem Rutsch wieder in den Stand. »Oder so!« Jetzt bauen Jack und Joy beim Aufgang noch einen Zwischenstopp auf den Knien ein. Das alles wie immer ohne Absprache und synchron. Also wenn bei jemanden was da oben von der Norm abweicht, dann tatsächlich am ehesten bei den beiden. Bei denen weicht allerdings momentan alles von der Norm ab. Auf die sollte ich also auch ein bisschen aufpassen. Das scheint Vivien ähnlich zu sehen.

»Wie findet ihr JJs Sommerlook?«, will sie von uns wissen, denn die T-Shirts von JJ sind wirklich auffällig. Auffällig groß. Zu groß. Viel zu groß.

»Ich dachte, das ist euer Schlafzeug«, lacht Enna und natürlich hat sie wieder recht.

»Eigentlich sind es Vatis Schlaf-Shirts.«

»Eigentlich?«

Jack und Joy gucken sich an und antworten dann im Chor: »Es sind Vatis. Und die riechen so gut.«

»Aber morgen zieht ihr was anderes an!«, befiehlt Vivi streng. »So gehe ich nicht mit euch auf die Straße, denn ...«

Enna unterbricht. »Achtung, Leute, Frydetzki ist im Anmarsch. Er kommt direkt auf uns zu!«, zischt sie.

»Mist, was will der von uns?« Mir wird gleich noch viel heißer.

»Wer kommt?«, will Omar wissen, der nichts sehen kann, weil die Shirts der Zwillinge wie ein Vorhang vor seiner Nase baumeln.

»Boulette?«, frage ich, weil ich mir nicht sicher bin, wie Omar unseren Hausmeister nennt.

»Bäh!«, antwortet mein Bruder. Und dann ist der Zwerg auch auch schon da. Stemmt die Hände in die Hüften und versucht streng zu klingen.

»Wat solln ditte werden, wenns fertig is?«, fragt er und tritt mit einem Fuß auf die Matte, als könnte er sie damit anhalten. »Spielzeug is uffm Sprungtuch nich erlaubt!«

»Schuhe aber auch nicht«, flötet Vivi zurück und springt gleich noch höher.

»Na, na, jetze wollen wir aber ma nich frech werden, Frollein! Also, wat is hier jeplant? Wie seht ihr überhaupt aus, ihr zweije? Macht ihr uff Schneewittchen oder wat soll de Kostümierung?«

»Das ist kein Kostüm, das ist Look, Herr Frydetzki«, mischt sich Vivi wieder ein. »Hashtag Summerlook, Hashtag Outofbed.« Frydetzki glotzt Vivi an. Die seufzt gespielt verzweifelt: »Ich geb zu, ich fühls auch nicht.« Und damit lässt sie sich auf die Matte plumpsen. Enna folgt, dann ich und schließlich blasen sich JJs Klamotten ein letztes Mal im Flug auf, bevor auch sie runterkommen. Jetzt sitzen wir um Omar, der auf seinem Bobbycar der Größte ist.

Boulette zeigt auf mich, dann auf ihn. »Is dit dein Bruder, Futzi?«

Grrrrr, atmen.

»Er heißt Fi-ruz und nicht Futzi!« Enna hat Boulette genauso gefressen wie ich.

»Weeß ick doch«, brummt der Hausi ärgerlich.

»Ach ja? Und warum sagen Sie es dann nicht ein einziges Mal richtig?«

»Hör ma, mach hier nich auf Schlauberger, Madam!« Der Hausi fasst sich an die Nase, für einen Augenblick sieht es tatsächlich aus, als würde er nachdenken, dann sucht er die Zwillinge mit seinem Blick.

»Und jetzt zu euch. Jehts euch jut?« Die Zwillinge gucken sich an. Dann nicken sie stumm. »Und der Herr Palaske, wat macht der eigentlich so?« Wieder gucken sich die Zwillinge an, in Jacks Augen kann ich leichte Panik aufsteigen sehen.

»Na was machen berufstätige Erwachsene am Sonntag denn so? Also meine Mutter macht gerade ein Nickerchen.« Wieder Enna, sie ist wirklich klasse.

Jetzt nickt der Hausi, lässt die Augen aber nicht von JJ. »Arbeitet der viel, euer Papi?« Vivi muss grinsen, denn »Papi« aus

Boulettes Mund ist schon – speziell. Speziell ekelig. »Der ist doch bei der Bullerei?« Ah, und das ist dann wieder Boulette im Original. Die Zwillinge nicken. Dieses Mal langsam. »Ick hab den ja lange nich jesehen, der hat wohl richtig jut zu tun? Vielleicht n Sondereinsatz? So wat hier, wie heißt ditte, verdeckte Ermittlung und so?«

»Alter, Boulette, was wird n ditte, wenns fertig ist?«, ahmt Vivi Boulette nach und lacht dabei ihr schönstes Sonnenscheinlachen. »Dit wissen die doch och nicht. Dit darf doch Papi Palaske gar nicht erzählen. So was ist Dienstgeheimnis, wenn er das ausplaudert, dann aber tschüssikowski.«

»Apropos«, springt Enna ihr bei. »Was machen Sie eigentlich hier, müssen Sie etwa auch sonntags arbeiten? Das ist ja wirklich mies!«

»Oder ausgesprochen hilfsbereit, Enna.« Vivis Lächeln hört gar nicht mehr auf. »Ich wette, Herr Frydetzki hilft, die Reste vom Freitag einzusammeln und noch mal nach dem Rechten zu gucken. Stimmts oder hab ich recht?«

Jetzt ist Boulette endgültig verwirrt. Dann zeigt er plötzlich zur Wiese auf der anderen Seite der Flutrinne. »Nee, die Gaukler haben mich anjerufen, da jibet wohl Ärger mit der Behörde. Die müssen den Zirkus jetze abbauen.«

Und schon ist es mit Vivis guter Laune vorbei. »Was?! Warum das denn?«

Der Hausi zuckt mit den Schultern. »Was weiß icke, mich informiert ja keener. Denn könnse mich och mal. Bidde schön. Nich mein Zuständigkeitsbereich. Ick informier meine Leute, ick bin Objektbetreuer. Und n Zelt ist ja keen Haus. Wiese bis zur Flutrinne jehört der Stadt. Muss also die Stadt informieren.«

Gerade als ich denke, irgendwas ist komisch, der Zwerg schimpft nicht so wie sonst und erklärt sich außerdem vor uns Kindern und das macht er sonst auch nie, kommt die Auflösung.

»Icke bin bloß zuständig für die Aushänge in den Türmen. Zettelgedöns. Und dit hab ich jemacht. Jrade eben uffjehängt.«

»Was steht drauf?«, fragt Vivi sofort.

»Na, dit jetze Glasfaser kommt.«

»Nur das?«

»Na und ne kleine Baustelle. Weshalb die Gaukler n Abflug machen müssen. Die ziehen jetzt um, Festwiese am Rosengarten, kennt ihr?«

Ich kenns nicht, aber Enna. »Das ist auf der anderen Seite und superweit weg. Wer zahlt denn den Abbau und den Umzug? Den Ausfall der Vorstellungen?«

Und Vivi legt nach: »Genau! Die Flying Boys haben erst Freitag hier Freikarten verlost. Beim Glücksrad aufm Kinderfest, das war der Hauptgewinn. Ich meine, da freuen sich doch jetzt voll viele drauf, dass hier in den Ferien mal was geht!«

»Na bald jeht hier doch och wat«, protestiert Boulette schwach.

»Und was?«, will Vivi wissen.

»Na Glasfaser«, antwortet Boulette, »dit muss reichen.«

Dann dreht er sich um und geht.

»Penner!«, flucht Vivien als Frydetzki außer Hörweite ist. »Penner! Penner!«

»Vivi!«, rügt Enna sie mit Blick auf Omar, aber Vivien versteht den Wink nicht.

»Was denn, Enna? Was soll ich sonst zu ihm sagen? Hast du einen besseren Vorschlag, Misses Gymnasium?«

Den hat Enna nicht.

Dafür hat Mister Kindergarten einen. »Sikimi ye«, schlägt Omar vor.

Genauer gesagt, er brüllt es. Der Löwe brüllt es dem Hausi hinterher. Einmal, zweimal, dreimal. Und vom Sportplatz kommt Applaus.

Jo, wir schaffen das!

Der elektrische Drücker ist so weit oben, dass ich vor der Glastür auf der Stelle hochhüpfen muss, um ihn zu berühren. Vorsichtshalber gucke ich mich um, vor wem ich mich blamiere, aber außer Omar ist niemand hier und der hopst selber vor Ungeduld. Endlich erwische ich den Knopf, die Tür schwingt auf und Omar wird von einem breit grinsenden Veit mit High Five in Empfang genommen.

Scheiße! Scheiße! Scheiße! – würde Enna jetzt sagen, aber ich sage nichts. Ich frage mich bloß, was zum Teufel der Typ hier macht. Montagmorgen. In den Ferien. Im Kindergarten. Soweit ich weiß, hat Veit nämlich keine kleinen nervtötenden Geschwister, sondern allenfalls richtig gefährliche Bros, mit denen man sich besser genauso wenig anlegt wie mit ihm selbst. HaHa gehört dazu, oder Steve und natürlich Yildiz, der ist Veits Besti. Also dreimal atmen, wie Enna mir gestern Abend noch verraten hat, dann Zunge gegen den Gaumen drücken und lächeln. Veit anlächeln. Mist, ich hab die Babys vergessen. Am Ende soll ich an Babys denken, Menschen- oder Hundebabys, egal. Bei mir klappt beides nicht.

Aber Veit guckt mich auch schon längst nicht mehr an. Er hat nur Augen für Omars Plastedino, der ihm genau jetzt mit furchterregendem Gebrüll ins Bein beißt. Mist! Gerade als ich das Spiel meines Bruders mäßigen will, sinkt Veit plötzlich mit schmerzverzerrtem Gesicht zu Boden und wälzt sich laut stöhnend im Eingangsbereich der Kita hin und her. Was Omar nicht davon abhält, sich auf ihn zu werfen und an ihn geklammert mitzurollen.

»Oh mein Gott!«, rutscht es mir jetzt doch raus, aber eher als Seufzer, doch dann schlage ich blitzschnell andere Töne an, um die Vollkatastrophe zu verhindern. »Stopp! Omar! Stopp!«, brülle ich und dann versuche ich es mit Dinobabys. Atmen, Zunge, Dinobabys.

Tatsächlich stoppt das Knäuel vor mir auf dem Boden in der Bewegung und auch Veits Stöhnen hört abrupt auf. Dann stemmt der meinen Bruder kurzerhand in die Höhe, damit er mich – auf dem Rücken liegend – durch seine gestreckten Arme sehen kann. Mann, hat der Muskeln. Bestimmt geht er jeden Tag ins Gym.

»Kannst du lesen, Türke?« Schätze, er meint mich. Ich nicke vorsichtig. Dinobabys. Und lächle. Veit zeigt mit meinem Bruder, den er lässig wie eine lebende Hantel über den Kopf stemmt, Richtung Glastür. »Du kannst nen Abflug machen, Mutti. Ab hier übernehme ich.«

»Abflug, Abflug!«, jubelt Omar und breitet seine Arme aus. Sofort drückt Veit seine Füße in Omars Bauch und stemmt meinen Bruder noch weiter in die Höhe, wo er ihn durch die Luft schwenkt wie ein Flugzeug. Ich bin ehrlich beeindruckt und gehe rückwärts durch die Glastür, die sich gerade öffnet, weil ein Knirps reinkommt. Als ich draußen bin und sich die Tür vor mir schließt, sehe ich das Schild. Es zeigt ein Strichmännchen, dem drei Kinder am Rockzipfel hängen. Darunter steht: *Liebe Mama, ab hier schaffen wir es alleine!*

Für einen Montagmorgen ist meine Verwirrung perfekt.

Wieso sagt man eigentlich Strichmännchen? Gibt es auch ein Strichfrauchen? Und wieso bringt die Mutter die Kinder in die

Kita? Bei uns macht das der Vater. Und in den Ferien mache ich das. Weil noch immer niemand da ist, der mich beobachten kann, knipse ich schnell ein Foto von dem Schild. Auf dem Rückweg, stelle ich das Bild in unseren Neue-Heimat-Chat.

Ich tippe: *Guten Morgen, Kinder. Schafft ihrs alleine? Oder muss ich euch abholen? Heute erster Arbeitstag!*

Enna antwortet als Erste. Irgendwie war mir das klar. Sie gehört zur Sorte pünktlich und verlässlich. Auch wenn sie nicht so redet – ich wette, sie ist die totale Streberin.

Enna: *Darf ich im Schlaf-Shirt kommen? Das riecht so gut nach dir, Mama!*

Okay, Streberin mit Humor.

Ich tippe: *Hauptsache, du vergisst deine Flyer nicht! Denkt dran: Alle brauchen Flyer und was zu trinken! Es wird heiß heute!*

Dann kommt Vivi an den Start. Das war auch klar. Ich glaube, sie steht auf Enna. Irgendwas ist da. Bevor Enna hier eingezogen ist, habe ich Vivi jedenfalls nie mit Mädchen abhängen sehen. Sie war immer bei den Jungs. Also nicht bei mir natürlich. Bei den großen Jungs. Den Checkern. Ich wette, sie weiß auch, was Veit in Omars Kita zu suchen hat.

Vivi: *Ich zieh Bikini an.*

Enna: *Du willst im Bikini arbeiten?*

Vivi: *Ich will in der Mittagspause in die Kiesi springen!*

JJ: *Wann ist Mittagspause? Essen wir da was?*

Auch das war klar. Wette das ist …

Ich tippe: *Jack?*

JJ: *Ja?*

Ich tippe: *Wie wärs, wenn wir erst mal anfangen, bevor wir an die Pause denken?*

JJ: *Ich denk nicht an die Pause. Ich denke ans Essen!*

JJ: *Wir haben noch nicht gefrühstückt.*

Okay, das ist dann Joy.

JJ: *Können wir beim Bäcker haltmachen?*

Ich tippe: *Hast du Geld fürn Bäcker, JJ? Dann müssen wir nämlich gar nicht erst arbeiten.*

Enna: *Ich bring was mit!*

Ich tippe: *Geld oder Essen?*

Vivi: 👙

Enna: *Geld, Essen, Badeanzug. Ich hasse Bikinis, die verrutschen immer!*

Oh Mann, das kann ja heiter werden.

Ich tippe: *Wir treffen uns abmarschbereit in zwanzig Minuten am Sandkasten.*

Enna: *Ist gut, Mama. Wir schaffen das!* 💋

Ich schlendere die Flutrinne entlang Richtung Sportplatz und entscheide mich, die Abkürzung über die Böschung zu nehmen, anstatt bis zur Straße vor zu laufen, weil ich dann noch an den Resten vom Zirkus vorbeimüsste, und das sind die Freigehege mit den Tieren, die werden nämlich zuletzt verladen und transportiert. Zwar hat der Zirkus in diesem Jahr außer den paar Lamas keine weiteren Tiere dabei, aber auch deren Hinterlassenschaften müffeln in der Morgensonne inzwischen ziemlich arg.

Die Flutrinne ist knochentrocken, das meterhohe Gras hängt welk und taugt nicht zum Festhalten, geschweige denn zum Hochziehen auf der anderen Seite. Sofort habe ich das Büschel samt Wurzeln in der Hand und rutsche wie ein Krabbelkäfer zurück in den Graben. Blitzschnell gucke ich mich um, aber auch diese Peinlichkeit hat niemand mitgekriegt. In den Ferien geht der Betrieb hier immer erst später los. Die ersten Fußball-Jungs zeigen sich gegen zehn, dann wirds schnell mächtig voll mit allen möglichen Leuten und Bällen und das zieht sich in der Regel locker bis Mitternacht. Am Wochenende auch gerne mal bis zum nächsten Morgen. Und dann stinken nicht nur die Hinterlassenschaften der Lamas. Was ich niemals verstehen werde, ich schwöre! Haben die keine Klos? Und wieso entsorgen sie ihren Müll nicht in den Mülleimern, sondern in der Flutrinne? Ich kicke eine Wodkaflasche zur Seite, die mir die Antwort liefert. Betrunkene haben keinen Blick für Mülleimer. Auch nach unserem Sommerfest sah es hier überall aus wie Sau. Dabei war das ein Kinderfest! Und Kinder haben die Korken garantiert nicht knallen lassen. Das waren die Omis. Und auch ein paar Ellis. Immerhin haben die am nächsten Tag aber aufgeräumt. Was die Checker von gestern Nacht sicher nicht mehr vorhaben. Igitt, liegt da Klopapier? Ich wills gar nicht wissen.

Beinahe bereue ich meinen Entschluss mit der Abkürzung, aber dann sehe ich ein paar Meter weiter einen umgekippten Einkaufswagen, der mir als Tritt dienen kann. Zum Glück ist die Rinne wirklich nur eine Rinne, an den tiefsten Stellen vielleicht grad mal zwei Meter fünfzig. Bei der letzten Flut war die Wiese auf beiden Seiten jedenfalls trotzdem überflutet. Wobei Herr Weißhaupt mir mal erzählt hat, das sei noch gar nichts. Denn bevor die Rinne angelegt wurde, stand das Wasser bei Flut bis in den Fahrradraum und sogar der Betrieb des Fahrstuhls musste ausgesetzt werden. Was ziemlich heftig ist, wenn man wie Enna in der vierzehnten Etage wohnt. Wobei Enna sportlich ist. Ich sag nur Trampolin. Und bestimmt ist sie auch eine super Schwimmerin. Ich sag nur Badeanzug.

Mich dagegen würde die Flut eiskalt erwischen. Können Pandas eigentlich schwimmen? Ich werds googeln. Aber jetzt erst mal rüber und raus aus der Rinne, die letzten Meter am Wäscheplatz vorbei zum Tower. Schon von Weitem sehe ich Herrn Weißhaupts weißes Haupt in der Morgensonne leuchten. Aber neben ihm auf der Bank sitzt heute nicht seine Frau. Da sitzt Boulette! Das gibts doch nicht. Verfolgt der mich? Mist! Auf den habe ich grad gar keinen Bock. Doch es sieht nicht so aus, als wäre er aufm Sprung. Boulette hat es sich mit Kaffee und Kippe neben Herrn Weißhaupt gemütlich gemacht und labert den zu. Echt jetzt. Als wäre nichts gewesen. Vollkommen selbstverliebt. Wie immer. Und wie immer strahlen Herrn Weißhaupts Augen, als er mich kommen sieht. Heute winkt er allerdings fast ein bisschen zu euphorisch. Klar, ich bin seine Rettung.

»Guten Morgen, Firuz«, begrüßt er mich freundlich und unterbricht damit Boulettes Monolog, was mir gleich einen richtig übellaunigen Blick vom Hausi einbringt. Der scharrt sofort ungeduldig mit seinem Fuß im Staub vor der Bank und erinnert mich damit an was.

»Wo ist Senta? Und Ihre Frau? Schlafen die Ladys noch?«

Herr Weißhaupt schüttelt müde lächelnd den Kopf. »Die Damen hängen heute beide durch. Meine Frau fühlt sich schon ein paar Tage nicht so gut. Kribbelig ist ihr, sagt sie. Und mit Senta war ich heute Nacht dreimal draußen, die hat auch was, aber mit dem Magen. Da muss ich dann schnell sein, sonst verteilt sie es in der Wohnung.«

Oje, das tut mir leid. »Warum haben Sie mich nicht angerufen? Dann wär ich mit Senta raus, Herr Weißhaupt!«

»Aber doch nicht mitten in der Nacht, Firuz. Was sollen denn deine Eltern von mir denken?«

»Die denken gar nichts. Die arbeiten. Und nachts schlafen sie. Aber ich habe Ferien.«

»Und einen Ferienjob!«, erinnert sich Herr Weißhaupt an unsere Verabredung und zeigt auf das Gefährt neben der Bank, das wirklich kein Vergleich zu Frau Lämmerhirtes klapprigem Hackenporsche ist, den sich Enna für heute gekrallt hat.

»Nicht schlecht, oder?«, zufrieden führt Herr Weißhaupt mir das Gerät vor. »Nennt sich Einkaufstrolley *Relax*. Ich nehm den tatsächlich zum Einkaufen, wenn ich mal zu Fuß gehe. Da passt viel rein und die Kiste rollt hervorragend. Notfalls kann ich aber auch den Hund reinsetzen – wenns ihm schlecht geht. Heut Nacht war ich jedenfalls froh drum. Senta war gar ganz schön wackelig auf den Beinen.«

Langsam kapiert Boulette, dass er abgemeldet ist, und wird grantig. Er mustert mich abfällig und tritt noch im Sitzen seine Kippe aus, was zeigt, dass er echt genervt ist. Und auch wenn Boulette sonst berufsbedingt wirklich immer auf den Müll achtet, kann ich heute nicht anders. Ich zeige auf den Zigarettenstummel. »Vielleicht hat Senta sich den Magen verdorben, weil sie Müll gefressen hat?« Boulette schnaubt wütend, weil er einen Fehler gemacht hat und ihn nicht zugeben kann.

Herr Weißhaupt betrachtet die Kippe einen Augenblick nachdenklich, dann lacht er. »Nein, so blöd ist der Hund nicht. So blöd sind nur wir Menschen.« Dann erhebt er sich mit einem unterdrückten Ächzen von der Bank und rollt mir mit eleganter

Handbewegung den Wagen vor die Füße, bevor er sich ein letztes Mal Boulette zuwendet.

»Auf Wiedersehen, Herr Frydetzki, und frohes Schaffen. Was sagten Sie? Noch zehn Jahre bis zur Rente? Dann haben Sie es also bald geschafft.« Mit diesen Worten setzt sich Herr Weißhaupt in Bewegung und lässt einen ziemlich verdatterten Hausi zurück. Weil ich auf keinen Fall mit dem alleine sein möchte und weil ich ihm die Chance geben will, unauffällig seine Kippe im Mülleimer zu entsorgen, mache ich mich ebenfalls auf den Weg ins Haus. Mit dem Relax-Trolley, der wirklich eins a rollt.

Ich überhole Herrn Weißhaupt, der beim Eintritt ins Aquarium sofort von einer aufgeregten Frau Sennheiser in Beschlag genommen wird. Während Zuma sich ergeben zwischen Herrn Weißhaupts Füßen zur Ruhe legt, berichtet sein Frauchen wie aus der Pistole geschossen von ihrem ganz persönlichen Wunder, nämlich, dass Zumas Halsband wiederaufgetaucht ist! Das mit den Edelsteinen, die zwar echt edel aussehen, es aber natürlich nicht sind. »Vorgestern lags auf einmal vor der Wohnungstür! Was sagt man dazu?«, fragt Frau Sennheiser ernst und guckt Herrn Weißhaupt erwartungsvoll an.

Der überlegt, dann lächelt er wieder und antwortet: »Schön, sage ich dazu. Das ist doch schön, oder?«

Ich sage nichts, sondern frage mich, ob Frau Sennheiser jetzt seit Samstag früh in dieser Stimmung ist oder ob sie sich zwischendurch auch runterfahren konnte. Obwohl ich Zuma nie hundesitte und deshalb nicht weiß, wie er drauf ist, lasse ich mich runter zu ihm, kraule seine Ohren und spitze meine, denn ich bin ausnahmsweise durchaus am Getratsche interessiert.

»Nu, das hab ich auch zuerst gedacht. Aber mein Mann sagt zu mir: Der Dieb hats bemerkt! Dass die Ware keinen Wert hat! Und jetzt ist er sauer. Deshalb hat er das Band nach über sechs Monaten vor unsere Wohnungstür auf die Fußmatte gelegt. Als Drohung! Das muss eine Drohung sein!«

Jetzt schraubt sich Frau Sennheisers Stimme genau wie ihr Zeigefinger in die Höhe und ihre Stimme überschlägt sich fast.

»Ich sach mal, der hätte das ja auch einfach wegschmeißen können! Hat er aber nicht! Warum nicht? Und nu sagt mein Mann, also mein Mann sagt, und jetzt wirds finster, wir kennen den Dieb, wir müssen den kennen! Weil – der kennt uns ja auch. Woher weiß der sonst, wo Zumas Halsband hinmuss?« Frau Sennheisers Zeigefinger bleibt in der Luft hängen.

Herr Weißhaupt sieht sich unglücklich um, aber auch diese Frage scheint einzig an ihn gerichtet. Heute tut er mir irgendwie leid. Ausnahmsweise springe ich ein.

»Warum soll das Halsband überhaupt jemand geklaut haben? Vielleicht hat Zuma es auch einfach verloren? Oder runtergeschubbert. Ich bin ja öfter mit Hunden ausm Haus unterwegs, da gibts einige, die können das richtig gut. Deshalb kaufen die meisten Hundehalter:innen inzwischen auch diese Geschirre, da kommen die nämlich nicht von alleine raus.« Es fühlt sich noch ein bisschen komisch an, die Pause zu sprechen, aber irgendwie ist es auch cool. Enna ist cool. Und ich bin lernfähig.

Frau Sennheiser scheint mich jetzt erst zu bemerken, aber weil ihr Zuma unter meinen Händen beinahe eingeschlafen ist, entscheidet sie sich, mich gut zu finden. Das sehe ich an ihren Augen. Wie schnell das manchmal geht. Der Zeigefinger sinkt und huibuh – sie lächelt mich an, als ich aufstehe.

»Ein prima Hundesitter, der Firuz, da gibts nichts, wir sind sehr glücklich mit ihm«, setzt Herr Weißhaupt noch einen drauf und Frau Sennheiser wird prompt ganz zutraulich. Wenn sie nicht zufällig so einen Tick hat wie Enna, dann zwinkert sie mir gerade zu.

»Behalte es für dich, mein Junge, aber ich mag diese Geschirre nicht, da muss ich immer an früher denken. Da gabs die für Kinder. Eigentlich, damit die nicht ausm Kinderwagen fallen, aber viele haben das auch so benutzt. Als Leine. Schrecklich sah das aus. Ich mein, ich lieb den Zuma, ich hatte mein ganzes Leben lang immerzu Hunde, aber Hunde sind doch was anderes als meine Jungs, die nehm ich doch nicht an die Leine. Ich mein, ich hatte welche, so war das nicht. Meine Schwiegermutter hat drauf geschworen. Die war richtig beleidigt, weil ich die Dinger nicht benutzen wollte. Ums mir nicht ganz zu verscherzen, hab ich mir von ihr so nen Laufstall gewünscht, da war sie wieder glücklich. Und ich geb zu, der Stall war manchmal nicht so schlecht. Hatte man mal kurz seine Ruhe. Hast du nicht auch einen kleinen Bruder?«

Ich nicke: »Ja, aber der ist schon fünf, der schaffts da schon alleine raus.«

Plötzlich kommt Frau Sennheiser meinem Gesicht ganz nah und flüstert verschwörerisch: »Nicht, wenn du ihn mit der Leine festbindest.« Dann biegt sie ihren Kopf zurück und lacht laut und gellend über ihren eigenen Witz, sodass Zuma zu unseren Füßen augenblicklich wieder erwacht und anfängt zu kläffen. Das tut er auch noch, als das Lachen abrupt stoppt und sich Frau Sennheisers Miene schlagartig verdüstert. Mit einem für ihre Verhältnisse unauffälligem Nicken Richtung Flur zischt sie

Herrn Weißhaupt zu: »Verstehen Sie mich nicht falsch. Meine Schwiegermutter ist keine dumme Frau. Manche Kinder sollte man tatsächlich zeitig anleinen und am besten nie mehr von der Leine lassen, egal wie alt sie sind.«

Ich versuche einen unauffälligen Blick zur Glastür zu werfen, die genau in diesem Moment von innen mit Karacho aufgetreten wird. Getreten deshalb, weil Vivi den Karton mit den Flyern und allerhand Zeug mit beiden Händen auf dem Kopf balanciert.

Ich lasse den Blick durchs Aquarium wandern. Sonst ist weit und breit niemand zu sehen.

»Was ist los? Bin ich etwa die Erste?«, strahlt Vivi mich an und knallt den Karton vor mir auf den Boden. Dabei fließt die blonde Mähne wie ein Wasserfall über ihren Nacken … und über das Bikinioberteil, das sie zu ihrer abgeschnittenen Jeans trägt. »Das passt gut, denn dann kannst du mir noch den Rücken eincremen. Meine Mutter sagt, es wird heute sehr heiß. Aber wir schaffen das! Ich habe jede Menge Sonnencreme und Wasser dabei.«

Unter dem abfälligen Blick von Frau Sennheiser creme ich Vivien ein und laufe dann mit dem Relax-Trolley los, meine Sachen zu holen. Obwohl wir in der 0101 wohnen, nehme ich den Fahrstuhl, ich hab Muskelkater vom Trampolin gestern und muss Kraft sparen, das wird ein langer Tag, so viel steht fest. Gerade als ich unsere Tür aufschließen will, wird sie von innen geöffnet und Mama kommt raus. Sie versucht ein Lächeln, aber sie sieht käsig aus.

»Ich bin spät dran, tschüss, mein Herzblatt, bis später«, haucht sie heiser und rauscht an mir vorbei.

»Du schaffst das, Mama!«, rufe ich ihr hinterher. »Viel Glück!« Dann gehe ich mit dem Trolley ins Kinderzimmer, lege als Erstes den Karton mit den Flyern rein und suche dann meine Sachen zusammen, die ich gestern extra ordentlich zusammengelegt hatte. Aber *grrrr*, hier sieht es schon wieder aus, als hätte eine Bombe eingeschlagen, weil Omar heute früh noch unbedingt seinen Dino suchen musste, den ich dann zum Glück kurz vorm Ausrasten im Badezimmer gefunden habe. Endlich habe ich alles. Zum Schluss krame ich die Kaffeedose aus ihrem Versteck im Schuhschrank, fische zwei Fünfer raus und versenke sie in meiner Hosentasche, nur zur Sicherheit. Dann gehts los. Als ich aus dem Fahrstuhl steigen will, gibts einen Rückstau. Vor dem Schwarzen Brett, das gleich gegenüber der Fahrstuhltür hängt, hat sich eine kleine Menschentraube gebildet, die offensichtlich Frydetzkis Aushang studiert, denn es werden die Vor- und Nachteile von Glasfaser diskutiert. Herr Weißhaupt winkt mir müde zu und wir tauschen eilig unsere Plätze. Ich quetsche mich durch die Menge bis ins Aquarium, wo die anderen bereits vor den Briefkästen warten. Jack und Joy sehen verpennt aus, aber immerhin haben sie Vatis Nachthemden gegen gewöhnliche T-Shirts getauscht, die fast keine Flecken haben. Enna hat heute auch keine Flecken. Sie hat aufs Makeup verzichtet und mir gefällts.

»Okay, wie ist der Plan? Wohin zuerst?«, will Vivien wissen und JJ antwortet wie aus der Pistole geschossen: »Bäcker!«

Aber Enna ruft: »Nix da! Ich hab Schnitten geschmiert. Ihr könnt unterwegs futtern.« Sie zieht eine riesige Tupperdose aus ihrem Hackenporsche und legt sie mir oben auf den Kasten. Jack verzieht enttäuscht das Gesicht, greift dann aber doch zu und kaum hat er den ersten Bissen runter, hellt sich seine Miene auf. Währenddessen wiederholt Enna, was wir gestern auf dem Trampolin besprochen haben.

»Wir laufen gemeinsam bis zum Handyladen von Ronny, damit unser Auftraggeber sieht, dass wir fleißig sind. Dort überqueren wir die Endestraße und gehen rüber ins Wohngebiet. Da trennen wir uns. Firuz und JJ gehen hoch Richtung Tanke und Vivi und ich wieder runter Richtung Türme. Wir nehmen jeweils immer nur die vorderen Blöcke, maximal bis zur ersten Querstraße. Wir machen, so weit wir kommen und bis es … eins ist vielleicht? Dann machen wir Mittagspause im Paradies, okay?«

Alle nicken und ich gebe das Startzeichen, indem ich die Tür aufhalte. Auf dem Parkplatz tuckert uns gemütlich ein Bagger entgegen. Vor ihm springt Boulette herum und gibt wilde Handzeichen, wahrscheinlich soll das eine Einparkhilfe werden.

»Ich denk, die buddeln drüben auf der Zirkuswiese?«, mault Vivi kopfschüttelnd.

»Aber erst nach der Frühstückspause!«, ist sich Jack sicher. Joy bleibt überraschenderweise still.

Ich warte, bis wir Boulette und den Bagger überholt haben und der Krach vorbei ist, dann gebe ich im Laufen einen kurzen Lagebericht und meine persönliche Einschätzung.

»Ich glaube, Boulette hat mal wieder Mist gebaut. Bestimmt hat er irgendwas verschlampt. Gestern, am Sonntag, hat er die Aushänge ans Schwarze Brett gepinnt, auf denen steht, dass hier heute Baumaßnahmen geplant sind. Bisschen spät, oder?«

Enna grinst. »Vielleicht hatte er was Besseres zu tun?«

Ich nicke. »Das sehe ich genauso. Ich denke, das Sondereinsatzkommando hat einen Volltreffer gelandet. Und 72 Stunden Wiedergutmachung reichen in seinem Fall nicht aus. Deshalb hat Frydetzki gestern auch so komisch nach eurem Vater gefragt.«

»Alter! Das war übel!«, wieder ist es Jack, der sich zu Wort meldet. Aber jetzt nickt Joy zustimmend. »Wir dachten, er wüsste was.«

»Der weiß gar nichts!« Vivi schüttelt entschieden ihre Mähne. »Der ist viel zu blöd. Dem geht bloß der Arsch auf Grundeis. Nämlich, dass da von der Polizei noch was nachkommt, wenn er seine Dinge nicht regelt.«

»Stimmt!«, bestätige ich. »Erst heute früh lag bei Sennheisers ein Halsband auf der Fußmatte, das sie seit gut einem halben Jahr vermissen. Ein Halsband mit Edelsteinen … aus Glas.«

»Ich sag doch, der ist blöd!«

»Dafür ist er aber noch reichlich frech, ich sag nur ›Frollein‹.«

»Nur uns gegenüber. Weil wir Kinder sind. Da fühlt er sich stark. Vor Erwachsenen hat er schon Respekt.« JJ ist jetzt wieder zusammen.

»Vor wem genau?«

»Na vor Vati zum Beispiel? Weil der Polizist ist.«

»Und vor Bernd, weil der ein Schrank ist.«

»Vor Veit hat er auch gekuscht!«, wirft Enna ein.

Jetzt bin ich platt. »Woher kennst du denn Veit?«

Enna runzelt die Stirn. »Na, der war doch neulich nachts aufm Sportplatz dabei. Er und Yildiz und Steve und Hans-Hugo.«

»Hans-Hugo?«

»HaHa?« Enna sieht fragend zu Vivi rüber, die nickt bestätigend. Das gibts doch nicht.

»HaHa heißt in Wirklichkeit Hans-Hugo? Wollt ihr mich verarschen?«

Vivi grinst. »Was? Wusstest du das nicht? Dann frag mich. Ich weiß alles. Bei mir gibts den heißesten Scheiß ...«

»Was macht Veit in Omars Kindergarten?«, platzt es aus mir raus.

»Aber natürlich nicht umsonst. Fünfzig Tacken und ich erzähl dir alles, was du wissen willst, Baby«, haucht Vivien gespielt verführerisch.

»Fünfzig Euro? Du spinnst! Ich ... ich geb dir fünf.«

Vivi bleibt stehen und mustert mich abschätzend.

»Zeig her!«

Jetzt gucken auch die anderen.

Ich falte die Fünfer in meiner Hosentasche auseinander, ziehe einen heraus und halte ihn Vivi vor die Nase. »Also, was macht Veit in Omars Kindergarten?«

Vivi starrt erst mich, dann den Geldschein, dann wieder mich an. »Echt jetzt, Türke? Du glaubst, ich zock dich ab fürn bisschen Ghetto-Gossip? Wie bist du denn drauf? Ich denke, wir sind ne Gang? Das war ein Scherz!«

»Scheiße!«, tickt Enna.

»Ja genau, Rich Girl, es war ein Scheiß-Scherz! Behalt dein Piss-Geld, Türke! Ich brauch deine Kohle nicht. Ich hab selber genug.«

Auch wenn der letzte Satz mit Sicherheit gelogen ist, weiß ich genau, dass ich ihn schlucken muss. Keine Ahnung, was mit Vivi los ist. Aber sie ist plötzlich auf Krawall gebürstet. Genau wie Omar gestern. Nur brüllt Vivi nicht. Sie kocht innerlich. Das sehe ich an ihren Augen. Die Zwillinge sehen sich an, nicken. Dann schießt Jack vor und schnappt sich den Fünfer aus meiner Hand. »Wir nehmen ihn! Dafür kriegst du …«

Eine Ohrfeige.

Vivis Hand klatscht mir ins Gesicht. Es tut nicht wirklich weh. Zuerst spüre ich gar nichts. Dann, wie es langsam heiß wird.

Vivien ist von ihrer eigenen Aktion mindestens genauso überrascht wie ich. JJ ist entsetzt. Dabei haben die Zwillinge Vivien in der Schule schon öfter ausflippen sehen. Wir waren ja sogar zusammen in einer Klasse, bis Vivi letztes Jahr wiederholen musste. Und trotzdem knallt das jetzt voll rein. Oder vielmehr weil. Weil bei uns allen so viel passiert ist im letzten Jahr, im letzten Monat, in der letzten Woche. Jack sieht aus, als fängt er jeden Moment an zu heulen. Joy guckt betreten auf den Boden. Ausgerechnet Enna scheint sich im Griff zu haben.

»Hinsetzen, sofort, alle hinsetzen!«, befiehlt sie und wir gehorchen. Wir setzen uns an Ort und Stelle in den Schatten der Altkleidercontainer, die hier am Straßenrand stehen.

Dann heult Jack los. »Tut mir leid, das wollte ich nicht.«

Enna reicht ihm eine Küchenrolle aus ihrem Hackenporsche, dann guckt sie sich mein Gesicht an. »Da ist nichts«, stellt sie fest und geht dann weiter zu Vivi. »Und was hier los ist, klären wir später. Jetzt … beruhigen wir uns alle erst mal, okay? Wir sind eine Gang. Wir sind die Neue Heimat. Wisst ihr noch? Wir sind Freund:innen. Ich möchte, dass wir ein paar Regeln aufstellen, okay?«

Alle nicken stumm.

Enna redet weiter. »Na dann. Ich schlage vor: Erstens, wir prügeln uns nicht.« Nicken. »Zweitens, wir beleidigen und demütigen uns nicht.« Nicken. »Drittens: Wenn wir was sagen, was unser Gegenüber – warum auch immer – richtig fett triggert, dann muss das Gegenüber uns aufklären. Vertraut es uns dabei was Persönliches an, muss klar sein, dass diese Informationen die Gang nicht verlassen. Nie! Auch nicht für 100.000 Euro. Abgemacht?« Nicken.

Jack gibt mir betreten den Fünfer zurück.

»Gut und dann vierte und letzte Regel: Wir ... wir versuchen einfach ... uns voreinander nicht zu schämen? Meint ihr, das kriegen wir hin?«

Ich bin mir nicht sicher. Ich muss an Ennas schickes Kinderzimmer und an das Chaos bei uns heute früh denken. An die Zwillinge, deren Kühlschrank immer leer ist, und an Vivi, die sich nie richtig in die Karten gucken lässt. Trotzdem nicke ich mit den anderen im Chor, bis mir der Kopf brummt. Die letzten Tage haben Spaß gemacht. Es hat sich gut angefühlt, nicht allein zu sein. Ich will nicht, dass es schon wieder zu Ende ist. Schon gar nicht wegen fünf Euro.

»Sorry für die Schelle«, sagt Vivi plötzlich und jetzt sehe ich auch ihre Augen schwimmen.

»Angenommen«, sag ich daher schnell und frage Enna »Darf ich deinen Trick verraten?«

»Scheiße! Logo! *Toktoktok.*« Enna grinst.

»Also, wenn bei Enna die Sicherungen durchbrennen, macht sie das: dreimal tief ein- und ausatmen, dann die Zunge an den Gaumen drücken und ein inneres Lächeln aufsetzen. Dabei an Babys denken.«

»Was für Babys?« JJ zeigt sich interessiert. Und Enna mischt sich ein.

»Das ist egal, ich denke an Klümpchen, weil ich Katzen mag, ihr könnt aber auch an Hundebabys denken, Schwalbenbabys …«

»Oder Dinosaurierbabys, was euch am besten gefällt.«

»Genauso ist es mit der Zahl! Nehmt die, die euch am besten gefällt. Die meisten Menschen haben eine Lieblingszahl, atmet einfach so oft, wie eure Zahl vorgibt.«

»Und dann? Was passiert, wenn ich das mache?«, will Vivi von Enna wissen.

»Oh, dann geht es dir hoffentlich sofort besser. Oder zumindest willst du kurzfristig niemanden mehr ins Gesicht schlagen, was ja fürs Erste schon mal gut wäre. Los, mach mal!«

Vivien schließt die Augen. Atmet. Ich zähle stumm mit. Ihre Lieblingszahl ist also die vier. Dann macht sich ganz langsam der Hauch eines Lächelns auf ihrem Gesicht breit. »Und jetzt, was mache ich jetzt?«, fragt Vivi sichtbar entspannt.

»Jetzt machst du die Augen wieder auf, ziehst unseren Trolley und unterwegs erzählst du Firuz, was Veit in Omars Kindergarten zu suchen hat. Schaffst du das?«

Vivi nickt.

Und die Zwillinge antworten wie aus einem Mund: »Jo, wir schaffen das!« Also setzen wir uns wieder in Bewegung. Und es fühlt sich fast so an, als wäre nichts passiert.

Sozialstunden

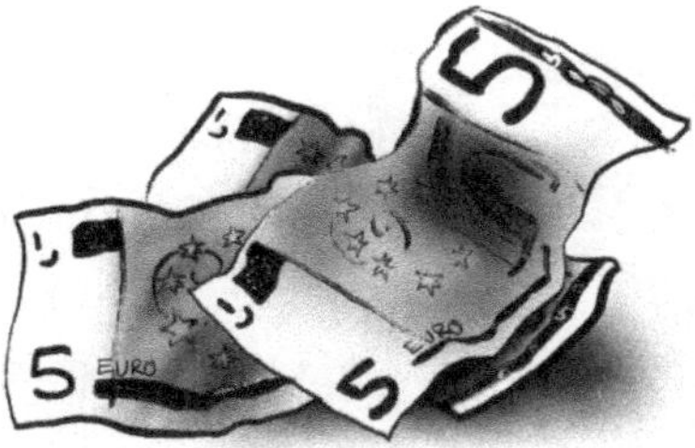

Bis wir bei Ronny sind, habe ich fünfmal »Oh mein Gott« gestöhnt, behauptet Enna und wahrscheinlich hat sie recht. Aber manche Dinge kann ich einfach nicht fassen. Sie wollen nicht rein in meinen Kopf. Ich kapier sie nicht. Nicht weil ich blöd bin, ich weiß, dass diese Dinge passieren. Ich kann nur nicht glauben, dass andere so blöd sind. Dass Veit so blöd ist. Laut Vivi soll er hinterm Netto Drogen vertickt haben, und das nicht erst seit gestern. Dann kam es, wie es kommen musste. Jemand hat Beef mit ihm und verpfeift ihn. Die Polizei rückt aus, Veit kriegt ne Anzeige und muss sogar vor Gericht. Dort hat er versichert, er sei kein Dealer, das, was sie bei ihm gefunden hätten, sei Eigenbedarf. Er bräuchte den Rausch, um sein Leben hier auszuhalten. Jetzt wo er sechzehn und mit der Schule fertig sei und keine Ahnung habe, was er aus seinem Leben machen soll. Sein Vortrag soll so überzeugend gewesen sein, dass die Richterin Mitleid hatte und ihn nicht in den Jugendknast gesteckt hat. Das mit dem Mitleid bezweifle ich allerdings, denn Gefühle haben meiner Meinung nach vor Gericht nichts zu suchen. Wahrscheinlich war der Knast einfach voll. Und deshalb muss Veit jetzt alle drei Monate einen Drogentest machen. Und sechzig Sozialstunden hat er auch gekriegt. Die wollte er im Sputnik bei der Ferienbetreuung abarbeiten, aber dort haben sie ihn nicht genommen, weil Drogen und Kinder angeblich keine gute Kombi sind. Und so ist er im Kindergarten gelandet.

»Oh mein Gott!«

»Du bist ja schlimmer als meine Mutter!«, lacht Enna.

Ich versteh nicht, wie sie lachen kann. »Ich hab Veit heute morgen im Kindergarten gesehen, er hat mit Omar gespielt!«

»Ja und? Er mag Kinder«, weiß Vivi.

»Und Kinder mögen ihn«, weiß JJ.

»Der hat sich von seinem Plastikdino beißen lassen und hat sich danach wie ein Sterbender aufm Boden gewälzt!«

»Deshalb«, ist sich Vivi sicher.

»Deshalb was?«

»Deshalb mögen Kinder ihn!«

»Und was ist, wenn er Drogen genommen hat?«

»Quatsch nicht!« Vivien lacht. »Veit nimmt doch keine Drogen!«

Langsam komm ich nicht mehr mit. »Ich denke, er hält es ohne Drogen hier nicht aus?«

»Oh Mann, Firuz, das war doch gelogen!«

»Woher weißt du das?«

»Na von Yildiz.«

»Du sprichst mit Yildiz?« Jetzt guckt auch Enna erstaunt.

»Nee, aber mit seiner Schwester. Zeynap. Sie geht … sie ging bei mir in die Klasse. Also sie ist immer noch da, aber ich nicht mehr. Trotzdem, sie ist cool.«

Okay, dass Zeynap die Schwester von Yildiz ist, hatte ich verdrängt. »Und was sagt sie?«

»Dass Veit eigentlich ganz in Ordnung ist.«

»Eigentlich?«

»Er hat einen Fehler gemacht. Na und? Das kann passieren.«

»Was für einen Fehler?«

»Na ja, er hat … Drogen verkauft.«

»Also doch?«

»Verkauft, nicht genommen, das ist ein Unterschied!«

Manchmal macht Vivien mich wahnsinnig. Ich merke richtig, wie die Wut hochsteigt. »Ganz genau! Ein Drogenabhängiger ist ein armes Schwein. Und ein Drogendealer ist ein mieses Schwein!«

»Von was für Drogen reden wir überhaupt?«, versucht Enna mich abzulenken, aber das schafft sie nicht.

»Ist das nicht egal? Jede Droge ist scheiße! Weil sie dein Gehirn vernebelt und dich abhängig macht. Und deshalb sind Dealer das Allerletzte für mich. Ich hab da kein Mitleid. Null.«

»Aber du weißt doch gar nicht, warum Veit das gemacht hat!«, widerspricht Vivien heftig. »Zeynap meinte, er hatte seine Gründe.«

»Dann nenn mir einen einzigen! Einen einzigen Grund, um Drogen zu verticken.«

Die Zwillinge, die sich die ganze Zeit nicht mehr gemeldet haben, sondern brav vor sich hin getrabt sind, stoppen plötzlich. »Er brauchte Geld.« Der kam klar und einstimmig.

Trotzdem muss ich es genau wissen. »Ist das eine Vermutung oder wer behauptet das?«

Jack guckt zu Joy, die antwortet. »Das sagt Tobi.«

»Tobi Totengräber?«, fragt Enna ungläubig und wirft einen Blick die Straße zurück Richtung Friedhofscafé, so, als müsste Tobias dort jeden Moment aus der Tür treten. »Was hat der denn jetzt damit zu tun?«

»Nichts, er hört bloß mit. Veit und Yildiz lassen ihn manchmal dabei sein.«

»Wobei? Beim Drogenverkaufen?« Ich bin entsetzt.

»Nein!« Jack und Joy rollen genervt die Augen. Dabei sind sie es, die normalerweise eine lange Leitung haben. »Einfach so dabei«, erklärt Joy ungeduldig. »Beim Rumhängen, beim Musikhören oder …«

»Beim Slalomfahren. Nachts aufm Sportplatz. Was man als Gang halt so macht«, stellt Enna nüchtern fest. »Nur haben die Jungs die wichtigste Regel noch immer nicht kapiert, obwohl es ihre Gang sicher schon viel länger gibt als unsere.«

»Und die wäre?«, frage ich ehrlich gespannt.

»Hallo? Hörst du mir zu? Regel Nummer drei! Alles, was in der Gang besprochen wird, bleibt bei der Gang. Nichts dringt nach außen! Denn dann weiß es nämlich ganz schnell das ganze Viertel.«

»Enna hat recht. Es gibt immer einen, der dich in die Pfanne haut.« Vivi verzieht angewidert den Mund.

Okay, Neustart. Atmen, lächeln, Dinobabys. »Aber wozu braucht Veit das Geld vom Drogenverkauf denn nun, wusste der Tobi das auch?«, hake ich bei JJ nach, denn es wurmt mich, dass hier heute alle schlauer sind als ich.

Die Zwillinge nicken. »Er will abhauen. Mit seiner Mutti.«

»Abhauen wohin? Auf die … Malediven?«, lacht Enna und zeigt auf die Deko in Ulrikes Schaufenster, vor dem wir jetzt sicher seit zehn Minuten stehen, ohne dass ich es gemerkt habe.

Die Zwillinge schütteln den Kopf. »Nicht in den Urlaub. Tobi meint, Veit will für immer weg.«

»Für immer? Wohin denn?«

»Das ist Veit egal, Hauptsache, weg.«

Ich kapier es trotzdem nicht. »Schön und gut. Ein Umzug kostet Geld, logisch. Aber deshalb muss er doch keine Drogen verkaufen! Wieso geht Veit nicht arbeiten und … spart, so wie wir? Er ist doch sechzehn, fertig mit der Schule, da geht das sogar ganz offiziell.«

Jetzt zucken die Twins endlich hilflos mit den Schultern.

Doch dann legt Vivi plötzlich nach. »Veit meinte wohl zu Yildiz, er hat keine Zeit. Er braucht das Geld jetzt. Angeblich hat er sogar Lotto gespielt. Zeynap sagt, ihr Bruder sagt, Veit sagt, er muss hier ganz dringend weg, sonst …«

»Sonst was?«

»Sonst passiert ein Unglück.«

»Was für ein Unglück?«

Vivi zuckt mit den Schultern. »Mehr wusste Zeynap auch nicht.«

Auf dem Fußgängerweg vor dem Reisebüro breitet sich ein Schweigen aus, das Enna schließlich beendet. »Und was lernen wir daraus, Leute?« Die Zwillinge denken angestrengt nach, aber mir reichts für heute und ich machs ihnen leicht.

»Dass wir jetzt auch nicht ewig rummachen, sondern richtig Gas geben! Ballert die Flyer in die Briefkästen und seid nicht zimperlich, aber achtet darauf, dass sie nicht auf dem Boden oder in der Botanik landen. In drei Stunden sehen wir uns zur Mittagspause an der Kiesi! Los gehts. JJ, Abmarsch! Wir sagen noch kurz Ronny Guten Morgen.«

»Und mir sagst du nicht Guten Morgen?«

Oh nee, auch das noch. Ulrike steht in der Tür ihres Ladens und fächelt sich mit einem Prospekt Luft zu.

»Ich hab neuen Stoff für dich, Firuz. Möchtest du ihn gleich mitnehmen oder später wiederkommen? Später wäre auch die Apfelschorle eisgekühlt.«

»Heute ist schlecht, Rike. Wir haben zu arbeiten. Und sind schon ein bisschen spät dran.«

»Gut, dann morgen früh um neun!« Wie immer lächelt Ulrike jeden Einspruch weg. »Und bring gerne deine …«, sie lässt den Blick über die anderen schweifen, »… Subunternehmer mit!«

Ulrike schafft es auch immer, Befehle wie Einladungen klingen zu lassen.

»Und was ist mit den Subunternehmerinnen? Bekommen die auch ne Apfelschorle oder müssen die«, Vivi liest vom Hunde-Verbotsschild auf der Tür ab, »leider draußen warten?«

Ulrike mustert Vivien abschätzend. Oje. »Kommt drauf an, wie gut die Subunternehmerinnen erzogen sind. Wenn sie nicht bellen oder in die Ecke kacken, sind sie bei mir herzlich willkommen. – Bis morgen, Firuz. Ich freu mich.« Und schon ist Ulrike wieder in ihrem Laden verschwunden.

»Nicht schlecht, deine … Sonnenstunden-Ulrike Stumpe«, liest Vivi betont lässig weiter von der Scheibe ab, aber ich sehe, dass sie in Wirklichkeit von Rike beeindruckt ist. »Hast du was mit der laufen? Ich meine außer eiskalter Apfelschorle? Was ist das für Stoff, den sie für dich hat, hä? Vertickst du etwa Drogen?«

Jetzt glotzt JJ schon wieder erschrocken. Und Enna genervt. »Das reicht jetzt, Vivi, wenn wir ihn ganz lieb bitten, erzählt Firuz uns sicher in der Mittagspause davon. Aber jetzt komm endlich!«

Enna und Vivi überqueren die Straße und wir drei laufen noch schnell bis zum Handyladen, wo ich reingehe, während JJ vor der Tür wartet, um weiter aus Ennas Tupperdose zu futtern. Wie so oft ist der Laden leer. Ronny behauptet zwar steif und fest, das mit der Handyreparatur liefe topp, aber ich glaub ihm kein Wort. Weshalb will er sonst noch einen Entrümpelungsdienst aufmachen? Ich denke nicht, weil er überarbeitet ist. Leider denke ich auch nicht, dass Ronny ein guter Geschäftsmann ist. Aber immerhin hat er bei dem neuen Projekt die Hilfe von seiner Freundin, die es wirklich draufhaben soll. Ihr Laden brummt jedenfalls, das sagen alle. Ich drücke am Tresen auf die Klingel, um mich bemerkbar zu machen. Und tatsächlich kommt jemand – nämlich Maggie, die hier anders aussieht als hinter ihrem Tresen. Ihre blauen Haare, die sonst immer perfekt gestylt sind, stehen heute wild zu allen Seiten ab. Sie sieht aus, als wäre sie gerade aus dem Bett gestiegen.

»Oh, hi, ist Ronny nicht da?«, falle ich mit der Tür ins Haus.

»Der kann grad nicht«, brummt Maggie und wischt mit der Handfläche ungeduldig über die Platte. »Abholen oder in Reparatur geben?«

»Äh, nichts von beiden. Ich arbeite für Ronny. Also wir arbeiten für … ihn.« Ich traue mich nicht, »für euch« zu sagen. Obwohl Ronny erzählt hat, die grandiose Idee mit dem Entrümpelungsdienst sei auf Maggies Mist gewachsen. Immerhin guckt die mich jetzt an.

»Dann bist du Firek? Und wo sind die anderen?«

»Firuz«, verbessere ich. »Zwei warten draußen, zwei sind schon los, Flyer verteilen.«

»Kann ich die mal sehen?«

»Na klar«, antworte ich, gehe raus und schnappe mir einen aus dem Relax-Trolley. Die Zwillinge sehen mich fragend an, aber ich winke ab. »Esst weiter, ich glaub, das dauert hier noch.« Tatsächlich dauert es gar nicht so lange.

Maggie studiert über den Tresen gebeugt stumm den Flyer. Dann atmet sie plötzlich lang und laut aus. Drei Mal! Aber den Trick mit den Babys kennt sie offensichtlich nicht. Denn sie lächelt nicht, als sie vom Tresen wieder hochguckt. Sie sieht auch kein bisschen entspannt aus. Im Gegenteil.

»Wie viele?«

Ich überlege, ob sie die Anzahl der Flyer oder die der Rechtschreibfehler meint, die Vivien darauf gefunden hat. »10.000?«

Maggie stöhnt laut und fährt sich mit beiden Händen durch die Haare. Ich schätze, das macht sie heute nicht zum ersten Mal. Ronnys Überraschung kommt wohl nicht so gut an. Maggie sieht blass aus und so, als müsste sie gleich heulen. Oder rumschreien. Oder umfallen. Das darf auf keinen Fall passieren!

»Gefällts dir nicht? Ich meine, die Rechtschreibfehler sind nicht so wild, echt, das interessiert die Leute nicht. Die wollen ihre Wohnung entrümpeln lassen, das ist alles …« Maggie sieht mich mit leeren Augen an. Oder vielmehr durch mich hindurch. Ihre Hände krallen sich so doll an die Platte, dass ihre Fingerknöchel weiß werden. »Willst du dich mal setzen?«, frage ich vorsichtig. Aber das will Maggie nicht. Sie dreht sich um und rennt dahin, wo sie hergekommen ist. Die folgenden Geräusche sind eindeutig: Kotzen, Klospülung, Wasserhahn. Dann ist sie ganz plötzlich wieder da. Und sieht komischerweise frisch aus. Ihre Haare sind nass, sie hat Farbe im Gesicht und ihre Stimme ist fest.

»Ich möchte, dass du die Aktion abbläst, sofort, wenns geht. Also: Jetzt! Geht das?«

»Aber …«, ich verstehe nicht, »… Ronny ist mein Auftraggeber. Will er das auch?«

»Ronny spielt keine Rolle.«

Oha, jetzt muss ich atmen. »Das sehe ich anders. Ronny und ich haben einen Deal. Wenn er den auflösen will, soll er mir das persönlich sagen.«

»Er kann jetzt aber nicht, er ist … spazieren.«

»Dann soll er mich anrufen, wenn er zurück ist.«

»Das kann dauern, und so viel Zeit habe ich nicht. Ich muss in die Strandbar, meinen Betrieb vorbereiten. Und das kann ich nicht, wenn mich Leute anrufen, damit ich ihre Messi-Wohnung beräume oder einen auf Tatortreiniger mache. Auf den Flyern steht nämlich meine Handynummer. Und nicht Ronnys.«

Verstehe. Der Typ hats echt nicht drauf. Trotzdem.

»Das tut mir leid. Ist aber ehrlich gesagt nicht mein Problem. Wir können nicht warten, bis die neuen Flyer da sind, es sind Ferien und wir haben noch andere Sachen zu tun.«

Maggie lacht. Dann schlägt sie mit der flachen Hand auf den Tresen.

»Es wird keine neuen Flyer geben. Wir eröffnen keinen Betrieb! Wenn überhaupt, dann schließen wir einen, nämlich den hier. Ich hab genug zu tun im Paradies.«

»Und Ronny?«

»Mach dir um den keine Sorgen, Firek, der …«

»Ich heiße Firuz und ich mache mir keine Sorgen!«, unterbreche ich wütend. »Ich hab fünf Cent pro Flyer mit Ronny verhandelt. Das sind 500 Euro, und die will ich haben!« Maggie sieht mich an. Ihre Augen sind genauso eisblau wie ihre Haare.

»250 bar auf die Hand, wenn du die Aktion sofort beendest.«

Und garantiert genauso unecht.

»500!«

»350!«

»400! Und wenn du Flyer für deine Bar verteilen willst, denkst du zukünftig an mich und meine Subunternehmer:innen!«

Maggie starrt mich an. »Dein letztes Angebot?«

Ich nicke.

»Ruf deine Leute an, jetzt!«

Unter ihrem eisblauen Blick ziehe ich mein Handy aus der Tasche und klingel bei Enna. Sie geht auf der Stelle dran.

»Was gibts, Panda?«

»Wir stoppen die Aktion. Sofort! Wie viele Flyer habt ihr schon verteilt? Und kann man die irgendwie zurückholen?«

Enna lacht. »Beruhig dich, wir haben noch nicht mal angefangen. Wir haben Annika getroffen und uns verquatscht. Was ist denn los?«

Maggie lässt mich nicht aus den Augen.

»Sehr gut, das macht ihr sehr gut! Dann sammelt ihr die jetzt ein und bringt sie mir vollzählig zurück! Ich zähle nach, verstanden? Wir treffen uns an den Altpapiercontainern.« Maggie hebt den Zeigefinger und verneint mit Kopfschütteln. »Im Paradies«, formen ihre Lippen. Okay, nicke ich.

»Oder besser direkt an der Strandbar. In sagen wir … dreißig Minuten. Dort gibt es eine Lagebesprechung und für jeden und jede von uns eine eiskalte Limo. Okay?«

»Okaaaay, Panda.« Enna zieht die Worte lang, ich kann sie denken hören. »Hört sich an, als hättest du schon wieder was laufen. Hast du?«

»Ja.«

»Aber du bist nicht gerade in Schwierigkeiten? Und brauchst Hilfe?«

»Nein.«

»Gut, dann sehen wir uns im Paradies?«

»In dreißig Minuten.«

Ich lege auf. Und sehe Maggie in die Augen. Die zieht auf ihrer Seite des Tresens eine Schublade auf und blättert dann vier Fünfziger vor mir auf den Tresen.

»200 jetzt und 187,50 € in einer halben Stunde, wenn die Flyer bei mir in der Tonne liegen.«

»187,50?«

»Ihr seid fünf? Eine Limo kostet bei mir zwei fünfzig.« Ein Lächeln macht sich auf Maggies Gesicht breit. »Und meine Preise sind nicht verhandelbar. Okay, Baby?«

Atmen, Zunge an Gaumen drücken, an Pandababys denken.

Ich nicke.

Und lächle zurück.

Freundlich.

Fünf in Ferien

Wir lümmeln unter dem Sonnensegel in Maggies Strandbar, die offiziell erst in zwei Stunden aufmacht, und nuckeln an unseren Kaltgetränken. Die Zwillinge können ihr Glück kaum fassen. Sie sind satt und überglücklich. Und freuen sich im Chor.

»400 Euro fürs Nichtstun! Leute, das ist ja wohl der Hammer!«

Ich korrigiere. »400 Euro fürs Verhandeln bei Rücktritt vom mündlich geschlossenen Vertrag. Das sind hundert Euro weniger, als wir regulär verdient hätten – aber immerhin ein guter Schnitt.«

»Ein guter Schnitt?« Jacks Stimme kiekst aufgeregt. »Bist du irre? Das ist ein Lottogewinn!«

»Ist ja gut, beruhig dich wieder, JJ!«, faucht Vivien. Sie ist die Einzige, die sich hier offensichtlich nicht wohlfühlt. Ständig schielt sie zur Theke, wo Maggie und ein Typ, der aber nicht Ronny ist, die Kühlschränke auffüllen und die Tafeln neu beschriften.

»Du wirst bestimmt mal Rechtsanwalt, Panda«, mutmaßt Enna und ich fühle mich geschmeichelt. Tatsächlich habe ich schon mal darüber nachgedacht, ob das was für mich wäre. Ich habs sogar gegoogelt, aber irgendwie konnte ichs mir dann doch nicht vorstellen. Da brauche ich nämlich auf jeden Fall Abitur und dann muss ich mindestens 6,5 Jahre Jura studieren, wenn nicht länger. Und das heißt, selbst wenn alles supergut liefe, würde ich frühestens mit 25 Geld verdienen. Wenn ich stattdessen aber nur zehnte Klasse mache und danach bei Ulrike in die Ausbildung gehe, bin ich mit neunzehn fertig. Verdiene allerdings auch nur die Hälfte.

Und gereist bin ich in beiden Varianten noch nicht.

»Was ist, springen wir jetzt endlich ins Wasser?«, will Vivi plötzlich wissen und zieht sich aus.

»Hier? Aber hier ist doch gar kein Einstieg. Ist das überhaupt erlaubt?«, fragt Enna erstaunt.

»Ist das überhaupt erlaubt?«, äfft Vivien sie nach. »Du kannst bestimmt ne Eintrittskarte bei Maggie kaufen, Rich Girl!«

Die Zwillinge gucken sich an und streifen auf ein unsichtbares Kommando synchron ihre Klamotten ab. Schwimmzeug haben sie allerdings nicht dabei. Sie laufen in Unterhosen hinter Vivien über den Sand runter zum Steg, der so was wie die VIP-Lounge für Stars und Stammgäste ist, was ich weiß, weil meine Mutter meinem Vater erzählt, welche Promis dadurch in unser Viertel kommen, die natürlich nicht hier wohnen, aber den Style mit Beach und Hochhausskyline feiern.

Enna zögert, doch dann beginnt auch sie sich auszuziehen. Sie hat tatsächlich einen Badeanzug drunter. Er ist schwarz und auf der Brust steht *Speed*. »Was ist mit dir, Panda? Kommst du mit?«

»Nee, ich hab … keine Badehose dabei.«

»Machs wie JJ, oder hast du auch keinen Schlüppi drunter?«

Ich glaube, ich werde schon wieder rot. Enna tut so, als bemerkte sie es nicht, und legt ihre Anziehsachen sehr ordentlich zusammen, um mir Zeit zu geben.

»Doch, klar, aber nee … macht ihr mal, ich pass solange auf unsere Klamotten auf.«

Enna guckt sich um. »Hier ist niemand.«

»Noch nicht.«

»Wir können die Sachen mit zum Steg nehmen. Dann haben wir sie im Blick.«

»Ich will aber nicht!«, platzt es aus mir raus.

»Okay«, sagt Enna erschrocken und sofort beginnt ihr Zucken. »Pimmel!«

»Tut mir leid«, stammle ich.

»Schon gut«, murmelt Enna. »Nein heißt nein. Ich habs kapiert.« Dann dreht sie sich um und rennt zum Steg. Mit Speed.

»Mist, Mist, Mist!«, fluche ich leise und denke, was die anderen jetzt über mich reden, nämlich, dass ich mich aufführe wie mein kleiner Bruder, wenn er bockt. Oder dass ich Schiss habe, mich vor den Mädchen auszuziehen oder … nein, auf die Wahrheit kommt keiner, da bin ich mir sicher. Allerdings sieht es auch nicht so aus, als würden sie überhaupt über mich reden. Es sieht aus, als hätten sie auch ohne Reden und ohne mich ziemlich viel Spaß. Vivien strampelt auf dem Rücken liegend im Wasser und feuert JJ an, endlich reinzuspringen, während Enna an ihnen vorbeiflitzt, um mit einem supereleganten Kopfsprung in die Kiesi zu hüpfen. Alle glotzen auf die Eintauchstelle, wo sich kleine Kreise über die Wasseroberfläche ziehen, bis sie wieder spiegelglatt ist. Die Zwillinge gehen jetzt bis ans Stegende und … suchen? Und auch Vivi schwimmt ein paar unschlüssige Züge Richtung Steg.

»Enna?«, höre ich sie rufen, leise.

Auf einmal bekomme ich Panik und laufe los. Dass ich nicht fit bin, merke ich schon nach den ersten Metern. Trotzdem gebe ich alles. Genau in dem Moment, wo ich völlig außer Atem neben JJ ankomme, taucht Enna lautlos auf. Gut fünfzig Meter hinter Vivien.

»Da ist sie!«, rufe ich erleichtert, während Enna wie ein Hund ihre nassen Haare zu allen Seiten ausschüttelt.

»Hier!«, winkt Enna lachend und schwimmt zu Vivien, als sei nichts geschehen. Neben mir lachen auch Jack und Joy wieder. Dann treten sie zurück, um Anlauf für ihre Arschbomben zu nehmen.

»Eins, zwei uuuuuund drei!«, schreien sie hinter mir. Der Steg vibriert unter meinen Füßen, dann spüre ich den Stoß, verliere das Gleichgewicht und lande im Wasser. Die Panik ist sofort da, ich schnappe nach Luft, kriege Wasser in den Mund, in die Nase, die Augen, überall ist Wasser, mein Körper fühlt sich unendlich schwer an, ich versuche zu atmen, atmen, atmen, ich muss atmen. Ich rudere mit den Armen, schließlich erwische ich das Stegende. Ich klammere mich an den Bohlen fest, die eine Handbreit über dem Wasser stehen. Und atme. Langsam beruhige ich mich wieder. Aber ich traue mich nicht, loszulassen, und mir fehlt die Kraft, mich hochzuziehen.

»Firuz?« Die Zwillinge starren mich vom Steg aus an. »Alles in Ordnung?«

»Wie komm ich hier raus?«

»Hochziehen«, sagt Joy, »zieh dich einfach hoch!«

»Oder tauch unter dem Steg durch, auf der anderen Seite gibts eine Treppe.«

»Auf keinen Fall«, höre ich mich keuchen, »meine Klamotten, die sind so schwer, die ziehen mich unter Wasser.«

»Warte«, sagt Joy zu mir, als könnte ich irgendetwas anderes tun. Und zu Jack: »Ich schiebe, du ziehst?« Jack nickt. Joy springt mit einer Arschbombe neben mir ins Wasser, das gleich wieder Wellen schlägt. Dann spüre ich sie hinter mir, sie berührt mich, es fühlt sich an, als würde sie mich runterziehen, ich strample und treffe Joy. »Aua, so geht das nicht! Du musst still halten, ich brauche deine Füße!«, Joy prustet hinter mir und dann hebt es mich plötzlich hoch, mit einem Schwung. Von vorne zieht mich Jack an meinem Arm über die Bohlen, sodass ich mit dem Oberkörper auf dem Steg lande. Von hinten schieben Joy und Enna. Neben mir klettert Vivi jetzt leichtfüßig auf den Steg und hilft Jack mit meinem anderen Arm. Und dann bin ich draußen. Endlich! Ich fühle mich wie ein gestrandeter Wal. Das Wasser läuft mir über den Rücken und als ich versuche aufzustehen, schwanke ich. In der Ferne höre ich Sirenen, die immer näher kommen. Die schrillen Töne rauschen in meinen Ohren. Dann höre ich die Stimmen. Die kommen auch näher.

»Was macht ihr da? Seid ihr bekloppt?«

»Scheiße!«, sagt Enna neben mir. Und dann ist Maggie auch schon bei uns auf dem Steg. Ihr Typ braucht ein bisschen länger. Er sieht zwar extrem athletisch aus, ist aber nicht halb so schnell.

»Ihr könnt hier doch nicht baden! Das ist eine Bar und kein Freibad. Baden verboten, ihr Analphabeten! Oder seid ihr vielleicht blind? Habt ihr das Schild auf dem Weg von der Straße nicht gesehen? Ist ja bloß so groß wie n Fußballtor.«

»Reg dich ab, Maggie!«, platzt Vivien der Kragen. »Oder gehört das Wasser jetzt auch dir?«

»Alle schwimmen doch in der Kiesi«, flötet JJ und zeigt zum Steinstrand auf der gegenüberliegenden Seite, wo sich um diese Zeit schon etliche Ferienkinder tummeln.

»Was die da drüben machen, ist mir scheißegal, von mir aus können sie absaufen. Aber bei mir wird nicht gebadet! Wollt ihr, dass ich meine Konzession verliere? Wenn hier was passiert, kann ich den Laden ruckzuck dichtmachen.«

»Wenn die da drüben absaufen, kannst du deinen Laden auch dichtmachen. Weil die nämlich nicht mehr rüberkommen, um sich hier ein Eis, eine Pommes oder eine überteuerte Limo zu kaufen!«, ballert Vivien zurück.

»Ich verkaufe nicht außer Haus!«, blafft Maggie zurück und Vivi antwortet: »Selber schuld, Kinder lieben Pommes nach dem Baden. Stell drüben ein Schild auf, dass es hier Pommes gibt, und du brauchst eine extra Kraft nur für die Fritteuse. Wetten?«

Jetzt ist auch der Typ angekommen. »Runter vom Steg!«, brüllt er im Befehlston. »Alle!«

Kurz scheint selbst Maggie überrascht. Und Vivien kann sich einen Kommentar natürlich nicht verkneifen. »Wer bist du denn? Muss man dich kennen?«

Seine Antwort ist nicht zu verstehen, da die Sirenen inzwischen mehr und noch viel lauter geworden sind.

»Feuerwehr!«, ruft JJ. »Guckt mal, stehen die bei uns? Oder vor der eins?«

Wir drehen uns zu den Türmen, aber die Böschung zur Straße liegt zu hoch und ist auch zu weit entfernt.

»Ich kann keinen Rauch sehen, ihr?« Enna verbiegt sich aufgeregt den Hals.

Aber Vivi beruhigt sie. »Feuerwehr muss nicht heißen, dass es brennt. Meistens ist einer von den Alten umgekippt, Herzinfarkt oder Schlaganfall. Seine Uschi ruft die 112. Und weil sie aufgeregt ist, kriegt sie am Telefon nichts raus. Also schicken die sicherheitshalber die volle Ladung.«

»Die volle Ladung?«

»Sechs Löschfahrzeuge und drei Einsatzwagen pro Hochhaus«, weiß JJ.

»Und dann?«

»Nichts dann. Wenns noch nicht zu spät ist, geht der Opa mit Blaulicht ins Krankenhaus.«

»Und wenn es zu spät ist?«

»Dann nehmen sie ihn auch mit. Nur ohne Blaulicht.«

»Passiert das öfters?«

»Schon. Überleg mal, wie viele Senioren bei uns wohnen.«

»Bis jetzt kenne ich ü-siebzig außer Herrn Weißhaupt fast nur Uschis. Frau Lämmerhirte meinte auch mal, dass die Männer immer zuerst sterben.«

»So wie ihr Nachbar. Der vor euch in der 1404 gewohnt hat, Enna. Der ist auch umgekippt. Da gabs dann Gerüchte. Weil die Frau nicht mit ins Krankenhaus fahren wollte, wo er später gestorben ist«, weiß Vivi.

»Vati sagt, die Gerüchte gabs nur deshalb, weil sie eine Wessi war. Und in den Westen zurückgegangen ist. Mit seinem Geld.«

»Was denn für Gerüchte?«

»Na, dass sie ihren Mann vergiftet hat.«

Ennas Stirn kriegt wieder Falten. »Ernsthaft? Wurde er wirklich vergiftet?«

Die Zwillinge zucken synchron mit den Schultern. »Gerüchte halt.«

Enna wird unruhig. »Wollen wir trotzdem mal gucken, was da los ist? Wir können ja später noch mal wiederkommen.«

»Aber bitte nicht zum Baden«, sagt Maggie und klingt versöhnlich. Dann schickt sie ihren Typen los, der mir ein Handtuch und ein Shirt aus der Bar holen soll. Der Muskelmann brummt widerwillig, geht aber los. Er läuft so breitbeinig wie Omar gestern aufm Sportplatz, albern sieht das aus, ob er das weiß? Wir gehen zurück zu unserem Sonnensegel, wo Maggie uns vier Fünziger auf den Palettentisch blättert und die Limoflaschen einsammelt. »Die gehen aufs Haus. Ausnahmsweise. Tut mir leid, dass euer Deal geplatzt ist. Aber Ronny ist … manchmal zu … voreilig. Er ist … wirklich süß, aber …« Maggie stottert.

»Er ist nicht die hellste Kerze auf der Torte?«, hilft Vivien. Für einen Moment fühlt es sich an, als ginge hier gleich eine Bombe hoch. Maggie starrt Vivi fassungslos an. Die unverfroren zurückstarrt. Und dann stöhnt Maggie plötzlich, beißt sich auf die Lippe, dreht sich um und geht.

»Scheiße, Vivi, musste das sein?« Enna wird wütend.

Und auch JJ hat was zu sagen. »Sie hätte beinahe geheult.«

»Na und?«, entgegnet Vivien verständnislos. »Es ist die Wahrheit. Ronny kriegt doch nichts gebacken. Sein Laden geht pleite. Und was macht er? Macht einen neuen auf. Völlig ohne Plan. Setzt als erstes 400 Euro in den Sand. Maggies 400 Euro! Nicht seine! Wie arschig ist das denn, bitte schön?«

»Aber das hat er doch nicht mit Absicht gemacht«, widerspreche ich. »Das war sicher ein Versehen.«

»Und gut für uns!« JJ grinst wieder.

»Ein Versehen, dass er ihre Nummer auf den Flyer schreibt? Alter, das glaubst du doch selber nicht! Maggie ist Geschäftsfrau, sie hat hier ein richtig dickes Ding laufen, die rödelt von früh bis spät, das sollte ihr Macker wohl wissen. Wie kann sie da noch den Telefonservice für einen Entrümpelungsbetrieb übernehmen?« Vivi redet sich richtig in Rage.

»Ich sag doch Versehen!«, versuche ich sie zu beruhigen.

»Und ich sag doch: nicht die hellste Kerze auf der Torte!« Vivi zieht sich genervt an. »Aber geschieht ihr recht. Hätte die

Bitch meine Mutter nicht gemobbt, wäre sie jetzt jedenfalls nicht am Arsch.«

Aha, daher weht der Wind! Vivien ist sauer, weil Maggie ihre Mutter aus der Strandbar geschmissen hat. Ein betretenes Schweigen macht sich breit. Die Zwillinge schweigen, weil sie bei Müttern nicht mitreden können. Enna schweigt, weil sie bisher nur die halbe Wahrheit kennt. Und ich schweige, weil jetzt der Muskelmann mit Maggies Klamotten auf mich zusteuert. Vivien schweigt nicht. Sie ist noch nicht fertig mit Auskotzen. Sie sieht mich provozierend an.

»Meine Mutter würde nämlich jetzt hier stehen anstatt … was genau macht Ronny gerade? Geht spazieren, während Maggie mit der nächsten Hohlbirne die Kühlschränke auffüllt?«

Die Hohlbirne ist bereits da. Kapiert zum Glück aber nicht, das sie gemeint ist. Der Typ guckt finster. »Ich soll euch von der Chefin ausrichten, ihr macht jetzt besser nen Abflug und kümmert euch um euren eigenen Kram. Und wegen den Pommes soll ich euch sagen …?« Der Muskelmann denkt angestrengt nach, dann hellt sich seine Miene ungewollt auf. »Sie denkt drüber nach und meldet sich bei …«, sein Blick sucht uns ab und stoppt bei Vivien, »… dir!«

Vivi verzieht angewidert das Gesicht.

»Danke!«, sage ich schnell und greife nach Handtuch und T-Shirt, das Hohlbirne mir entgegenstreckt. Dabei fällt mir auf, dass die Sirenen aufgehört haben zu kreischen.

Auf dem Weg zur Straße hoch kriegt Enna sich nicht mehr ein, so geil findet sie mein Shirt. Auf dem *RIOT GRRRL* steht, was angeblich eine Punk-Band ist und so viel wie Aufstand bedeutet.

Okay, das passt vielleicht nicht hundertprozentig, aber immerhin sehe ich in dem Ding nicht aus wie eine Presswurst. Die Freude über mein Shirt ist allerdings schnell vergessen. Als wir die Straße überqueren, sehen wir schon die Löschfahrzeuge. Es sind definitiv mehr als sechs, die auf dem Parkplatz vor unserem Haus drängeln. Überall wuseln Menschen in Uniform herum. Und sie sind nicht allein. Gerade rückt eine Kolonne von Baufahrzeugen an: Zwei Bagger und drei Pritschenfahrzeuge, beladen mit Absperrgittern, bahnen sich ihren Weg zwischen den parkenden Pkws und werden von zwei Polizisten in freie Parkbuchten eingewiesen. »Scheiße«, stöhnt Enna neben mir leise. Bei den Mülltonnen haben sich einige Anwohner versammelt und diskutieren kopfschüttelnd die Lage. An der Ecke zum Sandkasten steht Boulette und raucht. Ich stupse Enna in die Seite, damit sie ihn sieht und versteht: Um Leben und Tod scheint es hier nicht zu gehen. Aber sie hat nur Augen für die Polizisten.

»Was ist?«, frage ich und sie zischt leise: »Den einen kenne ich, der wollte mich mal …« Weiter kommt sie nicht, denn in diesem Augenblick rollt Herr Weißhaupt den Rollstuhl mit seiner Frau aus dem Aquarium und Senta trabt auf uns zu. Sie sieht müde aus und ihr Gang wirkt schlapp, soweit man das bei einem Hund beurteilen kann. JJ kann das natürlich. Die Zwillinge gehen gleich in die Hocke, um Senta zu knuddeln, die dankbar ihren Kopf auf Joys Füße legt und nicht so aussieht, als würde sie jemals wieder aufstehen wollen.

»Na, was ist denn mit dir los, Senta? Na, was ist denn da? Ja, was ist denn?«, spricht Jack in Schleife, während er ihr Fell hinter den Ohren mit den Fingern durchkämmt und Joy behutsam … ihren Körper abtastet?

»Sie hatte heute Nacht Durchfall«, erkläre ich, bevor es Herr Weißhaupt tun muss, der uns bereits entgegenlächelt. Kaum habe ich es ausgesprochen, nimmt Senta den Kopf hoch und würgt. Es hört sich zuerst nur nach einem ziemlich üblen heiseren Husten an, der ihren Körper in Wellenbewegung durchschüttelt, doch dann kotzt sie Joy auf die Schuhe, die einfach mal … gar nichts macht, außer weiterzustreicheln, so lange, bis das Würgen abebbt. Jack zieht Sentas Kopf zu sich, damit er nicht in der Kotze landet. Und Joy nimmt ernsthaft ihren Zeigefinger und … zieht damit Kreise durch das schäumende Erbrochene.

»Igitt!« Vivien verzieht angeekelt das Gesicht und auch mir wird auf der Stelle schlecht. Obwohl ich zugeben muss, dass die Kotze nicht sonderlich schlimm riecht.

»Ach herrje.« Herr Weißhaupt ist inzwischen da, aber sein Lächeln nicht mehr. Zum zweiten Mal an diesem Tag sieht er verzweifelt aus. Er fingert ein Stofftaschentuch aus seiner Hose und reicht es Joy, die damit aber nicht ihren Finger, sondern Sentas Schnauze abwischt.

»Wie oft hatte sie in der Nacht Stuhlgang?«, fragt Joy.

»Dreimal?«, antwortet Herr Weißhaupt unsicher.

»Zweimal«, widerspricht seine Frau sanft.

»Hat sie heute schon etwas gegessen?«

Herr Weißhaupt schüttelt den Kopf.

»Schon mal erbrochen?«

Wieder Kopfschütteln.

»Und wo wollen sie jetzt hin?«, fragt Jack.

»Wir … wir dachten, wir gehen eine kleine Runde, frische Luft schnappen. Und falls sie … noch mal muss?«

Jetzt schüttelt JJ den Kopf.

»Da kommt nichts mehr«, erklärt Joy und zeigt auf ihre Schuhe. »Das war der Rest. Magensäure hauptsächlich, das ist das, was schäumt. Das ist normal, wenn der Magen leer ist. Kein Blut dabei, das ist gut. Aber Spazierengehen ist heute nicht gut. Sie ist schwach. Und es ist viel zu heiß!«

Herr Weißhaupt guckt betreten, während Jack wortlos seine Flasche aus dem Rucksack kramt und seiner Schwester Wasser über die Hände gießt, damit sie die unter dem Rinnsal waschen kann. Wir alle sehen schweigend zu, als würde jetzt wer weiß was passieren. Dabei nickt Joy bloß irgendwann, Jack hört auf zu gießen, Joy schüttelt ihre Hände aus, formt sie dann zu einer Schale und nickt erneut, damit Jack jetzt die Schale mit Wasser füllt, die Joy Senta vor die Schnauze hält. Die trinkt gierig. Schließlich hat sie genug. Die Zwillinge sehen sich an. Und ich frage mich, ob man irgendwo anders auf der Welt Tierarzt ohne Abitur werden kann.

»Sie kann heute bei uns bleiben«, schlägt Jack vor. »Und morgen kriegen sie Senta gesund zurück«, ergänzt Joy. In Gedanken füge ich »Tierärztin« hinzu.

Herr Weißhaupt zögert. Ich weiß warum. Er ist eins a im Hilfeanbieten. Aber annehmen ist nicht sein Ding. Nach Hilfe fragen schon gar nicht. Er will immer alles alleine schaffen. Nur wenns gar nicht anders geht, dann … kauft er sich Hilfe. Auch jetzt fummelt er schon wieder in seiner Hosentasche, ich wette, er sucht sein Portemonnaie. Aber Vivien unterbricht ihn dabei.

»Was war hier eigentlich los?«, will sie plötzlich wissen, denn die ersten Löschfahrzeuge setzen sich in Bewegung und rollen ohne Blaulicht vor uns vom Parkplatz. »Falscher Alarm?«

Während die Zwillinge Senta hochheben und in den Relax-Trolley legen, dreht Herr Weißhaupt sich zurück zum Haus. Dabei kommt auch sein verschmitztes Lächeln zurück.

»Die haben da wohl Mist gebaut mit ihren Glasfasern. Haben die Hauptwasserleitung beschädigt und es erst nach der Frühstückspause gemerkt.«

»Wie geht denn so was? Gibts da keine Pläne? Oder hat der Hausi die gezeichnet?« Enna grinst erleichtert, ich glaube, sie ist froh, dass niemand vergiftet wurde.

»Man nennt es wohl Fachkräftemangel. Im Ingenieurwesen liegt der bei über zwanzig Prozent.« Frau Weißhaupts Stimme ist so hell und wach, dass sie uns alle überrascht aufhorchen lässt. Alle bis auf ihren Mann. Der sieht stolz auf seine Frau herab, die heute noch mehr zu sagen hat. »Also, falls ihr überlegt, was ihr später mal werden wollt …«

»Ich dachte immer, es fehlt überall da, wo mit Menschen gearbeitet wird. Also Kinderbetreuung oder …« Enna kommt ins Stocken, doch Frau Weißhaupt hilft ihr: »Altenpflege, genau! Aber wer will schon mit Gammelfleisch wie mir arbeiten, seid doch mal ehrlich, da könnt ihr euch doch was Schöneres vorstellen, oder nicht?«

Die anderen kriegen Augen, aber ich kenne Frau Weißhaupts Humor, auch wenn der nur selten zum Zug kommt. Herr Weißhaupt legt seine Hand auf die Schulter seiner Frau und guckt jetzt richtig verknallt. »Also ich kann mir nichts Schöneres vorstellen. Aber glaubt ihr ruhig, sie ist die Zeitungsleserin, ich bin bloß ihr Handwerker.«

»Oh«, kontert Frau Weißhaupt das Kompliment, »im Handwerk herrscht auch Fachkräftemängel, wie man hier heute unschwer erkennen kann. Das Wasser im Haus ist jedenfalls bis zum frühen Abend abgestellt. Aber ihr habt ja wohl schon gebadet.« Sie zeigt mit zittriger Hand auf den nassen Fleck den meine tropfende Hose unter mir hinterlässt, und sieht dann lächelnd zu ihrem Mann. »Hast du mir nicht erzählt, dass die Bande einen Ferienjob hat?«

Herr Weißhaupt versucht sein Portemonnaie unauffällig in der Hosentasche zu versenken. Dann sieht er mich fragend an.

»Der Job wurde kurzfristig abgesagt, aber wir haben trotzdem Geld gekriegt«, antworte ich.

»Na, da würde ich dann aber künftig doch besser aufpassen, in welcher Branche ihr anheuert«, mahnt Frau Weißhaupt prompt. »Denn Kurzarbeit sind maximal sechzig Prozent vom Nettogehalt. Das wird euch auf Dauer nicht glücklich machen. Das Geld reicht nicht zum Leben und Freizeit ohne Geld – die Zeiten sind wohl auch vorbei.«

Irgendwie scheint heute Tag der Berufsberatung zu sein. Sogar JJ guckt inzwischen nachdenklich.

»Na ja, ihr habt ja noch ein bisschen Zeit, macht erst mal die Schule fertig ...«

»Und genießt jetzt eure Ferien!« Herr Weißhaupt beugt sich über den Trolley, streichelt Sentas Kopf und drückt mir dabei etwas in die Hand. Ich muss nicht hingucken, ich weiß auch so, dass es fünf Fünfer sind. Er gibt für alles fünf Euro. Und wir sind fünf.

Geplatzte Träume

»Krasser Scheiß!«, staunen die Zwillinge im Chor.

»Alter!«, staunt Vivien.

»Was baggern die da aus? Eine Müllhalde? Ist ja widerlich. *Toktoktok.*« Enna tickt und mir wird auf der Stelle übel. Ich atme, atme, atme, aber riesige Dinobabys trampeln in meinem Kopf rum. Da ist Blackout mit Rauschen, lauter als alle Baggergeräusche der Welt. Ich muss mich auf der Bank am Sandkasten abstützen, damit ich nicht umkippe.

»Alles klar, Panda?« Enna sieht mich besorgt an. Dieser Blick. Ich möchte nirgendwo anders mehr hingucken. Ich möchte sterben, auf der Stelle. Oh mein Gott, wie konnte ich nur so dumm sein, so absolut hirnrissig, so bescheuert! Ich möchte augenblicklich im Erdboden versinken, genug Gelegenheit gäbe es hier jetzt. Mein Blick schleicht sich ängstlich an Enna vorbei. Ganz Europa ist ein einziges Schlachtfeld! Die Schützengräben ziehen sich kreuz und quer von der Zirkuswiese über die Flutrinne bis vor und scheinbar rund um unser Haus. Ein rechteckiges Stück Rasen vor dem Fahrradraum, das bis zur Trauerweide reicht, ist noch unberührt und mit Gittern abgesperrt. Ein paar Meter rechts daneben, nahe der Straße, steht ein blauweißes Dixi-Klo. Auf der anderen Seite der Weide sind die Bauarbeiter gerade dabei, die quadratischen Gehwegplatten zum Wäscheplatz abzutragen, während eine Omi schimpfend ihre Bettwäsche von der Leine pflückt, die sie jetzt noch mal waschen muss, weil sie genauso schlammbespritzt ist wie die Frau, denn die Wiese steht scheinbar komplett unter Wasser. Der Sportplatz weiter hinten ist offensichtlich nicht mehr betroffen. Dort drängeln sich die Kinder wie die Affen im Zoo in ihrem Käfig und beobachten durch die Gitterstäbe das Spektakel auf unserer Seite. Auf den Balkonen haben sich ebenfalls Leute eingefunden, die das Geschehen beobachten und kommentieren.

»Liegt da eine Klobrille? Igitt!« Vivien zeigt auf einen der Erdhügel rechts neben den hängenden Zweigen der großen Trauerweide und sie hat recht. Die Niederlande sind jetzt ein Berg mit Aufsitzklo. Das ist zwar Scheiße. Aber immerhin ist dieses kleine Land wenigstens noch zu sehen. Was man von Amerika nicht behaupten kann.

»Ich versteh das nicht, was machen die denn da?«, fragt Vivien.

»Und wo kommt der ganze Dreck her? Guckt mal, da sind Folien und Scherben und ist das ne Kaffeetasse? War das hier alles um das Haus verbuddelt oder was?«

Abstützen reicht nicht mehr. Ich muss mich setzen.

»Ist dir schlecht?«, fragt Enna. »Du siehst voll blass aus. JJ gib mal das Wasser!«

Joy reicht mir die Flasche, ich kann sie kaum halten, so sehr zittern meine Hände. Alles umsonst. Ich kann an nichts anderes denken. Ich kann überhaupt nicht mehr denken. Enna nimmt mir die Flasche aus der Hand, zieht sich ihr E.T.-Shirt über den Kopf, macht es nass und benutzt es als Waschlappen. Ich fühle den kühlen Stoff auf meinem Gesicht, dann muss ich plötzlich würgen.

»Scheiße! Scheiße! Scheiße!«, ruft Enna und weicht gerade noch rechtzeitig aus. Ich kotze und heule gleichzeitig. Ich kann gar nichts dagegen tun, es kommt einfach raus. Ein bisschen Frühstück, ein bisschen Kiesgrubenwasser und jede Menge Selbstmitleid. »Nicht schlimm, nicht schlimm«, wiederholt Enna leise und streichelt mir über den Rücken, aber das stimmt nicht. Es ist schlimm. Und ich schäme mich für so viel Blödheit.

»Wahrscheinlich hat er einen Sonnenstich«, meldet sich eine Männerstimme neben mir, aber ich kann den Kopf nicht drehen.

»Hi, Bernd«, sagt Vivien. »Hast du Urlaub?«

»Kann man so sagen. Ich hab Krankenschein. Wegen Knie. Ich bin quasi in Reha auf Balkonien.« Bernd lacht.

»Fährst du noch weg? Mit Lenny?«

»Mal sehen. Wenns Kleingeld reicht, gehts vielleicht an die Ostsee. Oder nach Heidewitz.«

»Ich hab gehört, da soll es witzlos sein«, mischt Enna sich leise ein und streichelt mir gleichzeitig über den Rücken.

Bernds Bass brummt ärgerlich: »Wer sagt das? Einer von den Halbstarken? Die kannst du in der Tonne rauchen. Große Klappe, nichts dahinter. Die sollen erst mal was tun für ihr Land, bevor sie es schlechtmachen. Sich mal umgucken. Dann sehen die nämlich, wie schön wir es hier haben.«

Ennas Hand liegt jetzt still auf meinem Rücken und ich richte mich langsam ein kleines Stückchen auf.

»Von wegen umgucken. Du arbeitest doch auch aufm Bau, oder? Weißt du, was die hier machen?«, fragt Enna und nimmt ihre Hand von meinem Rücken. Aus den Augenwinkeln sehe ich, wie sie auf das Schlachtfeld zeigt. Von der anderen Seite höre ich Bernd lachen.

»Wie kommst du denn darauf? Seh ich so aus? Nee, sag mal im Ernst, sehe ich aus wie n Bauarbeiter?«

Enna sieht Bernd an. Ich richte mich weiter auf, während ihr Blick über die Muskeln, die sich deutlich unter Bernds Shirt abzeichnen, wandert. Dann zuckt sie plötzlich mit den Schultern. »Keine Ahnung, ich dachte wegen des Bohrhammers. Aber okay, du bist kein Bauarbeiter …«

»Bin ich nicht, nee. Ich bin Soldat.«

»Echt?« Vivi scheint überrascht. »Das wusste ich gar nicht. Warst du schon mal im Krieg?«

Bernd nickt und wendet sich wieder an Enna. »Was nicht heißt, dass ich kein Rohr verlegen kann.« Bernd lacht kurz in sich hinein. Dann wird er wieder ernst. »Soldaten müssen selbständig denken und nicht nur Befehle ausführen. Wir …«

»Okay«, kürzt Enna ab. »Und was, denkst du, machen die Bauarbeiter hier?«

Bernd sieht zur Baustelle. »Na erst mal müssen sie die Havarie beseitigen. Dann ein neues Rohr verlegen, das hat Prio, dann Glasfaser rein, dann die Krater wieder zuschütten, planieren und zuletzt Rollrasen, will ich hoffen. Denn säen wird bei den Temperaturen eher nichts. Jetzt ist das zwar ne Schlammkuhle, aber in zwei Tagen haben wir hier eine Staubwüste. Und bei den Wasserpreisen wird hier wohl keiner gießen.«

»Und wo kommt der Müll her?« Vivien zeigt Richtung Schlachtfeld, als plötzlich die Tür vom Dixi-Klo aufgestoßen wird, weil einer der Arbeiter rauskommt. Offensichtlich war der mit Zigarette drinnen, die er jetzt in den Matsch fallen und ausgehen lässt. Mir wird sofort wieder schlecht. Sicherheitshalber beuge ich mich noch mal vor.

»Das meiste dürfte aus DDR-Zeiten stammen. Damals haben sie es mit der Entsorgung nicht so genau genommen. Wobei der Plastescheiß sicher nicht zwanzig Jahre alt ist.« Ich muss würgen. Aber der Rest ist wirklich nur ein Rest.

»Kommt noch was, Panda?«

Ich will den Kopf schütteln, aber es geht nicht.

»Jetzt komm mal langsam wieder hoch, aber ganz langsam!«

Ich versuche meinen Dreck mit dem Fuß im Sand zu verscharren wie Boulette heute früh seine Kippe, aber auch das geht nicht.

»Lass, das machen wir dann weg«, sagt Enna und zieht mich langsam an den Schultern hoch. »Und atmen nicht vergessen!«

Ich gehorche. Tief ein und aus, ein und aus … Meine Lieblingszahl ist die Sieben. Sieben Kontinente hat die Erde. Doch ich traue mich nicht ein zweites Mal hinzugucken. Denn wenn ich das beim ersten Mal richtig gesehen habe, ist Amerika komplett abgesoffen. Ich beiße mir auf die Lippe, bloß jetzt nicht wieder heulen.

»Okay, du siehst wirklich fertig aus«, stellt Bernd nüchtern fest. »Am besten ihr bringt euren Kollegen jetzt mal ins Bett. Für den ersten Ferientag hat er genug Sonne abgekriegt.«

Enna und Vivien stützen mich rechts und links, die Zwillinge gießen Wasser über meine Kotze und schnappen sich dann den Trolley und Viviens Hackenporsche und los gehts. Nach ein paar Metern merke ich, wie die Kraft zurückkommt. Vivi merkts auch und lässt los, aber Enna bleibt untergehakt und so schlurfen wir hinter den anderen wie ein altes Paar ins Aquarium, wo es kühl ist und ich kurz aufatmen kann.

»Wir waren noch nie bei dir«, stellt JJ erstaunt fest, als der Aufzug in der eins hält. »Wo müssen wir hin?«

»0101«, antworte ich und zeige auf die erste Tür links.

»Dann guckt ihr ja auch auf den Parkplatz«, sagt Vivien und klingt enttäuscht.

»Bulut«, liest Enna auf unserem Türschild. »Ist das Türkisch?«

»Was denn sonst?«, antwortet Vivien für mich, während ich die Wohnungstür aufschließe.

»Ich meine, hat das eine Bedeutung?«, verbessert sich Enna.

»Alles hat eine Bedeutung, Rich Girl.«

»Menno, Vivi!«, beschwert sich Enna, während ich sie und Vivi ins Wohnzimmer führe und JJ erlaube, den Trolley mit der schlafenden Senta auch reinzufahren.

Ich bemerke sofort, wie interessiert sich die anderen bei uns umgucken, und es ist mir ein bisschen peinlich.

»Krass!«, staunen die Zwillinge schon wieder, aber bevor Vivien »Alter!« sagen kann, sage ich »Wolke«.

»Wolke?« Vivien guckt sich ratlos um.

»Bulut bedeutet Wolke.«

»Das ist aber hübsch!«, sagt Enna und setzt sich aufs Sofa.

»Das ist aber hübsch«, äfft Vivi sie nach und fläzt sich zu ihr. »Ich denke, du kannst kein Türkisch?«, stichelt sie, aber das macht mir nichts.

»Ich kanns auch nicht. Ich habs googelt«, antworte ich müde.

»Hast du das alles gepuzzelt?« JJ kommt aus dem Staunen über unsere Wand-Deko nicht raus. Das geht den meisten Leuten so, die zu uns kommen.

»Nee«, erkläre ich, »das war mein Vater. Puzzeln ist sein Hobby. Er braucht das, um nach der Arbeit runterzukommen.«

»Was arbeitet dein Vater denn?«, will Enna wissen.

Ich überlege und entscheide mich für die einfache Antwort, wobei ich unauffällig zu Vivien schiele.

»Er sitzt im Büro.«

»Echt jetzt? Dein Vater sieht gar nicht aus wie ein Sesselfurzer«, sagt Vivien, ohne mich anzugucken. Was Besseres als »Ach ja?« weiß ich darauf nicht zu antworten. Was soll ich auch sagen? Dass mein Vater aufm Amt sitzt, genauer gesagt in dem Jobcenter, mit dem ihre Mutter ständig Stress hat? Was ich gar nicht wissen darf? Und wovon Vivien offensichtlich keine Ahnung hat.

»Und deine Mutter?« Enna guckt sich um, als müsste die hier irgendwo rumstehen. »Arbeitet die auch?«

»So halb«, erkläre ich. »Sie hat als Alltagsbegleiterin gearbeitet, aber jetzt macht sie grad eine Umschulung.«

»Was macht man da als … Alltagsbegleiterin?«

»Na ja, man begleitet Menschen im Alltag. Hauptsächlich Senioren, aber auch Menschen mit Behinderung oder Leute, die eine Krankheit haben. Man geht für sie einkaufen, erledigt Behördengänge oder verbringt auch Freizeit mit denen, geht ins Kino oder mit dem Hund Gassi … so Zeugs halt.«

»Verstehe, daher hast du also deine Skills.« Vivien lacht.

»Und warum hat sie damit aufgehört?«

»Zu wenig Geld. Sie wird jetzt Busfahrerin.«

»Echt jetzt? Verdient man da mehr?«

»Kommt drauf an, wenn du Angestellte im öffentlichen Dienst bist, schon.«

»Hä? Ist Busfahren denn nicht immer öffentlich?«

»Nee, du kannst ja auch in einem privaten Unternehmen angestellt sein und so Kaffeefahrten machen oder Urlaubsreisen mit Senioren.«

»Seniorinnen«, verbessert mich Enna grinsend. »Die Männer sterben doch eher.«

»Und deine Mutter?«

»Die will zu den Verkehrsbetrieben.«

»Echt jetzt? Wie langweilig.«

»Aber genau da hat sie Bock drauf. Alltagsbegleiterin war ihr nämlich zu stressig.«

»Puzzelt sie auch, um runterzukommen?« Die Zwillinge sind immer noch beeindruckt.

»Nee, im Sommer geht sie zu Maggie ins Paradies. Und im Winter liest sie. Am liebsten Romane mit Happy End.« Ich kann mich nicht entscheiden mich hinzusetzen. »Das ist noch bescheuerter als puzzeln, wenn ihr mich fragt.«

»Wieso?«, fragt Vivien prompt.

»Na weil … das so was von am Leben vorbeigeht! Wir hocken hier und sie … sie ist gar nicht da.«

»Wo ist sie denn?«, die Zwillinge wieder.

»Na weg, bei ihren Romanheldinnen, nehme ich an.«

»Und was macht sie da?«

»Träumt von einem anderen Leben – schätze ich.«

»Wie sieht das Leben von ihren Heldinnen denn aus?« Enna will es genau wissen.

»Keine Ahnung«, stammle ich, weil das echt schwer zu erklären ist, aber dann probier ichs doch. »Einmal zum Beispiel hat sie ein Buch gelesen, da war die Hauptfigur auch Alltagsbegleiterin, von einem Typ, der war reich, aber gelähmt bis zum Hals, also der konnte gar nichts alleine, der konnte sich nicht mal umbringen. Und die Frau zeigt ihm dann, wie schön das Leben trotzdem ist, und die verknallen sich sogar …«

»Äh? In einen Typen, dem sie die Windeln wechselt oder was?« Vivien unterbricht mich skeptisch.

»Lass ihn doch mal ausreden!«, schießen die Zwillinge plötzlich.

»Also ja, ich glaub, da lief jetzt nicht viel, ein Kuss vielleicht, aber das ist auch nicht wichtig. Wichtig ist, der Typ bringt sich am Ende doch um und …«

»Äh? Wie geht das? Ich denke, er ist gelähmt!«

»Vivi!« Die Zwillinge sind genervt.

»Er geht in die Schweiz.«

»Ich denke, er kann nicht gehen?«

Die Zwillinge stöhnen im Chor.

»Er wird in die Schweiz gefahren und lässt es da machen und dann …«

»Was machen?«

»Er lässt sich … also umbringen sagt man nicht, das heißt …«

»Sterbehilfe«, sagt Joy leise.

Und Jack erklärt genauso leise: »In der Schweiz ist das erlaubt, wenn du jemandem dabei hilfst.«

»Aber du brauchst einen Brief vom Arzt, dass die Krankheit nicht heilbar ist und du dir ganz sicher bist, dass du es willst«, ergänzt Joy.

Vivien guckt von einem Zwilling zum anderen. »Woher wisst ihr das?«

Die beiden drucksen rum, schließlich hilft Enna. »Das weiß doch jeder. Das Buch gibts übrigens auch als Film, den hab ich mit Cleo gesehen.«

»Also ich kenns nicht«, sagt Vivien beleidigt. »Und ist das jetzt das Happy End, dass der sich umbringen darf?«

»Nee«, fast muss ich lachen, aber dann muss ich auch an meine Mutter denken und an das Schlachtfeld draußen und werde wieder traurig. »Das Ende ist so, dass die Alltagsbegleiterin einen Brief kriegt und darin steht, dass sie richtig viel Geld von ihm erbt und plötzlich reich ist und jetzt alles machen kann, was sie immer machen wollte.«

»Das ist das Ende?«

Ich nicke.

»Und was macht sie mit dem Geld?«

Ich zucke mit den Schultern, doch JJ weiß, dass es eine Fortsetzung gibt. Die aber keiner von uns kennt.

»Okay.« Vivien nickt nachdenklich. Dann gibt sie mir recht. »Das ist echt bescheuert. So ein Buch zu kaufen ist wie, wie … vom Lottogewinn träumen, aber gar nicht Lotto spielen. Oder hatte deine Mutter schon mal einen richtig reichen Kunden, der todkrank und in sie verknallt war?«

Ich schüttle den Kopf. »Ich sag doch: bescheuert. Aber wenigstens kauft meine Mutter die Bücher nicht, sie leiht sie nur in der Bibliothek.«

»Du bist voll fies!«, protestiert Joy plötzlich gar nicht mehr leise. »Lass doch deine Mutter mal träumen!«

»Weißt du, was sie mit dem Geld machen würde, wenn sie es hätte? *Toktoktok*«, fragt Enna.

Jetzt überlege ich. Und ich muss zugeben. Das weiß ich tatsächlich nicht. Ich weiß nur, was ich tun würde. Aber dieses Ziel ist genau heute in ganz weite Ferne gerückt, weil ich einfach zu bescheuert bin. Bescheuerter als meine Eltern und mein Bruder zusammen.

»Also ich würdeeeee …«, Jack zieht den Finger durch die Luft an der Wand entlang, um dann auf der Pizza mit den 12.000 Teilen zu stoppen, »… ich würde uns eine lebenslange Flatrate bei Freddy einrichten.«

»Freddy?«, fragt Enna.

»Pizzaservice«, erklärt Joy augenrollend.

»Ist die lecker?«

»Weißt du doch. Deine Mutter hat ja da für uns bestellt.«

Enna starrt auf das Puzzle und versucht sich an die Pizza zu erinnern, aber ich bin mir nicht sicher, ob sie überhaupt davon gegessen hat, schließlich sind wir dann alle zur Geburt von Klümpchens Geschwistern gestürmt.

»Hey, ihr habt ja Pandas!«, lacht Enna plötzlich und zeigt auf das Panda-Puzzle neben der Tür.

Vivien steht auf und guckt sich zuerst das Puzzle und dann im ganzen Zimmer um. »Ich habs mir irgendwie anders vorgestellt.«

»Wie anders?«, will ich wissen.

»Kein Ahnung, irgendwie ... türkischer? Orientalisch. Teppiche und so Zeug halt.«

»Mein Vater hasst Teppiche. Drauf lässt sich nicht puzzeln.«

»Aber betet ihr nicht darauf? Gebetsteppich oder wie das heißt?«

»Wir beten gar nicht. Meine Eltern sind nicht gläubig.«

»Aber Türken sind sie schon, oder?«

»Na und? Du bist Deutsche. Deshalb bist du noch lange keine Christin. Oder gehst du in die Kirche?«

»Ich war schon mal in einer Kirche.«

»Zum Beten?«

»Nee, nur gucken, mit der Grundschule.«

»Und? Wie wars?«

Vivien überlegt. »Kalt.«

Das wird mir auch langsam. »Ich zieh mir mal kurz ne trockene Hose an«, sage ich und verschwinde ins Kinderzimmer.

»Warst du schon mal?«, ruft Vivien mir nach.

»In der Kirche?«, rufe ich zurück. »Klar!«

»Nee, wie heißt das bei euch noch mal?«

»Bei uns?«

»Vivi meint eine Moschee«, lacht Enna wieder.

»Nee«, rufe ich, »mit der Schule waren wir auch bloß immer in Kirchen und einmal in der Synagoge. Es gibt wohl eine Moschee in der Stadt, aber die ist unspektakulär, das sind nur so Räume in einem Mietshaus – mit massig Teppichen!«

»Woher weißt du das, wenn du noch nicht da warst?« JJ steht mal wieder auf der Leitung.

»Der Panda googelt«, ist sich Vivien sicher, »damit er so schlau wird wie unsere Streberin.« Die Streberin stört das gar nicht. Als ich zurückkomme, scrollt Enna seelenruhig in ihrem Handy.

»Es gibt genau 65 Kirchen in der Stadt«, sagt sie, »außerdem eine Synagoge und ... drei Moscheen!«

»Und was sagt uns das?«, fragt Vivien.

»Dass die Islamisierung des Abendlandes genauso ein Gerücht ist wie der vergiftete Nachbar?« Enna zwinkert den Zwillingen verschwörerisch zu, doch die zwinkern nicht zurück.

»Von Pegida habt ihr aber schon mal gehört?«, fragt Enna deshalb.

Die Zwillinge sehen sich unschlüssig an.

»Waren das die, die vor Corona demonstriert haben?«

Enna nickt.

»Genau. Pegida steht für ...?«

»Patriotische Europäer gegen die Islamisierung des Abendlandes!«, ballert Vivien raus. Enna sieht sie erstaunt an. Vivien seufzt. »Ich hab da schon mal von erzählt, der Typ, der später meine Mutter gestalkt hat, der hat da auch mitgemischt. Am Anfang war der ganz okay, aber dann hat er uns jeden Tag nur noch damit zugemüllt. Dass die Islamisten die Herrschaft in Deutschland übernehmen und wir Frauen dann Burka tragen müssen und dann … sind wir alle am Ende oder so.«

»Was ist Burka?« Die Zwillinge sehen sich ratlos an.

»Na diese schwarzen Schleier, die komplett bis zum Boden gehen und wo nur die Augen rausgucken durch so Schlitze und … wisst ihr nicht, was ich meine?«

Vivien guckt in zwei skeptische Gesichter, aber JJ schüttelt nach reiflicher Überlegung entschlossen den Kopf.

»Hast du denn schon mal Burka-Trägerinnen gesehen?«, will Enna wissen. »Also, außer im Fernsehen?« Vivien überlegt, aber Enna wartet nicht auf eine Antwort. »Ich nämlich auch nicht.«

»Wir kennen nur den Hidschab!«, fällt Joy jetzt ein. »Zeynap trägt einen.«

»Und das sieht mega aus«, versichert Jack mit leuchtenden Augen.

»Wer ist noch mal Zeynap?«, will Enna wissen.

»Na die Schwester von Yildiz«, sagt Vivien.

»Ein Mädchen aus unserer Klasse.«

»Das schönste Mädchen aus der ganzen Schule«, verbessert JJ wie aus der Pistole geschossen.

Und selbst Vivi nickt zustimmend. »Das stimmt.«

»Das stimmt? Woher wisst ihr das, wenn sie Hidschab trägt?« Enna lächelt ungläubig und schielt zu Vivien. Ich weiß genau, was sie denkt. Nämlich dass Vivien das schönste Mädchen von allen ist. Und das stimmt auch irgendwie. Aber Zeynap ist anders schön. Und für mich ist sowieso Enna die Schönste. Die steckt ihren Kopf aber schon wieder ins Handy und liest vor: »Okay. Burka, Nikab, Hidschab, Tschador … die Verhüllungspraktiken haben einen eher kulturellen als religiösen Hintergrund. Viele Gegenden des Nahen und des Mittleren Ostens haben ein heißes Klima, vor dem Menschen ihren Kopf und das Gesicht mit einem Schal oder Schleier schützen. Das islamisch begründete Kopftuchgebot dagegen ist die Folge eines geschichtlichen Prozesses. Die Argumentation basiert vor allem auf Vers 31, Sure 24 aus dem Koran, wo es heißt, dass die Frau ihre Zierde nicht außerhalb des Familienkreises zeigen soll. Viele traditionelle muslimische Religionsgelehrte legen daher den Frauen nahe, Kopftuch zu tragen, da sie darin einen guten Schutz vor Ehebruch sehen. Eine Vollverschleierung wird an islamischen Hochschulen von den Lehrenden aber nicht gefordert. Staatliche Reglementierungen wie in Iran nach der Islamischen Revolution oder in Afghanistan unter den Taliban sind jüngeren Datums. Seit der Ermordung der Iranerin Jina Mahsa Amini im September 2022 wird diese Auslegung weltweit geächtet und von der Protestbewegung ›Frau, Leben, Freiheit!‹ bekämpft.« Enna hebt den Kopf. »Habt ihr davon was mitgekriegt?«

»Na klar!«, entgegnet Vivien spöttisch. »Social Media war voll davon! Das war, als Bernd meiner Mutter geholfen hat, den Typen rauszuschmeißen, weil er nur noch Blech geredet hat. So cringe!«

»Wieso eigentlich Bernd? Wollte der auch was von deiner Mutter?«

Vivien schüttelt den Kopf, »Nee, aber der kannte den irgendwie von der Arbeit. Die waren wohl früher mal Kumpel. Oder vielleicht war der ja auch Soldat? Wenn das Bernds Job ist? Keine Ahnung. Jedenfalls war Bernd stärker als die Lusche. Zum Glück.«

Die Zwillinge sehen sich an. Dann Enna. »Wir haben eine Lehrerin, die kommt aus dem Iran. Sie ist mit ihren Eltern nach Deutschland geflohen, als sie so alt war wie wir«, sagt Joy. »Sie hat uns alles erzählt. Und sie trägt in Deutschland kein Kopftuch mehr. Weil sie … eine freie Frau ist.«

»Sie hat im Unterricht geweint.« Bei der Erinnerung sieht Jack selbst aus, als müsste er gleich weinen. Irgendwie läuft hier heute alles schief und ich kriegs nicht gerade.

»Aber Zeynap ist hier geboren, genau wie ich. Sie trägt den Hidschab, weil sie es will. Es ist ihr Style!«, versuche ich es für Enna einzuordnen, weil ich Angst habe, dass sie die Informationen durcheinanderbringt.

Enna guckt mich interessiert an. Holt Luft und wechselt mit »So, du Wolkenpanda. Dann rate jetzt mal, was Enna heißt! *Toktoktok*« urplötzlich das Thema.

»Keine Ahnung. Die … vom anderen Stern?« Ich zeige auf den Außerirdischen, der auf Ennas Shirt gedruckt ist und von dem ich noch nicht weiß, ob er Style ist oder eine Bedeutung hat, jedenfalls scheint es ihr Lieblingsshirt zu sein.

»Nee«, lacht sie kopfschüttelnd, »Enna heißt …«, sie macht es spannend, »… die mit dem Schwert kämpft.«

»Echt jetzt?« Vivien ist beeindruckt. »Hab ich auch eine Bedeutung? Guck mal nach!«

Enna guckt, scrollt und lacht laut auf. »Das passt! Aber so was von! Vivien bedeutet die Lebendige, die Lebensfrohe!«

»Jetzt wir!«, kreischen die Zwillinge.

»Okaaaay, also Jack, du bist … ein Mann!«

»Wie … *ein Mann*?«

»Jack bedeutet Mann.«

»Hm.« Jack ist enttäuscht.

»Und Joy, gut, da muss ich ja gar nicht erst gucken.«

»Wieso nicht, ich will auch wissen, wer ich bin!«

»Na, dann denk mal scharf nach, oder habt ihr keinen Englischunterricht auf der Oberschule? Also? Was heißt denn Joy?«

Joy denkt. Und freut sich dann wie ein kleines Kind. »Freude! Ich bin die Freude!«

»Jetzt zu dir, Firuz. Muss ich googeln oder hast du schon?«

Ich bin verblüfft. Tatsächlich habe ich noch nie … oder hab ichs verdrängt, weil es was Banales wie »Mann« war? Der arme Jack ist jetzt noch beleidigt. Ich zucke mit den Schultern.

»Moment.« Enna tippt und liest zuerst stumm, dann immer lauter. »Ins Deutsche übersetzt der Sieger, der Siegreiche oder freier gedeutet der Intelligente. Ursprung des Namens liegt im Altpersischen *piruz* für wohlhabend, triumphierend. – Na, wie gefällt dir das, Panda? Ich meine, das sind doch gute Aussichten?«

Ich weiß nicht, warum genau es in diesem Moment passiert. Vielleicht ist es der Blick auf das Europa-Puzzle. Oder weil ich mich schäme, dass ich meine Mutter vor meinen Freunden bescheuert genannt habe. Oder weil ich mich schäme, dass ich kein Türkisch kann und nicht weiß, was Omar Boulette gestern hinterhergerufen hat, oder weil ich mir so unendlich dumm vorkomme, nämlich so wie der größte Loser aller Zeiten, der jetzt seine Tränen nicht mehr zurückhalten kann, die unbedingt rauswollen. So viel, was rauswill. Mist, verdammter.

Europareise

»Ihr lacht mich aus.«

»Auf keinen Fall!«, schwört Enna.

»Ich kann nichts versprechen. Ehrlich gesagt würde ich gerne mal über dich lachen, aber ich befürchte, das wird nichts. Wenn Mister-ich-hab-alles-im Griff heult, dann muss es was Schlimmes sein.« Vivien sieht mich gespannt an.

»Es ist was Schlimmes, ich hab … ich hab Mist gebaut. Richtig großen Mist.«

»Hauptsache, du hast niemand vergiftet«, will Enna mich beruhigen.

»Und keine Drogen verkauft«, ergänzen die Zwillinge und halten mir gleich zwei Taschentücher vor die Nase.

Ich nehme beide. Und schnaufe und schniefe, bis Enna mich unterbricht. »Jetzt atmen, Panda, und dann los, raus damit!«

Ich atme und dann sprudelt es aus mir raus. Ich höre mich selber reden und es klingt fremd und auch ein bisschen irre und ich sehe in den Gesichtern, dass sie das auch so sehen. Irgendwann bin ich fertig.

»Pimmel! Pimmel! *Toktoktok*!«, beendet Enna meinen Monolog und das ist gut, denn alle müssen lachen.

»Okay«, sagt Vivien dann. »Vielleicht bin ich ja auch nicht die hellste Kerze auf der Torte, darf ich mal zusammenfassen?« Die Zwillinge nicken erleichtert. »Also, du hast den ganzen Schotter, den du als … Alltagsbegleiter mit Gassigehen und so zusammengespart hast, in deiner *Im Nu*-Kaffeedose gesammelt und die Dose hast du draußen verbuddelt, weil … wegen was genau? Ach so, damit dein Bruder sie nicht findet?« Ich nicke erschöpft, zumindest der letzte Teil ist ja korrekt.

»Aber warum? Beklaut dein Bruder dich etwa?« Enna ist entsetzt.

»Er ist fünf«, versuche ichs. »Er sieht das nicht so eng. Sagen wir so … er findets im Kinderzimmer und …«

»Nimmt sich, was er braucht«, führt JJ meinen Gedanken zu Ende.

»Er nimmt sich, was er braucht?« Enna kapiert nicht. »Das ist Diebstahl!«

»Jetzt übertreibs nicht!«, wird sie von Vivien zurechtgewiesen. »Hast du dir noch nie was genommen, ohne zu fragen?« Das hat Enna offensichtlich nicht. Was mich nicht wundert, denn sie kriegt ja alles. Sie muss nicht mal danach fragen, es ist einfach da. Und Geschwister hat sie auch keine.

»Jedenfalls hast du die Dose verbuddelt …«

»Wann hast du das gemacht?«, unterbricht Enna wieder. »Du hattest die Dose doch noch, als wir letzte Woche mit JJ einkaufen waren, und dann haben wir rund um die Uhr unseren Fall gelöst. Ich erinnere mich sogar, wie du mit der Dose zu mir unter die Weide gekommen bist, als ich den Fahrradraum observiert habe …«

»Das war ne andere.«

»Ne andere was?«

»Dose. Ich hab mehrere.«

Kurz ist Stille. Dann fragt Vivien: »Wie viele genau?«

Ich schlucke. Aber es nützt ja doch nichts. »Sieben. Eine für jeden Kontinent. – Aber bisher habe ich nur Europa, Nord- und Südamerika vergraben«, schicke ich noch schnell hinterher.

»Weshalb?«

»Am Rest arbeite ich noch.«

»Ich meine, weshalb heißen die Dosen wie die Kontinente?«, will Enna wissen.

»Na, weil ich doch darauf spare, die Welt zu bereisen. Und weil ich die Weltkarte als Raster benutze, damit ich weiß, wo die Dosen liegen. Ich habe einfach die Koordinaten von Google, also die um unser Haus, darübergelegt. Das war so eine Spielerei. Fand ich witzig. Und irgendwie ultraschlau. Dachte, da kommt keiner drauf.«

»Da kommt auch keiner drauf.« Enna tickt und grinst. »Das ist selbst für mein Hirn ne Nummer zu groß.«

Ich drehe mich um und zeige auf das größte Puzzle im Wohnzimmer, das über unserem Sofa hängt.

»Ein Jahr hat mein Vater daran gesessen. Und ein Jahr will ich nach der Schule reisen.«

»Okay, magic. Und Europa liegt also unter der Trauerweide?« Vivien wird ungeduldig.

»Nein, Europa ist viel größer, aber rechts neben der Trauerweide ist Amsterdam, Hauptstadt der Niederlande, da soll die Europareise losgehen. In Amsterdam gibts Grachten, also Kanäle mitten durch die Stadt. Nichts mit Flutrinne, da schwimmen Boote drauf, in denen Menschen wohnen. Hausboote. Die will ich zuerst sehen. Wollte ich sehen«, verbessere ich mich.

»Okay. Und wo liegt … Nordamerika?«

»Von Europa aus gesehen auf der Höhe vom Sportplatz, unter den Büschen, auf unserer Seite der Flutrinne.«

»Und Südamerika?«

»Zwischen Trampolin und Wäscheplatz.«

»Mitten auf der Wiese?«

»Theoretisch ja. Praktisch ist die jetzt ein Meer. Ich habs jedenfalls vermessen.«

»Krass«, staunen die Zwillinge.

»Ja«, seufze ich. »Krass bescheuert.«

»Na ja«, wiegelt Vivi ab. »Mit nem Rohrbuch konntest du ja nicht rechnen. Und wegen der Glasfaser ...«

»Hatte ich gegoogelt, na klar. Das sah mir nicht nach so einer Riesenbaustelle aus.«

»Tatsächlich muss ich jetzt noch mal was Bescheuertes fragen. Darf ich?« Enna sieht unsicher von mir zu Vivien.

Doch JJ gibt das optimistische Startzeichen: »Bereit!«

»Warum keine Sparbüchse mit Schloss?«

Oha, damit habe ich nicht gerechnet. Die Zwillinge sehen mich gespannt an.

»Eine gute geht bei zwanzig Euro los«, gebe ich zähneknirschend zu. »Da war ich zu ...«

»Geizig!«, haut Vivien raus.

»Das sind vier Arbeitseinsätze bei den Weißhaupts!«, widerspreche ich ihr wütend. »Das ist Arbeit, Vivi, das ist kein Lottogewinn, dafür muss man was tun! Zum Beispiel die Kotze vom Hund wegmachen, auch wenn man das eklig findet!«

»Ist ja gut, reg dich ab.«

Enna räuspert sich. »Okay, okay. Und warum nicht einfach ein Konto bei der Bank? Da gäbe es dann nämlich sogar Zinsen.«

Jetzt gucken die Zwillinge Enna an.

»Firuz ist zwölf!«, kommt es im Chor. »Da kann man doch kein eigenes Konto machen.« Enna versucht die Augenbrauenwelle, aber sie gelingt ihr nicht.

»Nicht alleine eröffnen, logisch. Aber deine Eltern können eins für dich anlegen, auf deinen Namen. Das geht, da bin ich mir sicher, ich hab so eins.«

Wieder ist kurz Stille. Dann sagt Vivien: »Wenn seine Eltern das Konto für ihn eröffnen, dann können sie da auch ran.«

Enna sieht nicht aus, als verstünde sie den Einwand. Deshalb hilft JJ nach. »Vivien meint, sie können sein Geld abheben.«

Enna versteht immer noch nicht. »Weshalb sollten sie das machen?«

Vivien stöhnt. »Alter, Enna, jetzt tu nicht so blöd! Es gibt tausend Gründe, warum Eltern das machen. Sie brauchen es halt, weil … keine Ahnung … der Kühlschrank leer ist oder das Fahrrad geklaut wurde oder der Vater abgehauen ist …« Der sitzt.

Enna tickt jetzt richtig krass. Ihr ganzes Gesicht verzieht sich durch das Zucken. »Pimmel, Pimmel! *Toktoktoktoktok.*«

»Sorry, ja, der war scheiße. Aber so ist das Leben manchmal«, entschuldigt sich Vivien.

Und JJ seufzt: »Das machen die Eltern ja nicht mit Absicht.«

»Natürlich nicht«, nimmt Vivien den Faden wieder auf. »Sie nehmen sich garantiert auch vor, die Kohle zurückzuzahlen. Aber dazu kommt es nie. Weil nämlich immer etwas ist. Also, wenn du etwas für dich ganz alleine haben willst, dann behalte es besser für dich. Dann bist du safe. Es sei denn«, Vivi guckt mich mitleidig an, »es gibt einen Rohrbruch.«

Enna hat sich wieder etwas gefangen. »Von wie viel Geld reden wir überhaupt? Du wirst ja wohl nicht Millionen verbuddelt haben.«

»Nee«, beschwichtige ich schnell. »Ich spare auf work and travel. Dazu brauche ich bloß Geld für die Fahrt oder den Flug oder die Fähre und einen Notgroschen für die ersten zwei Wochen vielleicht, bis ich einen Job habe und – je nachdem – fürs Visum, die Reiserücktrittsversicherung, die Auslandskrankenversicherung …«

»Wie viel?«, würgt Vivien mich ab.

»700.«

»700 Euro?« JJs Augen werden riesig.

»Für Europa.«

»Und für Amerika?«

»600.«

»600?« Vivien sieht mich streng an. »Bisschen wenig, hä?«

»Für Südamerika.«

»Und für Nordamerika?

»1.300.«

Die Zwillinge quietschen.

»Sonst noch was?«

Ich schüttele den Kopf. Asien habe ich erst angefangen. Das ist nicht der Rede wert. Und außerdem im Schuhschrank in Sicherheit.

»Dann sind das 2.600 Euro, die du da draußen verbuddelt hast«, stellt Enna ungerührt fest. »Das ist immerhin nicht die Welt.«

JJ bleibt der Mund offen stehen.

»Das ist nicht die Welt?!« Ich merke, wie mir die Tränen wieder hochsteigen. Dafür habe ich jede freie Minute gearbeitet. Seit fast zwei Jahren! Plus alle Geschenke gespart, zweimal Weihnachten und einmal Geburtstag und …

»Das sind nur drei Kontinente. Und ich schlage vor, die bereisen wir jetzt. Los gehts mit Europa!«

»Wie willst du das machen?«

Die Zwillinge starren gespannt auf Ennas Mund. Doch gerade als sie den öffnet, steckt jemand von außen den Wohnungsschlüssel ins Schloss. Im Relax-Trolley knurrt Senta leise im Schlaf.

»Firuz? Firuz, mein Herzblatt, bist du da?«, ruft meine Mutter äußerst fröhlich.

Enna schickt ein Grinsen Richtung Flur, dann legt sie mir ihre Hand aufs Knie und flüstert: »Wir fahren aber nicht mit dem Bus, mein Herzblatt. Wir gehen zu Fuß.«

Mama hat die Prüfung bestanden und kriegt sich vor Freude nicht mehr ein. Sie flitzt wie eine von JJs Ratten ins Wohnzimmer und kurz habe ich Sorge, dass sie in ihrem Freudenwirbel die Lage nicht checkt und mich vor meinen Freunden abknutscht. Zum Glück steht ihr der Trolley mit Senta im Weg und sie muss rechtzeitig stoppen.

»Oh, ups, du hast Besuch!«, strahlt sie über den Trolley in die Runde. »Das ist ja … schön!« Dann wirft sie einen Blick in den Trolley. »Ist der … echt?« Senta knurrt. »Ja, das ist er«, beantwortet Mama ihre Frage selbst, »aber er gehört nicht uns, will ich hoffen?«

»Natürlich nicht, das ist Senta, Mama, sie gehört zu den Weißhaupts, du kennst sie.«

»Aber für heute ist sie bei uns in Pflege«, sagen die Zwillinge artig.

»Und euch kenne ich auch!«, freut sich Mama. »Jack und Joy Palaske und Vivien Zieschank. Richtig?«

Die Zwillinge nicken brav, aber Vivien wird unruhig, was ich verstehe. ›Fehlt nur noch, dass Mama die Wohnungsnummern aufzählt‹, denke ich, doch es kommt schlimmer. »Aber wir kennen uns noch nicht, oder?«

»Das ist Enna«, sage ich schnell. »Sie ist neu hier.«

»Aha.« Mama legt ihre Tasche auf dem Tresen ab und sieht Enna interessiert an. »Aber nicht die Pimmel-Enna aus dem Zirkus, oder?«

Oh mein Gott! Omar, du kleine Ratte!

Alle sehen entgeistert zuerst zu mir, dann zu Enna.

»Nein«, antwortet die ganz ohne Zucken, dafür mit einem umwerfenden Lächeln. »Ich bin die Pimmel-Enna aus der 1404.«

Jetzt ist Mama verdattert. Doch dann lacht sie. »Sehr schön! Und ich bin die Mutter von Firuz und seit heute Busfahrerin. Also seid nett zu mir, dann fahre ich euch sicher zu Schule.«

»Wir haben Ferien, Mama!«

»Das weiß ich, mein Schatz. Und ich frage mich, warum ihr bei diesem Wetter drinnen hockt, anstatt draußen in der Sonne zu …«

»Wir wollten gerade gehen«, sagen die Zwillinge schnell.

»Wohin?«

»Na … raus?«, stammelt Jack.

»Die Baustelle angucken«, ergänzt Joy.

»Oh, das ist gut«, nickt Mama. »Aber ich habe eine bessere Idee! Wie wäre es, wenn ihr zuerst Omar aus der Kita holt, dann ein Eis kauft und dann bei den Baggern haltmacht? Damit würdet ihr drei Menschen sehr glücklich machen.«

»Wer soll das sein?«, frage ich.

»Deinen Bruder, deinen Vater und deine Busfahrerin?«

»Pimmel!«, tickt Enna leise.

»Geht klar!«, sagt Vivien plötzlich und schnappt sich Frau Lämmerhirtes Hackenporsche. »Bis wann muss er abgeholt werden?«

»Sechzehn Uhr wäre gut, alles drüber kostet extra.«

»Das schaffen wir, kommt, Leute!«

Die anderen drängeln sich mit Senta durch den Flur zur Tür. Mama hält mich am Arm zurück.

»Warte doch mal kurz, ihr braucht doch noch Geld«, sagt sie leise. »Und wir haben uns heute auch noch gar nicht gedrückt.«

Und dann drückt sie mich. Dabei flüstert sie mir ins Ohr. »Bin ich sehr peinlich?« ›Nein‹, denke ich. ›Du bist nicht peinlich. Und auch nicht bescheuert. Ich bins. Und ich schäme mich dafür.‹ Mama gibt mir einen Kuss auf die Stirn. Und greift dann nach ihrer Tasche. Aber ich will ihr Geld nicht.

»Wir haben selber, du musst uns nichts geben.«

»Wenn ich aber will?«

Ich schüttle den Kopf. Und versuche ein Lächeln.

»Man kann nicht alles haben, was man will, Mama.«

»Firuz?«

Mama hält mich am T-Shirt fest.

»Ja?«

»Enna … sie … sieht wirklich nett aus. Tut mir leid, ich hab nicht nachgedacht. Soll ich mich bei ihr entschuldigen?«

»Nee, musst du nicht«, antworte ich. »Sie ist … cool.«

»Okay.« Mama streicht mein T-Shirt glatt und grinst plötzlich. »Wenn sie ein Riot Girl ist, muss sie cool sein.«

›Okay‹, denke ich. Auch das werd ich googeln.

Draußen ist es erstaunlich ruhig geworden. Feuerwehr und Polizei sind abgerückt, die Nachbarn von den Balkonen verschwunden und ein einsamer Baggerfahrer dreht auf der Wiese vor der Flutrinne seine Runden und stellt plötzlich den Motor aus. Der Arbeiter klettert aus der Kabine und baut vier rot-weiße Absperrzäune um sein Fahrzeug. Dann verschwindet er auf dem Dixi-Klo. Auf der Bank am Sandkasten sitzt Boulette und raucht. Als er uns sieht, drückt er seine Zigarette zwischen den Fingern aus, wirft sie in den Mülleimer und will gehen. Doch Enna ist schneller.

»Herr Frydetzki, was machen die da? Schon Feierabend?« Sie zeigt auf die Baustelle.

»Zwee Tage mindestens«, brummt Boulette und steht auf. »Bis dit Wasser wech is. Den Job willste haben, wa?« Dann schlurft er vor sich hin brabbelnd Richtung Aquarium.

»Wetten, der legt sich jetzt selbst aufs Ohr?«, ärgert sich Vivien, aber Enna lässt sich ihre gute Laune nicht vermiesen.

»Perfekt!«, freut sie sich, »dann ist es, wie Bernd vorhergesagt hat. Und wir haben zwei Tage Zeit für unsere … Weltreise!«

Ich verstehe nicht. Aber die Zwillinge offensichtlich schon. Sie wollen gleich nach Amsterdam und zeigen auf den Erdhaufen mit der Klobrille. »Da?« Ich nicke und JJ will losstürmen, aber Enna hält sie zurück.

»Ihr könnt jetzt nicht einfach losbuddeln, das fällt doch auf! Da haben wir gleich wieder die Polizei hier, wollt ihr das? Kollegen von eurem Vater auf die Spur bringen?«

Die Zwillinge schütteln erschrocken die Köpfe. Immerhin sind es noch mindestens drei Wochen, dass ihr Vater in der Klinik ist und sie alleine sind. Was niemand wissen sollte, schon gar nicht seine Kollegen.

»Und wenn wir es zu dritt machen und JJ steht bloß Schmiere, falls die Bullen kommen?«, schlägt Vivien vor. Enna sieht erst mich und dann die Baustelle an.

»Ehrlich? Ich glaube kaum, dass wir das in zwei Tagen schaffen, nicht mal zu fünft. Das hier sieht nicht mehr nach einer lesbaren Landkarte aus. Das sieht aus wie Atlantis.«

»Die versunkene Stadt?« JJs Augen leuchten.

Enna nickt. »Leute, wir brauchen einen Plan für die Aktion. Einen richtig guten Plan.«

Vivien sieht Enna abschätzend an. »Und der ist?« Enna kneift die Augen zusammen. »Komm schon, du hast ne Idee, oder?«, drängelt Vivi.

Enna nickt entschlossen. »Wir müssen die Aktion tarnen! *Toktoktok.*«

»Wie denn?«, fragen Joy und Jack im Chor.

»Als Schatzsuche beim Kindergeburtstag, oder was?« Vivien sieht skeptisch aus. »Das funktioniert hier nicht, Rich Girl, das sag ich dir gleich.«

Doch Enna lässt sich nicht runterziehen. »Habt ihr schon mal was von Plogging gehört?«

Haben wir nicht.

Das freut Enna. »Dann erklär ichs euch! Also …«

»Aber aufm Weg«, unterbricht Vivien sie, »sonst kommen wir zu spät in die Kita. Welche ist das überhaupt?«

»Na, da drüben gleich, die Dreckspatzen hinterm Sportplatz.«

»Dreckspatzen? Das ist gut, das ist sehr gut«, freut sich Enna wieder. Dann gehen wir los.

Bis wir am Kindergarten sind, erklärt uns Enna das Konzept von Plogging, das 2016 in Schweden erfunden wurde und, wenn ich es richtig verstehe, eine Trendsportart ist, bei der Leute beim Joggen in den Städten den Müll aufsammeln. Und Ennas Idee ist, genau das auf unserer Wiese – oder was von der übrig ist – stattfinden zu lassen.

»Auf der Baustelle joggen?«, selbst JJ ist nicht überzeugt.

»Das gibts inzwischen auch als Plaking, also von Walking. Oder als Strawkling von Tauchen oder als Plycling von Fahrradfahren. Das kann man theoretisch also überall machen.«

»Und praktisch? Was brauchen wir dazu?«

»Leute, die Bock auf Sport haben. Wovon es hier wohl genug gibt. Und ein bisschen Buschfunk à la Laufen und Bücken trainiert voll gut alle Muskelgruppen. Was nicht gelogen ist! Letztes Jahr gab es in Tokio sogar die erste Plogging-Weltmeisterschaft.«

Tokio! ›Da soll meine Asienreise starten‹, denke ich und kriege Herzklopfen.

»Wie Weltmeisterschaft? Wer gewinnt denn bei dem Scheiß?« Vivien ist heute irgendwie auf Krawall aus, aber Enna ignoriert das.

»Na zuerst mal die Umwelt.«

»Interessiert hier keinen«, grummelt Vivien, aber JJ protestiert.

»Uns wohl!«

»Und in unserem Fall gewinnt Firuz. Nämlich dann, wenn wir beim Plogging seine Dosen finden.« Schon wieder Herzklopfen. Trotzdem verstehe ich Viviens Bedenken. Ich muss an heute morgen und den Einkaufswagen und das Klopapier in der Flutrinne denken. Igitt.

»Gibts dabei Hygienevorschriften?«, frage ich vorsichtig.

»Klar«, weiß Enna. »Mundschutz und Handschuhe sind zwar nicht Pflicht, aber werden von den Veranstalter:innen gestellt. Genauso wie Mülltüten. Alle müssen die gleichen haben, denn am Ende wird der Müll gewogen.«

»Sieger ist also, wer die dickste Tüte hat, oder was?« Vivien klingt immer noch abfällig.

»Sieger:innen«, korrigiert Enna. »Man geht nämlich immer als Paar an den Start. Der Wettkampf ist außerdem zeitlich begrenzt. In Tokio waren es zweimal 45 Minuten an einem Tag. Danach hatten die Sportler:innen jeweils zwanzig Minuten Zeit, den Müll zu sortieren. Am Ende gibt es Punkte, einmal für das Gewicht und einmal für die Menge an kleinsten Teilen, Kippen zum Beispiel oder Kronkorken, weil die …«

»Never!«, unterbricht Vivien wieder. »Du wirst hier niemanden dazu kriegen, den Müll zu sortieren, never ever, das schwöre ich!«

Überraschenderweise nickt Enna. »Ganz genau! Das will ich auch gar nicht. Denn den Müll sortieren …?«

»Wir?!«, schnallen die Zwillinge ausnahmsweise als Erste.

»Bingo, JJ! So kommen wir nämlich mit etwas Glück an die Dosen. Wir können sowieso maximal ein Team selber an den Start schicken, das fällt sonst auf, vor allem, wenn wir gewinnen sollten, dann wird uns am Ende noch Schiebung unterstellt … nee, das ist nichts. Außerdem müssen wir den Überblick behalten, die Startnummern und Tüten verteilen, Europa und Amerika beobachten, den Müll in Empfang nehmen und wiegen ...«

»Aber wenn jemand so eine Dose ausbuddelt, dann guckt der da doch rein. Und wenn er – oder sie – dann Geld dadrinnen finden, was dann?« Vivi sieht Enna verständnislos an. Die nickt triumphierend.

»Und genau das darf natürlich nicht passieren! Dafür darf gar keine Zeit sein! Plogging ist schließlich eine Art Wettrennen. Jemand von uns muss den Teilnehmer:innen also richtig einheizen. Sie antreiben. Und ich kenne eine, die das sicher perfekt beherrscht. Sie ist ein großes ... Zirkustalent.«

Wir sind vor der Kita angekommen. Das Strichmännchen im Kleid lacht uns entgegen. Und Enna lacht Vivien an. »So könnte es funktionieren, meint ihr nicht?«

Vivien fühlt sich geschmeichelt, das kann ich sehen. Trotzdem zögert sie.

»Aber wir brauchen trotzdem einen Preis«, sagt Joy plötzlich entschlossen und Jack nickt. »Einen coolen Gewinn. Nur Muckis kriegen reicht nicht.«

»Gewinn ist die Ehre für dein Team, JJ!«

»Das reicht aber nicht, Enna!«, gibt Vivien den Zwillingen recht. »Die labern zwar alle immer von Ehre, doch was am Ende zählt ist … Kohle.«

Enna sieht enttäuscht aus.

»Jetzt guck nicht so, wir machens doch auch wegen der Kohle. Na gut, und ein bisschen wegen Umwelt vielleicht, aber hauptsächlich machen wirs wegen Firuz' Kohle, das ist kein Verbrechen, Enna, das ist … fucking real life.«

Enna sieht Vivien stirnrunzelnd an. »Wir machens?«, fragt sie dann vorsichtig.

»Na logo machen wirs! Wer nichts wagt, der nichts gewinnt – sagt meine Mutter jedenfalls immer.«

Ich sage nichts. Denn ich weiß, dass Viviens Mutter bis jetzt immer bloß Nieten an Land gezogen hat. Das weiß hier jeder. Trotzdem hat sie recht. Wenn wir es nicht versuchen, haben wir schon verloren. Ich habe verloren. 2.600 Euro. Und meinen Traum. Ich denke nämlich nicht, dass ich die Kraft hätte, noch mal ganz von vorne anzufangen, dieses ewige Flyerverteilen und die endlosen Hunderunden … Als hätte sie meine Gedanken erraten, bellt Senta zustimmend aus ihrem Trolley.

»Ihr müsst draußen warten, JJ. Hunde dürfen nicht mit rein«, sage ich und hüpfe zum Drücker hoch. Natürlich erwische ich ihn wieder nicht. Doch gerade als Enna meinen Platz einnehmen und zum Sprung ansetzen will, schwingt die Glastür vor uns auf. Heraus kommt Veit. Breitbeinig, grinsend.

»Na, ihr Flachzangen«, begrüßt er uns freundlich. »Schafft ihr den Rest allein?«

»Logo!«, funkelt Vivien ihn an. »Wir sind bestens in Form. Und selbst? Heute schön Eier geschaukelt?«

Ich halte die Luft an, weil ich nicht weiß, wer hier als Erstes in die Luft geht. Aber nichts. Tatsächlich lacht Veit. »Ehrlich jetzt? So easy, wie der Job aussieht, ist er gar nicht mal. Aber …«, sein Blick sucht mich, »dein Bruder ist echt lustig, der macht mir Spaß. Also denn, schönen Tag mit der Flitzpiepe!«

Sagts und geht. Verblüfft gucke ich ihm hinterher. Also damit hab ich mal gar nicht gerechnet. Wieso ist der jetzt so? Liegt das an Vivien? Oder an Omar?

»Was ist, Panda?« Enna, die mit einem Bein in der Tür steht, drängelt. »Kommst du?«

Vivi verdreht theatralisch die Augen. »Er glaubt mir einfach nicht, dabei hab ichs gesagt. Hab ichs gesagt, Leute?«

»Was denn?«, fragen die Zwillinge im Chor.

»Na, dass Veit ein Netter ist.« Ich will was sagen, aber Vivien ist schneller. »Okay, okay, Türke. Ich korrigiere: Er kann nett sein – wenn er nicht gerade mit Drogen dealt. So besser?«

›Besser‹, denke ich und auch, dass der Drogendealer ja vielleicht nur ein Gerücht ist. Schließlich bin ich auch kein Türke. Kein richtiger jedenfalls.

Taschengeld und Schulden

Enna hat die Idee, dass wir Baggergucken mit Omar ausfallen lassen, weil eine Baustelle außer Betrieb langweilig ist. Dafür will sie, dass wir das Eis nicht im Billo holen, sondern Tobi bei seiner Arbeit im Vergissmeinnicht besuchen, wo es Eisbecher mit Kugeleis aus Amerika geben soll, das angeblich umwerfend schmeckt, was von uns keiner beurteilen kann, weil wir es noch nie gegessen haben, denn von dem, und das wiederum weiß JJ genau, kostet eine einzige Kugel mal eben so viel wie eine Familienpackung Fürst Pückler aus dem Supermarkt. Enna lässt sich trotzdem nicht beirren. »Lasst uns doch wenigstens mal gucken. Vielleicht haben wir Glück und der Totengräber ist allein im Café. Ich finde ja, er schuldet mir noch was.«

»Das ist doof!«, sagt Omar plötzlich.

»Was genau?«, will Enna wissen. »Kugeleis aus Amerika oder Fürst Pückler?«

»Schulden«, antwortet Omar.

Ich bin wahrscheinlich genauso platt wie Vivien, aber nicht so schnell. »Was weißt du denn schon von Schulden, du – Mücke?!«

»Ich bin keine Mücke!«

»Er ist ein Löwe, siehst du das nicht?« Enna schüttelt gespielt empört den Kopf. Wobei ich mir mit dem gespielt nicht ganz sicher bin.

»Okay, Löwe, also was weißt du über Schulden?«, zeigt sich Vivien versöhnlich.

Omar überlegt. Dann sagt er trocken: »Nichts.«

»Dann Klappe, wenn sich die Großen unterhalten!«

Aber Omar ist noch nicht fertig mit seiner Überlegung.

»Ich hab keine Schulden. Aber ich hab auch … kein Taschengeld«, stellt er beinahe verwundert fest.

»Mit fünf braucht man kein Taschengeld«, weiß Enna.

»Mit fünf braucht man einen großen Bruder, der bezahlt. Und wenn man keinen Bruder hat, dann braucht man Freundinnen.« Vivi hakt sich bei Enna ein und grinst zweideutig. »Oder Freunde. So wie den Tobi. Der hat nämlich einen Job, bei dem er sein eigenes … Taschengeld verdient.«

»Der Tobi schuldet mir aber kein Geld«, stellt Enna schnell richtig. »Der schuldet mir höchstens einen Gefallen.«

»Warum?«

»Warum was?«

»Warum hat er Schulden bei dir?« Omar sieht Enna plötzlich sehr ernst an. Wenn er so ist, wird auch seine Stimme ganz anders. Irgendwie – alt? ›Ja. Alt ist richtig‹, denke ich. Und genau das sind diese Momente, in denen mir mein Bruder manchmal richtig unheimlich ist. Gerade eben brüllt Omar wegen nichts wie ein Babylöwe, der abgestochen wird, und zwei Sätze später wälzt er eine ernsthafte Frage in seinem Hirn und sieht dabei kein bisschen mehr lächerlich aus. Sondern eher so traurig-nachdenklich, wie, wie … oha, kommt da vielleicht der Panda her? Haben die nicht auch immer diesen Blick, der …

»Hat Tobi was Schlimmes gemacht?«, unterbricht Omar meine Gedanken.

Enna zögert. »Nee, nichts Schlimmes, eher was Doofes.«

»Was ist was Doofes?«

Vivi wird zappelig. Aber Enna bleibt ruhig.

»Stell dir vor, Omar: Ich leih mir dein Bobbycar aus, ohne dich zu fragen, und dann bringe ichs erst viele Tage später zurück.«

»Kaputt?«

Enna schüttelt den Kopf. »Nein, das nicht. Aber du wolltest selbst damit fahren. Du wolltest vielleicht sogar ein Bobbycar-Rennen mit deinen Freund:innen veranstalten und ... und es war weg, weil ich damit unterwegs war. Wie findest du das, Löwe?«

»Na doof.«

»Siehste. Dann schulde ich dir also was.«

»Taschengeld?«

»Nicht unbedingt, vielleicht kann ich dir auch mit was anderem eine Freude machen? Also mir zum Beispiel macht essen sehr viel Freude. *Toktoktok.*«

»Uns auch!«, meldet sich JJ prompt.

Omar schaut mich an. »Firuz kann kochen. Richtig gut.«

Enna lacht. »Das wissen wir schon. Aber heute besuchen wir Tobias. Mal sehen, was der gut kann, okay?«

Omar nickt und trottet weiter, es sieht nicht aus, als hätte er noch was zu sagen.

Dafür Joy. »Warum schuldet dir Tobi noch was, Enna? Eigentlich hatte er sich doch schon entschuldigt. Mit Torte.«

»Die Torte wurde aber von euren Ratten gefressen.«

»Da kann doch Tobi nichts für«, empört sich Jack leise. »Außerdem haben die nur ein bisschen genascht!«

»Na ja.« Enna probiert wieder die Augenbrauenwelle. Und diesmal klappts besser.

»Da war noch genug über, du hättest dir ruhig noch Torte nehmen können.«

»Welche Torte meinst du genau, JJ? Die von der bekackten Fußmatte oder die aus der Mülltüte?«, mischt sich Vivi plötzlich ein.

»Auf unsere Fußmatte haben sie nicht gekackt!«, entrüstet sich Jack sofort. »Ratten sind saubere Tiere. Die haben einen festen Ort, wo sie hinkacken. Das ist, das ist …«

»Wie bei uns Menschen das Klo«, hilft Joy ihm.

»Stimmt genau!«, sagt Vivi genervt. »Und solange die Tür zu war, war dieses Klo eure Wohnung. Aber dann hat jemand die Tür aufgelassen …«

Bis hierhin habe ich nur zugehört. Weil ich erschöpft bin. Und weil ich es interessant finde zu sehen, wie andere mit Omar reden und wie er dann drauf ist. Aber Ratten und ihre Hinterlassenschaften machen mir echt Gänsehaut. »Stopp, Vivi, stopp! Und du auch, JJ. Könnt ihr mal aufhören? Die Hauptsache ist doch …«

»Dass ihr der Bank kein Geld schuldet«, sagt mein Bruder plötzlich.

»Was redest du denn da?!«, fahre ich ihn ein bisschen zu doll an.

»Hä?« Auch JJ ist verwirrt.

Nur Enna bleibt ruhig. »Wer sagt denn das, Löwe?«

»Mama sagt das. Wenn sie Busfahrerin ist, dann kriegt sie nämlich richtig viel Geld.«

»Und dann? Was macht sie dann damit?«

»Dann bezahlt sie ihre Schulden bei der Bank.«

»Was für ein Quatsch. Mama hat doch keine Schulden bei der Bank.«

»Hat sie gesagt.«

»Das denkst du dir aus, oder?«

Omar schüttelt den Kopf. »Mama hat gesagt: ›Mit ein bisschen Glück wird bald alles gut.‹«

Ich bin verwirrt. Aber nicht zu sehr. Ganz sicher hat Omar das falsch verstanden. Unsere Eltern gehen beide arbeiten und haben ganz sicher keine Schulden. Das weiß ich. Das geht gar nicht. Dafür sind sie nämlich viel zu ängstlich. Sie kaufen nie was, wenn kein Geld da ist.

»Und wenn WIR Glück haben, dann ist Tobias da, aber sein Chef nicht«, wechselt Enna das Thema und zeigt auf das Geöffnet-Schild vom Vergissmeinnicht, vor dem wir jetzt angekommen sind.

Und wir haben Glück. Montagnachmittags ist offensichtlich keine Beerdigungszeit, das Café ist jedenfalls wie ausgestorben. Trotzdem steht Tobi in seinem schwarzen Anzug mit Fliege wie ein Soldat hinter der Kuchentheke. Ob er sich freut uns zu sehen, kann ich nicht sagen, er verzieht keine Miene, als wir reinkommen, und reagiert auch auf unsere Begrüßung nur mit einem minimalen Nicken. Doch kaum sitzen wir, kommt er in seinem üblichen Marschschritt zu uns an den Tisch.

»Was wünschen Sie, bitte?«

»Hallo, Tobi«, echoen die Zwillinge.

»Du kannst auf Freizeit machen und uns duzen«, sagt Vivi. »Oder ist dein Chef da?«

Tobi schüttelt robotermäßig den Kopf. Dabei guckt er knapp an uns allen vorbei. Ich frage mich, ob er das mit dem Blick nicht steuern kann oder nicht steuern will. Selbst Viviens Mutter sieht er nie in die Augen, dabei ist er schon so lange verliebt in sie. Und hätte er mal reingeguckt, hätte er vielleicht bemerkt … Ich muss den Menschen jedenfalls immer in die Augen sehen. Erst dann erkenne ich, ob sie das, was sie sagen, auch wirklich meinen, oder ob das nur Small Talk ist, der nichts weiter zu bedeuten hat.

»Mich dürfen Sie gerne siezen«, sagt Enna plötzlich laut und deutlich. »Wir kennen uns ja noch nicht so gut. Ich möchte jetzt Eis bestellen.« Und noch bevor Tobi antworten kann, erhebt sie sich von ihrem Stuhl, um ihm zur Theke zu folgen, so als wüsste sie genau, was zu tun ist. Schade, dass ich ihre Augen nicht sehen kann.

Während Enna in die Eistheke schaut und Tobi etwas diktiert, das ich leider auch nicht verstehe, zeigt JJ Omar den Kindertisch mit Malzeug, der in der letzten Ecke des Cafés genau vor dem Gang zu den Toiletten und neben der Hundeschüssel steht, wo die Zwillinge den Relax-Trolley und meinen Bruder parken und Senta zu trinken geben.

»Ihr seid wohl öfter hier?«, frage ich, als sie ohne meinen Bruder und ohne den Hund zurückkommen, und sie nicken nur, als wäre es das Selbstverständlichste auf der Welt. »Und du?«, frage ich Vivi, weil ich mir gerade irgendwie außen vor vorkomme, aber die schüttelt entsetzt ihre Mähne.

»Was soll ich hier? Da ist es ja bei Frau Schnauz im Wohnzimmer gemütlicher. Außerdem gehen wir eigentlich nie … essen? Geht man hier essen?«

Jetzt schütteln die Zwillinge den Kopf.

»Warme Küche gibts nicht«, erklärt Joy.

»Aber kalte!«, ergänzt Enna zufrieden grinsend und setzt sich wieder zu uns.

»Und?«, die Zwillinge sehen sie gespannt an.

»Und was? Jetzt planen wir die Aktion! Das Eis kommt gleich und geht aufs Haus. Ist Omar außer Hörweite?«

Die anderen freuen sich und nicken, aber mir wird ein bisschen mulmig, erstens weil ich meinen Bruder nicht im Blick habe und zweitens weil ich Angst habe, dass Tobis Chef doch noch um die Ecke kommt. Ich will auf keinen Fall, dass er wegen uns Schwierigkeiten bekommt oder sogar seinen Job verliert. Sicherheitshalber taste ich nach den Fünfern in meiner Hosentasche, da sind 25 Euro von Herrn Weißhaupt und die zehn von mir und das könnte knapp werden für sechs Eis, aber zu Hause in der Asiendose stecken auch noch fünfzehn, das ginge also notfalls klar.

»Also zur Sache! Wie viel hat der Weißhaupt dir zugesteckt?«, unterbricht Enna meine Gedanken. Ich fühle mich sofort ertappt und deshalb werde ich wahrscheinlich rot, als ich die 25 Euro aus der linken Tasche ziehe und auf den Tisch lege. Die zehn in der rechten Tasche rühre ich sicherheitshalber nicht an. Wir brauchen für den Notfall zumindest eine Anzahlung für das Eis, das wird sonst ganz …

»Also …«, stört Enna mich schon wieder. »Ich verdoppele die 25 mit 25 aus der Schatulle meiner Oma, dann haben wir fünfzig Euro Preisgeld. Was sagt ihr dazu?« Enna erwartet Begeisterung, aber Vivien bleibt realistisch.

»Kommt drauf an, wie viele Runden wir machen wollen. In Tokio waren es zwei, sagst du? Wir haben drei Kontinente am Start. Ich finde, dann sollten wir auch drei Runden starten lassen. Außerdem sind die Chancen dann höher, dass alle drei Dosen gefunden werden. Dann brauchen wir allerdings 150 Euro.«

»Scheiße! Scheiße! Scheiße! *Toktoktok*! Sorry, das war nicht …«

»Wir können hundert von Maggies Geld nehmen«, ignoriert Joy Ennas Geticke. Jetzt muss ich ran, das geht zu weit.

»Auf keinen Fall! Das Flyer-Geld brauchen wir, das brauchst du, JJ! Die Ferien sind noch lang und dein Kühlschrank ist leer. Das geht nicht, dass wir dein Geld für mein Geld aufs Spiel setzen.«

»Aber du hast viel mehr zu verlieren!«, ist JJ sich sicher.

»Kann sein. Es kann aber auch sein, dass ich mein Geld trotz der Aktion nicht wiedersehe. Und dann ist alles futsch. Nein, das geht nicht!«, sage ich bestimmt.

»Ich habe noch Geld«, sagt Vivien plötzlich und kramt in Frau Lämmerhirtes Hackenporsche nach ihrer Handtasche. Schließlich findet sie darin ihr strassbesetztes Portemonnaie, das beinahe so groß wie die Tasche ist, zieht einen Hunderter raus und schiebt ihn in die Mitte des Tisches.

Alle gucken stumm auf den Schein. Viviens Gesicht wird langsam rot.

»Er gehört uns. Ich hatte … ich hatte es nur … ich wollts euch noch sagen. Der ist … übrig vom Fest.«

»Ich dachte, die Einnahmen von den Ständen gehen ans Sputnik?«, fragt Enna vorsichtig. Jetzt ist Vivien knallrot.

»Das sind nicht die Einnahmen, das ist … das Geld von Frau Schnauz. Ich hab die Zuckerwattemaschine billiger gekriegt, weil … eigentlich hatte ich da ja einen Ferienjob … also im Zirkus, ach ist ja auch egal. Das Geld gehört jedenfalls der Neuen Heimat.«

»Super!«, freuen sich die Zwillinge und klatschen in die Hände. Sie bemerken nicht, dass Vivien uns nicht in die Augen sehen kann.

Zum Glück marschiert Tobi genau in dem Moment mit einem Riesentablett voller Eisbecher mit Schlagsahne und Schokosoße und Waffeln auf uns zu. Enna fegt die Scheine mit einer Hand zusammen und blitzschnell in ihren Schoß. Dann lächelt sie Tobi an. »Vielen Dank, Tobias, sehr freundlich von Ihnen. Unser sechster Mann sitzt übrigens mit dem Hund am Katzentisch. Bitte vergessen Sie ihn nicht.«

Tobias stellt unsere Eisbecher ab und geht mit dem letzten Richtung Toiletten, wo Omar sein Malen offensichtlich augenblicklich unterbricht.

»Für mich? Ist das für mich? Hurra! Hurra! Hurra!«, brüllt er vor Begeisterung so laut, dass JJ sich die Ohren zuhält. Enna legt mir unter dem Tisch eine Hand aufs Knie, das sofort anfängt zu zucken, und flüstert mir zu »So klingt ein glücklicher Löwe.«

Ich atme leise und rücke dann mit dem Kopf näher zu ihr. Ich kann nicht anders, ich muss es wissen. »Was hast du ihm gestern ins Ohr geflüstert?«

»Gestern?« Enna denkt nach, dabei knetet sie gedankenverloren mein Knie.

»Aufm Trampolin?«

»Ach so«, Enna grinst. »Ich hab Omar erzählt, dass ich mit einem Specht im Kopf geboren wurde. Einem, der das hier kann.« Sie zeigt auf ihr Auge, das zwinkert und zuckt. »Und der manchmal auch Quatsch veranstaltet. So ähnlich wie sein Löwe. Fand er logisch. *Toktoktok.*«

›Logisch‹, denke ich, ›sie hats einfach drauf.‹ »Du könntest Kindergärtnerin werden.« Enna nimmt erschrocken ihre Hand von meinem Knie. »Oder Sozialarbeiterin.«

»Auf keinen Fall! Ich glaub, die verdienen richtig schlecht. Ich werd … ich bin mir noch nicht sicher.« Enna sticht entschlossen mit ihrem Löffel in den Becher und sieht in die Runde. »Jetzt lassen wir erst mal die anderen nach deinem Schatz graben, okay?«

Jack tropft die Schokosoße vom Löffel. Joy versucht sie mit dem Finger aufzufangen und verschlimmbessert die Sauerei auf Jacks Shirt. Schließlich gibt sie auf, das Shirt ist nicht so wichtig. Die Zwillinge sehen sich an. »Wer sind die anderen?«, kommt es im Chor.

Zwanzig Minuten später steht der Plan – zumindest theoretisch. Vivi ist in ihr Smartphone versunken und verschickt unseren Text auf allen Kanälen. JJ will mit Senta noch auf einen Abstecher ins Sputnik gehen, wo heute die Ferienbetreuung anläuft und massig Kinder abhängen. Enna will nach Hause, um einen Aushang für unser Haus und die anderen Türme zu machen – und um Klümpchen abzuholen, die sie bei Frau Lämmerhirte geparkt hat. Und ich will, nein, ich muss mit Boulette sprechen. Damit der uns keinen Strich durch die Rechnung macht. Bevor wir aufstehen, fasst Enna zusammen.

»Okay, Leute, dann trennen wir uns jetzt und treffen uns morgen gegen zwölf im Fahrradraum, um alles vorzubereiten? Die Checkliste haken wir später im Chat ab, wenn irgendwas fehlt, haben wir morgen noch genug Zeit, das zu besorgen. Und dann«, Enna grinst, »müssen wir ja auch noch festlegen, wer für die Neue Heimat an den Start geht.«

»Was ist das, Neue Heimat?«, meldet sich Omar, der unbemerkt an unseren Tisch getreten ist, plötzlich zu Wort. Oh mein Gott! Er sieht schlimmer aus als JJ. Nämlich so, als wäre er in einen Schokoladenbrunnen gefallen.

Enna grinst. »Die Neue Heimat, das sind wir«, sie zeigt in die Runde. »Und wir organisieren für morgen einen Wettkampf. Wir suchen auf der Baustelle vorm Haus nach Müll. Wer am meisten Müll aus der Erde fischt, gewinnt.«

»Was?«

»Fünfzig Euro!«

»Kann ich mitmachen?« Omar sieht mich fragend an. Enna sieht mich fragend an. »Bitte!«

»Wenn du eine Stunde durchhältst, ohne durchzudrehen, klar. Du brauchst aber einen Partner oder eine Partnerin. Und einen Namen für euer Team. Ich hol dich morgen um drei aus der Kita ab und um vier gehts los.«

»Gehts los?« Vivien ist zurück im real life. Sie schiebt den Stuhl nach hinten, versenkt ihr Handy in der Hosentasche, schnappt sich den Hackenporsche und gibt damit das Zeichen zum Aufbruch. JJ holt den Relax-Trolley und packt Senta ein. Enna geht zu Tobi an den Tresen, Omar läuft ihr blitzschnell hinterher und ich auch, in der Hoffnung, dass mein Bruder mit seinen Schokogriffeln nicht am Ende noch auf die Vitrine tatscht. Wie der Katzentisch aussieht, will ich gar nicht wissen.

»Danke, Tobias, es war sehr freundlich von Ihnen, dass Sie das Warm-up zu unserem Event gesponsert haben. Und wie gesagt, wenn Sie morgen mitmachen wollen, die zweite Runde startet um achtzehn und die dritte um zwanzig Uhr. Selbstverständlich können Sie aber auch einfach vorbeikommen, um Ihr

Favoriten-Team anzufeuern. Sie müssen nicht selber an den Start gehen.« Enna lächelt freundlich. Tobi nickt einmal kurz, sodass unmöglich zu beurteilen ist, ob er überhaupt zugehört hat. Dann schnappt er sich sein Tablett und will zum Abräumen an unseren Tisch losmarschieren, doch kaum ist er um die Vitrine rum, stellt Omar sich ihm in den Weg.

»Danke, Tobi. Das Eis war superlecker. Wenn du willst, darfst du dir mein Bobbycar ausleihen, okay?«

Und dann passiert es. Tobias hebt den Blick von seinem Tablett und guckt meinem Bruder direkt in die Augen. Sein Blick ist nicht flatternd und auch nicht leer. Sondern blau und tief und überaus … ernsthaft. Omar fragt noch einmal: »Okay?«

Tobi nickt. »Okay.«

»Dann abgemacht!« Omar reckt seine Schokoladenhand hoch. Und Tobi Totengräber stellt das Tablett auf der Vitrine ab und schlägt ein.

Enna hält uns die Tür auf, Omar schlüpft unter ihrem Arm durch, die anderen warten draußen schon ungeduldig und setzen sich sofort in Bewegung. Enna und ich gehen langsam hinterher.

»Wie alt ist Tobi?«, will Enna plötzlich wissen.

»25 oder so«, schätze ich.

»Definitiv zu alt für ein Bobbycar.«

»Das würde ich nicht unbedingt sagen. Aber zu groß mit Sicherheit.«

»Omar!«, ruft Enna. Mein Bruder dreht sich zu uns, wartet, bis wir ihn eingeholt haben, und läuft dann auf unserer Höhe mit. Obwohl ich sie nicht angucke, kann ich spüren, wie Enna neben mir zuckt. »Omar? *Toktoktok*. Vergiss, was ich gestern auf dem Trampolin zu dir gesagt habe, ja? Das war Quatsch. Absoluter Bullshit sogar.«

Ich versuche einen Blick auf Omar zu erhaschen. Ui. Mein Bruder sieht arg enttäuscht aus.

»Hast du gar keinen Specht im Kopf?«

»Oh doch!«, stellt Enna schnell richtig. »Ich meine das andere. Als ich gesagt habe, dass Ältere nicht wirklich mit Jüngeren befreundet sein wollen, dass sie Vorteile suchen, dass sie die … nur abzocken wollen … weißt du das noch?«

Omar nickt.

»Ich meine, du hast Tobias gerade dein Bobbycar angeboten und ich denke, er hat sich wirklich sehr gefreut. Oder Panda?«

»Doch«, sage ich. »Das denke ich auch.«

Omar läuft auf dem Gehweg zwei Schritte vor, bleibt plötzlich stehen und dreht sich mit ausgebreiteten Armen zu uns um, sodass wir stoppen müssen. Omar sieht Enna streng an. »Aber einen Specht hast du wirklich im Kopf, oder?«

Enna lacht. »Pimmel, ja! Guck doch, was der schon wieder für einen Quatsch veranstaltet!«

Und dann brüllt Enna wie eine Löwin. Oder wie ich mir vorstelle, dass eine Löwin brüllt. Denn ich habe noch nie eine echte Löwin brüllen gehört. Die im Zoo brüllen jedenfalls nicht, die dösen immer nur hinter der zerkratzten Fensterscheibe. Aber vielleicht ist das normal? ›Ich werds googeln‹, denke ich, als sich die klebrige Schokoladenhand meines kleinen Bruders auf einmal in meine schiebt. Keine Ahnung, wann er das zum letzten Mal gemacht hat. Hat er das überhaupt schon mal freiwillig gemacht? Überrascht sehe ich Omar an. Der noch dringend was loswerden muss. »Wenn ich morgen gewinne, habe ich Taschengeld!«, schreit er mir fragend ins Gesicht. »Kann ich dann damit machen, was ich will?!« Und genau in dem Moment hört die Löwin auf zu brüllen.

»Klar«, sage ich in die Stille. Und frage nicht, was das sein könnte. Stattdessen nehme ich mir vor, Omar eine eigene *Im Nu*-Kaffeespardose zu schenken. Und für den Fall, dass wir meine morgen finden sollten, werde ich ihm ein Startkapital in seine legen. Das schulde ich ihm.

Auf die Plätze, fertig, los!

Nachdem ich Omar, heute ohne Dino und Gebrüll, in die Kita gebracht habe, laufe ich auf direktem Weg zu Rike. Eigentlich nur, um ihr zu sagen, dass ich keine Zeit für sie habe. Ich könnte mir den Weg zwar sparen und ihr eine Nachricht schreiben, aber Rike ist empfindlich, was Flapsigkeiten angeht, und auch ein bisschen nachtragend. Sie hat eine glasklare Vorstellung von dem, was sich ihrer Meinung nach gehört und was nicht. Manchmal nervt mich das und einmal hatten wir sogar richtigen Streit, weil sie sich über Kinder aufgeregt hat, die vor ihrem Reisebüro abhingen und auf dem Sims vor ihrem Schaufenster ihre Energiedrinks abgestellt hatten. Dabei haben die sich nur die Auslage angeguckt. Und das ist doch der Sinn eines Schaufensters, darum heißt es ja so. Rike und ich haben uns außerdem genau so kennengelernt.

Das war vor über drei Jahren und noch vor der *Im Nu*-Europa-Dose. Die Idee dazu kam mir nämlich überhaupt erst, als ich das Plakat in Rikes Fenster gesehen habe. Darauf war eine lange Reihe bunter Häuser zu sehen, die sich in der Abendsonne im Wasser spiegelten. Superkitschig, aber superschön. Daneben stand im Schaufenster ein Megastrauß genauso bunter Tulpen und ein Schild, auf das Rike so etwas Ähnliches wie *Es müssen nicht immer Palmen sein. Komm für einen Kurzurlaub nach Amsterdam!* geschrieben hatte. Weil ich damals noch kein Handy besaß, konnte ich nicht googeln, wo genau Amsterdam liegt, wie der Fluß auf dem Plakat heißt und was es mit den Tulpen auf sich hat. Also stand ich vor dem Schaufenster und wahrscheinlich habe ich gegrübelt, woher ich jetzt – wo unsere Stadtteilbibliothek geschlossen hat – an meine Infos komme, als Rike plötzlich in der Tür von ihrem Laden stand und mich angesprochen hat, was ich denn da mache. Natürlich habe ich ihr nicht verraten, dass ich gerade ernsthaft überlege, wie ich an ein Handy komme, das zukünftig alle meine Fragen beantwortet. Stattdessen habe ich gesagt, dass ich mich frage, wie es in Amsterdam wohl in echt aussieht, so ganz ohne Bildbearbeitung. Und schon saß ich bei Rike in einem Korbstuhl unter der künstlichen Palme in ihrem Reisebüro, das genau wie Ronnys Geschäft nie gut besucht ist.

Der Unterschied ist allerdings, dass, wenn Rike eine Reise verkauft, viel mehr Geld für sie dabei rausspringt als für Ronny mit seinen Handy-Ersatzteilen. Und Rike verkauft regelmäßig. Nicht an Leute wie mich natürlich. Sondern vor allem an die Omis, die noch eine gute Rente haben und die nicht für einen Heimplatz ausgeben müssen. Was ich nach meinem ersten Besuch bei Rike aber noch nicht wusste. Da wusste ich nur, dass Amsterdam eine superschöne Stadt ist, durch die kein Fluss fließt, sondern durch die das Wasser des IJsselmeers in extra angelegte Kanäle gepumpt wird, die man Grachten nennt. Das hat man sich ausgedacht, um das Wasser zu kontrollieren, also so ähnlich wie die Flutrinne bei uns, nur in Groß und Schön und ohne Müll. In den Grachten wiederum liegen Hausboote, auf denen Menschen wie in einer Wohnung leben. Auf die wir beim Amsterdambesuch aber auch draufgehen können, denn manche von den Hausbooten sind Cafés oder Restaurants, wo wir dann unbedingt *Appeltaart met slagrom* bestellen müssen. Danach sollen wir über einen der Flohmärkte schlendern, wo es abgefahrene Sachen zu kaufen gibt, zum Beispiel künstliche Palmen oder Korbstühle. Und danach müssen wir zu Madame Tussauds, was ein Museum ist, in dem berühmte Menschen ausgestellt werden, also keine echten natürlich, sondern nachgemachte aus Wachs. Die echten Menschen in Amsterdam lieben außerdem das Fahrradfahren, Gouda-Käse, Tulpen und Holzschuhe. Das alles hat mir Rike erzählt und auch, dass Amsterdam nicht eine der größten, aber doch eine der tollsten Städte ist, die man einfach gesehen haben MUSS.

Ich bin dann nach Hause gelaufen und habe Amsterdam auf Papas Deutschland-Puzzle gesucht. Ich bin jedes einzelne Bundesland abgegangen, erst nur die in unserer Nähe, dann alle anderen. Aber Amsterdam war nicht drauf. Was ich schade, aber nicht unlogisch fand, denn die kleinen Städte sind auf den Puzzles nie alle mit Namen aufgedruckt. Erst ein paar Tage später habe ich Amsterdam dann doch entdeckt. Zufällig. Weil ich Papa mit der Wasserwaage geholfen habe, das Europa-Puzzle perfekt an die Wand zu bringen. Und genau auf meiner Augenhöhe war so eine Frau mit einer komischen Haube gemalt, die direkt neben dem Schriftzug *Niederlande* einen riesigen Käse getragen hat. Und auf dem Käse stand *Amsterdam*.

Und da wusste ich, dass ein Kurztrip nach Amsterdam für unsere Familie nie infrage kommen wird. Und wahrscheinlich für niemanden aus unserem Viertel, erst recht nicht für die Rentnerinnen. Weil die Niederlande, die man übrigens auch Holland nennt, was ich peinlicherweise erst viel später kapiert habe, zwar gleich an Deutschland grenzt, aber leider nicht an Ostdeutschland, wo wir wohnen. Deshalb sind es von uns mit dem Zug bis Amsterdam auch ungefähr elf Stunden. Was eine ziemlich heftige Anreise für einen Kurzurlaub ist. Und genau das habe ich Rike bei meinem nächsten Besuch gesagt. Dass sie den Spruch in ihrem Schaufenster ändern muss, weil der unlogisch ist. Ulrike hat mich zuerst ziemlich böse angesehen. Aber dann hat sie plötzlich gelacht. Und gesagt, dass ich kleiner, hübscher Klugscheißer verdammte Scheiße noch mal recht habe. Und das mochte ich dann wieder an ihr. Auch wenn ich bis heute jedes Mal überrascht bin, wenn aus dieser eleganten Frau mit Lippenstiftmund solche Worte rauskommen. Jedenfalls bin ich an diesem zweiten Tag mit den ersten ausrangierten Katalogen und mit meinem ersten Ferienjob aus Rikes Reisebüro nach Hause gegangen. Seitdem trage ich regelmäßig für sie Werbepostkarten aus, helfe beim Einkaufen, entstaube die Palme, was halt so anfällt in den Sonnenstunden. Viel ist es nicht. Und eilig ist auch nie was. Manchmal denke ich, Rike erfindet Aufgaben extra, damit ich Geld verdienen kann. Und auch, damit sie mich ein bisschen zuquatschen darf.

Vielleicht hat Enna ja doch recht mit ihrer Behauptung, dass die Alten nur dann so tun, als wollten sie mit den Jungen befreundet sein, weil sie einen Vorteil für sich daraus ziehen. Bei Rike liegt der auf der Hand. Wenn ich da bin, ist sie mit der Plastikpalme nicht alleine. Was für mich vollkommen okay ist, denn ehrlich gesagt will ich auch einen Vorteil aus meiner Bekanntschaft mit Rike ziehen. Für den Fall, dass das alles nichts wird mit Abitur und Um-die-Welt-Reisen, könnte ich bei ihr nach der Zehnten nämlich eine Ausbildung zum Tourismusfachmann machen. Hat sie mir angeboten. Das ist zwar nicht mein Traum. Aber trotzdem besser als nichts. Oder als Geld vom Amt.

Das will ich nämlich niemals nie nehmen müssen. Denn wenn man erst mal Geld vom Amt kriegt, dann muss man auch jeden Job annehmen, den einem das Amt vorschlägt. Das weiß ich aus erster Hand. Denn genau das ist meinem Vater passiert. Und jetzt sitzt er selber aufm Amt und schlägt den Leuten Jobs vor, die sie eigentlich nicht machen wollen. Was ihn ganz schön stresst und ihm manchmal unangenehm ist, weshalb er so gut wie nie über seine Arbeit redet und jeden Abend bei seinen Puzzles entspannen muss. Was ich später auch niemals nie machen will. Puzzeln ist wirklich noch langweiliger als Gassi gehen.

Also laufe ich heute die paar Meter und entschuldige mich lieber bei Rike persönlich, als ihr eine Nachricht zu schicken. Was sowieso unmöglich wäre, denn seit ich auf der Endestraße bin, vibriert mein Handy ohne Pause.

JJ: *Mindestens zwei Teams vom Sputnik sind am Start!*

Vivi: *Annika und ihre Wohngruppe ist auch dabei.*

Enna: *Ich bringe Mülltüten, Waage, Edding und Kleber mit.*

Vivi: *Willst du dich auf die Baustelle kleben, du Klimakleber?*

Enna: *Klimakleberin!*

Vivi: *Da fahren heute keine Bagger.*

Enna: *Ich meinte Klebeband. Aus Krepp! Das kann man beschriften und auf die Shirts kleben, dann sparen wir uns Zettel und Sicherheitsnadeln.*

Ich tippe: *Wir brauchen Wasser. Nicht dass uns jemand umkippt. Es ist jetzt schon megaheiß!*

Vivi: *Und es wird noch heißer. HaHa bringt seine Bluetooth-Box mit.*

Ich tippe: *HaHa?*

Vivi: *Er geht mit Steve an den Start.*

Ich tippe: *Echt jetzt?*

Vivi: *Echt jetzt.*

Ich tippe: *Hoffentlich machen die keinen Stress.*

Vivi: *Chill mal.*

Enna: *Wir brauchen noch Flatterband. Um den Parkour einzugrenzen. Wo kriegen wir das her? Baumarkt?*

JJ: *Was ist das? Flatterband?*

Vivi: *Ein Band, womit man den Tatort absperrt. Rot-weiß oder schwarz-gelb.*

Enna: *Apropos Tatort: Was sagt Boulette?*

Vivi: *Hat der so was in seiner Werkstatt?*

Enna: *Büro bitte, Frollein, Büro!*

Ich versenke mein Handy in der Hosentasche und betrete die Sonnenstunden. Rike tut geschäftig, dabei hat sie schon auf mich gewartet. Oder auf uns. Auf ihrem Tisch steht jedenfalls ein Tablett mit fünf Gläsern. Und eine Flasche Apfelschorle. Die gute, aus Glas.

»Was kostet eigentlich die Miete für den Laden hier?«

Rike ist überrascht. »Danke der Nachfrage. Dir auch einen guten Morgen, Firuz.«

Das meine ich mit genauer Vorstellung. Also sage ich brav: »Guten Morgen.«

»Wo sind deine Freunde?« Rike guckt auf ihre Armbanduhr und zieht die Augenbraue hoch. »Schlafen die noch? Da musst du als Unternehmer aufpassen. Und an deine Subunternehmer auch mal eine Mahnung aussprechen. Wenn du deine Auftraggeber wegen schlechter Mitarbeiterführung nicht befriedigen kannst, fällt das auf dich zurück und du bist ganz schnell …«

»Die sind schon lange wach«, unterbreche ich Rike, denn ich merke plötzlich, dass ich heute überhaupt keine Lust auf ihr Chefinnen-Gelaber habe. Ich habe auch keine Lust auf Belehrungen. Und am allerwenigsten habe ich Lust, dass Rike sich über die Neue Heimat lustig macht. Weil sie nämlich überhaupt keine Ahnung hat, was die anderen heute für mich tun wollen. Für mich ganz allein. Ohne irgendwelche Vorteile für sich rauszuziehen.

Mein Handy vibriert weiter pausenlos. Aber erst das eine beenden. Wie war das? Einatmen, ausatmen, inneres Lächeln …

»Und sie arbeiten bereits. Ich bin auch bloß gekommen, um zu sagen, dass ich heute keine Zeit habe. Morgen wahrscheinlich auch nicht.« Jetzt ziehe ich mein Handy aus der Tasche.

Enna: *Was ist los, Panda?*

Vivi: *Was hat Boulette gesagt? Ist er einverstanden?*

JJ: *Oder will er die Polizei rufen?*

»Ich muss kurz«, sage ich zu Rike und drehe mich um, weil ich eine Sprachnachricht schicken will, das geht schneller.

»Leute, ich bins. Ich hab Frydetzki noch nicht gesehen. Er war gestern nicht mehr in der Werkstatt … oder er hat zumindest nicht aufgemacht. Heute morgen auch nicht. Ich war vor der Kita da und klopfe gleich noch mal. Dann melde ich mich wieder, auch wegen dem Flatterband. Notfalls gehe ich eins kaufen.«

»Wer ist Frydetzki?« Rike tut erst gar nichts so, als hätte sie nicht zugehört.

»Unser Hausmeister.«

»Und wozu braucht ihr das Band?«

»Wir wollen … eine Grünfläche einzäunen. Kennst du zufällig Plogging?«

Rike überlegt, schüttelt dann aber den Kopf. Das freut mich irgendwie.

»Kommt aus Schweden. Das ist ein Wettbewerb«, erkläre ich knapp. »Ein sportlicher Müll-Sammel-Wettbewerb. Man tritt als Team an, hat ne bestimmt Zeit, um auf einer abgesperrten Fläche rumzurennen und Müll einzusammeln. Gewonnen hat das Team mit dem meisten Müll.«

»Und da macht ihr mit? Du und deine ...«

»Gang. – Wir organisieren das Ganze.« Ich hoffe, ich klinge nicht zu angeberisch.

Rike überlegt wieder. »Auf den Wiesen am Fluss gibts das jedes Jahr. Jetzt nicht als Wettbewerb, sondern eher als eine gemeinschaftsfördernde Nachbarschaftsaktion. Danach bauen die Leute dort gemeinsam den längsten Tisch der Stadt auf, schmücken ihn mit Tischdecken und Blumen und alle Anwohner ... und Anwohnerinnen«, ergänzt Rike lächelnd, »bringen etwas zu essen mit, feinste Leckereien aus aller Welt, und dieses Gelage, muss man fast sagen ... herrlich, das dauert gerne mal bis spät in den Abend und endet an Feuerschalen, die wir am Fluss aufstellen.«

Ich gucke Rike an. Ihre Augen glänzen jetzt wie ihr Lippenstift. Manchmal weiß ich nicht, was echt an der Frau ist. Und ob ich vier Jahre Ausbildung bei ihr überhaupt aushalten würde.

»Warst du da schon mal dabei, Firuz?«

»Natürlich nicht.«

»Wieso natürlich nicht?«

Manchmal frage ich mich auch, ob sie mich für bescheuert hält.

»Ich wohne nicht am Fluss.«

»Das musst du nicht, da können alle mitmachen. Auch deine Freunde – und deine Freundinnen natürlich auch.«

Oder ob sie mich einfach nur verarscht.

»Na klar. Wir fahren ans andere Ende der Stadt, um bei den Reichen den Müll einzusammeln. Umsonst natürlich.«

Und schon verschwindet das Lächeln aus Rikes Gesicht.

»Die Wiesen am Fluss gehören der Stadt, sie sind für alle da. Und wie gesagt, Firuz, das ist kein Job, sondern nennt sich bürgerschaftliches Engagement und bezeichnet eine ehrenamtliche Tätigkeit zugunsten des Allgemeinwohls.«

Ich hab keinen Bock mehr. Ihr Ton piept mich heute so was von an. Ich merke, wie die Wut in mir hochkocht. Atmen, atmen, atmen, Mist. Es steigt hoch wie gestern die Kotze.

»Klar. Und wie kriegen wir noch gleich unseren Tisch zum Fluss? Und Stühle? Oder essen die Ghetto-Kids bei euch aufm Boden?« Und die Kotze muss raus. Sonst ersticke ich dran. »Sorry, wir haben selber genug Dreck, Rike. Aber du kannst deinen Leuten gerne Bescheid geben. Endestraße 3, zwischen den Türmen und der Flutrinne, da gibts heute ab sechzehn Uhr richtig was zu tun. Also kommt! Wir haben zwar keinen Fluss, fast keine Wiese mehr, nichts zu essen und auch keine Feuerschalen, aber hey, bei uns könnt ihr dafür 150 Euro gewinnen.«

Ich reiße die Tür auf. Mir wird plötzlich die Luft knapp. Aber Rike hält mich am Arm zurück.

»Firuz?«

»Was?«

»Was ist los?«

»Nichts«, keuche ich. Dann renne ich.

Auf der Bank vor dem Sandkasten sitzen die Weißhaupts in der Sonne und halten Händchen. Zu ihren Füßen döst Senta. Irgendwie beruhigt mich ihr Anblick. »Haben Sie zufällig den

Hausi gesehen? Ich such den schon den ganzen Morgen und kann ihn nicht finden, er geht auch nicht an sein Handy.«

Herr Weißhaupt schüttelt lächelnd den Kopf. »Vielleicht hat er eine Abkürzung genommen und ist in Frührente gegangen.« Frau Weißhaupt kichert mit geschlossenen Augen.

»Schätze, Frydetzki fällt ein paar Tage aus«, vermeldet eine Bassstimme in meinem Rücken. Es ist Bernd. Er hat Lenny dabei. Und der einen Koffer. »Hat sich gestern n bisschen zu weit ausm Fenster gelehnt.« Bernd lacht. »Der Zwerg meinte, er müsste sich mit den großen Jungs anlegen.« Bernd nickt mit dem Kopf Richtung Sportplatz. »Aber das war ein Fehler.«

Lenny windet sich aus der Hand seines Vaters und flitzt in den Sandkasten. »Die haben geboxt. So!« Der Kleine tobt durch den Sand und macht Verrenkungen, die wenig mit Boxen zu tun haben, sondern eher nach Karate-Kid aussehen. Dabei stößt er Laute aus. »Bäm, bäm, bäm!« Frau Weißhaupt öffnet die Augen. »Aber mein Papa ist der Stärkste!« Lenny lässt sich auf die Knie fallen und schlägt mit der Faust in den Sand. »Dusch, dusch, dusch!« Jetzt öffnet auch Senta die Augen.

»Ist gut, Lenny, mach dich nicht dreckig!« Bernd klingt kurz ärgerlich. Aber dann zwinkert er den Weißhaupts zu. »Seine Mutter holt ihn. Und mit der möchte ich mich lieber nicht anlegen.« Wie auf Kommando ertönt vom Parkplatz eine ungeduldige Hupe. »Wenn man vom Teufel spricht.« Bernd lacht. »Komm, Lenny, Mama-Woche geht los!«

Bernd schnappt sich mit der einen Hand den Koffer, der in seiner Pranke wie ein Handtäschchen wirkt. Mit der anderen zieht er Lenny aus dem Sandkasten. »Schönen Tag noch!« Die beiden laufen zum Parkplatz.

Frau Weißhaupt schließt die Augen wieder. »Heute ist Dienstag«, murmelt sie. Herr Weißhaupt nickt. Und mein Handy vibriert schon wieder.

Vivi: *Ich hab ne Absperrung! Du brauchst nichts kaufen, Firuz. Ich komm gleich!*

Frau Weißhaupt murmelt weiter. »Aber die Woche beginnt am Montag.«

Sofort habe ich ein schlechtes Gewissen, weil ich mich gestern nicht um ihr Fahrrad gekümmert habe. Doch Herr Weißhaupt winkt ab. »Es sind Ferien, mein Schatz. Da ticken die Uhren anders.« Und als hätte er meine Gedanken erraten, fügt er hinzu. »Deine Freundin wartet schon auf dich, Firuz. Ein sehr nettes Mädchen übrigens, wenn du mich fragst. Und sehr … besonders.«

Frau Weißhaupt knufft ihren Mann mit geschlossenen Augen in die Seite.

»Dich fragt aber keiner, du … Pimmel!«, sagt sie leise lächelnd.

Tatsächlich ist Enna bereits in Action. An der geöffneten Tür des Fahrradraums hängt ein Schild mit der Aufschrift *Team-Anmeldung.* Im Raum lehnt an der rechten Wand ein zusammengeklappter Tapeziertisch. Auf dem Boden daneben liegen eine Rolle Mülltüten, zwei Packungen Brottüten, ein Wecker, ein Klemmbrett, Kulis, Eddings, Kleberollen, ein Megapack Mundschutz, ein Spender mit Einmal-Handschuhen und ein Erste-Hilfe-Kasten. Gerade als ich eintrete, versucht Enna ächzend den vorderen Fahrradständer, in dem nur Frau Weißhaupts und ein weiteres Rad geparkt sind, nach hinten neben den zweiten Ständer zu schieben. »Gut, dass du kommst. Wir brauchen Platz. Pack mal mit an!«, begrüßt sie mich – auch ohne Guten Morgen.

»Warte!« Frau Weißhaupts Fahrradschlüssel habe ich am Bund, sodass ich das Rad aufschließen und umparken kann. Und mit nur einem Rad lässt sich der zweite Ständer leicht bewegen. Als das erledigt ist, bauen wir den Tapeziertisch auf und schieben ihn von innen vor die Türöffnung.

»Wir müssen zusehen, dass außer uns niemand hier rein- und an den Müll kommt. Die Waage stellen wir draußen vor die Tür. Ich hatte nur eine Personenwaage. Einer von uns, also immer derselbe, hat die Aufgabe, dem Team den Müll abzunehmen und sich damit zu wiegen. Die Kilos minus Personengewicht tragen wir in die Liste ein.« Enna zeigt auf das Klemmbrett, auf dem ein Blatt Papier mit der Tabelle zum Eintragen des Teamnamens, des Gewichts und der Anzahl an Kleinteilen eingespannt ist.

Plötzlich hören wir es draußen heftig rumpeln. »Aua, Jack! Mach mal langsam, du knallst mir das Ding vors Bein!«, schreit Joy. Enna und ich schlüpfen unter dem Tapeziertisch ins Freie und gucken, was los ist. Und wahrscheinlich gucken wir richtig bescheuert.

»Was ist?«, grinst Jack mich an. »Enna hat gesagt, ein Tisch muss noch her.«

Enna sieht mich entschuldigend an. »Wir brauchen noch was für die Getränke.« Und zu JJ: »Ich hatte allerdings eher an einen Campingtisch gedacht.«

»Wir haben keinen Campingtisch«, echoen die Zwillinge, »aber der tuts auch.«

Und damit stellen sie den wuchtigen Esstisch aus dem Palaske-Wohnzimmer zufrieden neben der Tür ab. »Er hat ganz knapp in den Aufzug gepasst!«, sagt Jack zufrieden.

In dem Moment kommt Vivien um die Ecke. Kaum dass sie uns sieht, lässt sie die riesige Tasche von der Schulter gleiten, dreht uns den Rücken zu, beugt sich nach vorne und zieht ihre Sexy-Hintern-Nummer ab. JJ applaudiert begeistert. Und auch Ennas Augen leuchten. Scheinbar bin ich der Einzige, der mit dieser Nummer absolut nichts anfangen kann. Aber ich sage nichts, denn ich habe gelernt: Jeder darf mit seinem Körper machen, was er will. Ich zum Beispiel darf hilflos in der Kiesgrube planschen wie …

»Na, was ist?« Vivi hört auf zu twerken und zeigt auf die Plastiktasche. »Kann mir mal jemand mit dem Türkenkoffer helfen? Der ist scheißeschwer.« Die Zwillinge laufen hin, kriegen das Ding aber sogar zu zweit nicht richtig hoch und schleifen es deshalb an den Griffen über den Boden zu uns.

»Warum sagst du Türkenkoffer?«, will Enna wissen.

»Keine Ahnung, die heißen so. Wahrscheinlich weils die Dinger beim Türken gibt?«, antwortet Vivien, die den Zwillingen das Teil alleine überlassen hat.

»Gibts hier einen türkischen Laden?«, fragt Enna weiter. Und das wüsste ich auch gerne. Würde mich nämlich überraschen. Und freuen.

Aber Vivi zuckt mit den Schultern. »Glaub nicht.« Sie dreht sich zu JJ. »Gibts den Anadolu hinter dem Tierfutterladen noch?«

JJ schüttelt den Kopf. »Das ist ein Nagelstudio, schon lange.«

»Aber Türkenkoffer kriegst du auch beim Fidschi«, sagt Jack. Ennas Stirn kriegt Falten.

»Er meint den Vietnamesen gegenüber von Ronnys Handyladen«, erkläre ich schnell.

»Warum sagt er dann Fidschi, wenns doch ein Vietnamese ist?«, fragt sie mich anstatt Jack. Auf Ennas Stirn wächst die Falte. Und ihr Zwinkern geht auch wieder los.

»Na, weil wir die halt so nennen«, mischt Vivi sich ein.

»Wen *die*?«

»Na die … die so aussehen wie die … mit … Schlitzaugen?«

Enna starrt Vivien an. Der sofort klar wird, dass hier grade übelst was schiefläuft.

»Das ist … das ist nicht bös gemeint oder so, wir sagen das nur so, alle sagen das, schon immer, auch die Omis«, verteidigt sich Vivien.

Ennas Stimme wird jetzt merkwürdig kalt. Und auch der Blick ist bohrend. »Und weil es alle immer schon so sagen, ist es okay? Wusste ja gar nicht, dass du eine Mitläuferin bist.«

Vivi wird knallrot. Schon zum zweiten Mal heute. »Das ist … also bloß ein Scherz, die … die sind voll nett, wir haben auch einen in der Klasse, wir verstehen uns voll gut, der bringt manchmal so chinesische … hier, wie heißt das, Frühlingsrollen mit, voll lecker …« Vivi stammelt und stammelt.

»Voll witzig. Bist du deshalb sitzen geblieben?«

JJ hört auf an der Tasche zu fummeln. Alle gucken Vivien an, die jetzt schnaubend den Kopf in den Nacken wirft. Und Enna dann angriffslustig ansieht. »Was weißt du denn schon, Rich Girl?«

»Ich weiß, dass China, Vietnam und Fidschi drei vollkommen verschiedene Länder sind, die nicht mal alle auf demselben Kontinent liegen, denn die Fidschi-Inseln gehören zu Ozeanien und China und Vietnam zu Asien«, spricht Enna beinahe so robotermäßig wie Tobi. Mit dem Unterschied, dass sie Vivi dabei nicht aus den Augen lässt. »Und ich weiß, dass ›Schlitzauge‹ eine rassistische Beleidigung ist. Genauso wie ›Fidschi‹, womit nämlich schon zur DDR-Zeit die vietnamesischen Arbeiter:innen diskriminiert wurden, die der Staat übrigens angeworben hatte, damit sie den Ossis helfen, ihr Land aufzubauen.«

»Bravo, Frau Superschlau. Und klar, die dummen Ossis. Sonst noch was?«

»Wenn du mich fragst, ja. Die Wessis waren genauso dumm. Auch die haben Gastarbeiter:innen geholt und sie dann als Itaker oder Kümmeltürken beschimpft. Ohne zu wissen, dass Kümmel kaum in der Türkei angebaut wird.«

»Wow, Applaus!« Vivien sieht sich mit gespielter Anerkennung um und klatscht gönnerhaft Beifall. »Miss Gymnasium hat gesprochen.«

»Genau. Schule mit Courage. Und bei uns fliegst du wegen dummen, rassistischen Beleidigungen sogar von der Schule. Bei euch wohl nicht?«, entgegnet ihr Enna kalt.

Wieder sind alle Blicke auf Vivien gerichtet und ich überlege fieberhaft, wie wir aus der Nummer wieder rauskommen. Schließlich sind wir nur wegen mir und meiner Dummheit da gelandet. Mist, Mist, Mist! Ich muss genau aufpassen, was ich sage, sonst wird das heute auch der Tag mit den zwei Ohrfeigen. Und das Ende der Neuen Heimat.

»Unsere Tante wohnt im Westen«, sagt Joy plötzlich unvermittelt. »Früher sind wir da manchmal mit Mutti und Vati hingefahren. Zum Geburtstag und einmal zu Ostern, glaub ich.«

»Jedes Mal gabs Torte«, erinnert sich Jack. Aber Joy will nicht übers Essen reden.

»Wenn wir vor der Wohnungstür unsere Schuhe ausgezogen und die nicht ganz ordentlich in das Schuhregal gestellt haben, dann hat Ute immer so komisch gelacht und zu den anderen Gästen gerufen …« Joy sieht Jack an, der sofort gemeinsam mit seiner Schwester »Die Polacken sind gekommen!« brüllt.

Für einen Moment ist Stille. Dann meldet sich Vivien zu Wort. »Polacken? Sind das …?«

»Polen«, weiß Enna.

Vivi sieht JJ fragend an. »Seid ihr denn aus Polen?«

Die Zwillinge schütteln den Kopf. »Nö. Wir sind von hier«, stellt Jack klar.

»Mutti meinte, das ist ein Witz,«, erklärt Joy und sieht uns an. Zur Abwechslung verstehe ich den Witz aber nicht. Und auch sonst fällt mir kein Klischee zu Polen und Schuhen ein. Autodiebe ja, Schuhdiebe nein. »Polen sind angeblich total unordentlich«, klärt Joy mich auf. »Und superchaotisch. Bescheuert, oder?«

Ein Lächeln huscht über Ennas Gesicht. Und auch Vivi verkneift sich einen Kommentar, das kann ich sehen. Also übernehme ich. »By the way, wie siehts denn bei euch oben aus? Alles noch im grünen Bereich?«

»Alles bestens«, antwortet Jack einen Tick zu schnell. Und auch Joy wechselt auffällig fix das Thema, indem sie endlich den Türkenkoffer aufmacht und »Was ist das?« ruft.

»Party-Girlanden, zehn Stück, hundert Meter lang. Statt Flatterband. Sieht viel hübscher aus. Und wir wollen es uns doch hübsch machen, oder?«

Ich muss an Rike und den Tisch am Fluss mit Tischdecken und Blumenvasen und Leckereien aus aller Welt denken. »Wo hast du das her?«

»Tut das was zur Sache?«

»Wenn dus geklaut hast, schon.«

»Plastebecher habe ich auch. Hundert Stück. Sollte reichen, oder?«

»Hast du das …?«

Plötzlich fährt Vivien mich an. »Jetzt chill mal, Firuz! Ich habs ausgeliehen. Bei Maggie. Ganz offiziell.«

»Du warst bei Maggie? Wieso?«

»Alter, bist du die Polizei oder was? Wir hatten was zu besprechen. Und jetzt freu dich einfach, dass wir dir den Arsch retten«, stöhnt Vivien genervt.

»Warten wir ab. Noch ist der Drops nicht gelutscht«, wirft Enna ein. »Ich hab von Frau Lämmerhirte sechs leere Kästen besorgt, die stehen bei uns oben im Flur und müssen noch mit Leitungswasser aufgefüllt werden. Und die anderen legen mit den Girlanden los.«

»Ich helf dir mit dem Wasser«, sagt Vivien. Und ich bete zu Gott, Allah und dem Universum, dass das eine gute Idee ist.

»Dann los?« Enna sieht in die Runde.

JJ nickt: »Auf die Plätze, fertig, los!«

Um kurz nach zwei sind wir fertig. Fix und fertig. Mit den bunten Girlanden sieht die Baustelle gar nicht mehr so trostlos aus. Aber dafür haben wir auch ordentlich geschwitzt. Während sich die anderen im Schatten unter der Trauerweide ausruhen, hole ich Omar aus der Kita. Der wartet ausnahmsweise schon ungeduldig an der Tür. Ebenfalls an der Tür warten bestimmt zwanzig Kinderschaufeln und zehn Harken, die unbedingt mitmüssen. »Wir können die nicht einfach mitnehmen, Omar, die gehören uns doch nicht, die gehören dem Kindergarten!«, versuche ich es ganz ruhig, denn ich befürchte Löwengebrüll. Doch das Gebrüll bleibt aus. Weil Veit rauskommt, wortlos Schaufeln und Harken an uns verteilt und dann zusammen mit uns loslaufen will. Wahrscheinlich bemerkt er mein Zögern.

»Mach dir nicht ins Hemd, Türke. Die gehen morgen zurück. Nämlich dann, wenn wir zwei gewonnen haben, stimmts, Dreckspatz?«

Omar nickt begeistert und ich kann nicht glauben, dass er Veit überredet hat, beim Plogging mitzumachen, aber so ist es. »Wir sind Team *Dreckspatzen*!«, verkündet mir Omar stolz und hüpft neben uns her, als würden wir auf einen Kindergeburtstag mit Schokobrunnen gehen. »Wallah, das wird super, das wird so super!«, kriegt er sich kaum ein. Ich sage nichts. Obwohl das *Wallah* neu ist und ich zu gerne wüsste, von wem er das schon wieder hat. Aber was mir viel mehr Bauchschmerzen macht, ist, dass die Nummer heute eine Enttäuschung werden könnte, und zwar nicht nur für mich, sondern auch für Omar. Nämlich dann, wenn er merkt, dass die Party nicht so lustig wird, wie er sich das vorgestellt hat. Weil keine anderen Kinder kommen, weil er nicht gewonnen hat oder weil es keinen Schokobrunnen gibt. Und dann total freidreht.

»Was ist los, Türke? Warum seufzt du?« Veit grinst mich von der Seite an.

»Ich? Hab ich geseufzt?«

»Wie meine Mutter, Mann.« Veit grinst nicht mehr. »Gibts ein Problem, Türke?«

»Nein, nein«, beeil ich mich zu sagen, denn allein das Wort Problem ist schon ein Problem und kann einem noch viel mehr Probleme bringen.

»Mein Bruder mag das nicht, wenn du Türke sagst«, meldet Omar plötzlich.

›Bitte nicht!‹, denke ich und werfe Omar einen Blitzblick zu. Aber es ist schon zu spät. Veit stoppt.

»Wo liegt dein Problem?«

»Kein Problem, echt nicht.« Ich gehe weiter. Aber schon hab ich eine Schaufel zwischen den Beinen.

»Ey! Was ist los, Kumpel?«

Atmen. Stehen bleiben. Grade machen. Vorbild sein. »Ich bin in Deutschland geboren.«

Veit holt mich ein. »Kapier ich nicht. Ist das jetzt gut oder schlecht?«

»Es ist die Wahrheit.«

»Okay.« Wir gehen weiter. »Und wie soll ich dich dann nennen?«

»Du kannst Firuz sagen.«

»Oder Panda.« Omar strahlt übers ganze Gesicht. »Das sagt seine Freundin zu ihm. Die ist ein Specht. Und ich bin ein Löwe.«

Veit sieht mich interessiert an. »Was denn jetzt? Hast du ne Freundin? Oder nen Vogel?«

»Sie heißt Enna«, quatscht Omar weiter, »die ist neu.« So langsam reicht es mir.

»Erstens ist sie nicht meine Freundin, sondern eine Freundin, zweitens plappert man keine Geheimnisse von anderen aus, und drittens, nein, Panda darf nur Enna sagen und sonst niemand. Auch du nicht. Verstanden, Omar?« Mein Bruder nickt schuldbewusst und dabei zuckt seine Unterlippe verdächtig. »Soll ich dir die Schaufeln mal abnehmen?« Omar schüttelt bockig den

Kopf und mir tut es schon wieder leid, dass ich ihn angefahren habe. »Jetzt gib schon, du brauchst deine Kraft heute noch!« Omar reicht mir zwei Schaufeln. Veit nimmt ihm ungefragt die anderen zwei ab.

»Weißt du, was mit Boulette passiert ist? Ich hab gehört, es gab eine Schlägerei.« Langsam werde ich mutig.

Veit sieht mich überrascht an. »Von wem hast du das gehört?«

Ich tue so, als wüsste ich Bernds Namen nicht. »Irgendwer bei uns ausm Haus hats erzählt.«

»Der Tätowierte?«

»Kann sein.«

»Der soll mal besser still sein. Und sich nicht in die Dinge einmischen, die ihn nichts angehen.«

Ich sollte auch lieber still sein, das weiß ich. Trotzdem: Ich muss es wissen. »Was ist mit Boulette?«

»Nichts.« Veit sieht mich an. »Der nervt. Spielt den Sheriff und macht Yildiz an.«

Bei Yildiz horcht Omar auf. »Yildiz bringt mir Türkisch bei«, erklärt er Veit stolz. »Yildiz ist mein Freund. Benim arkadaşım.«

Veit nickt. »Meiner auch.«

»Dann sind wir Ehrenbrüder«, stellt Omar fest.

Veit lacht. »Korrekt.« Er dreht sich zu mir. »Und wir können es gar nicht leiden, wenn unser Freund Yildiz von eurem Hausmeister als Kanake beschimpft wird. Dann gibt es von uns einen …«, Veit schaut mich an und kneift die Augen zusammen, »… Platzverweis. Verstanden?«

Ich nicke und ich traue mich noch ein letztes Stück vor.

»Hast du zufällig ne Ahnung, bis wann der Platzverweis gilt? Ich glaub nämlich, der flippt aus, wenn er das da sieht.« Weil ich mit Schaufeln und Harken beladen bin, bleibt mir nur das Kinn als Zeigefinger. Wobei das nicht nötig wäre, denn die Stimmen sind bis hierher zu hören. Während auf dem Sportplatz heute gähnende Leere herrscht, ist vor dem Fahrradraum richtig was los. Denn die Ballsportler und -sportlerinnen haben sich heute offensichtlich fürs Plogging entschieden. Sie stehen jetzt schon Schlange bei der Anmeldung und es ist grade mal …

»Wie spät?«, will auch Veit sofort wissen, aber ans Handy komme ich nicht ran. »Kurz nach drei, schätze ich.«

»Um vier gehts los?«

Ich nicke.

»Gut, dann lass mal die Dinger hier abstellen und aufwärmen. Bist du bereit für zwanzig Minuten Aufwärmen, Dreckspatz?«

Omar nickt entschlossen. »Klar, von nix kommt nix!«

Mein Bruder will gleich los Richtung Drehkreuz. Und ich bin schon wieder überfordert.

»Wartet mal kurz, ich muss … ich muss zu meinen Leuten. Was ist jetzt mit Boulette?«

Veit lächelt beruhigend. »Alles gut, Alman, der kommt wieder in Ordnung – aber garantiert nicht heute, also mach dir keine Platte.«

»Okay. Und Omar?«

»Wir sind spätestens drei viertel vier bei dir. Passt das, Mutti?« Veit grinst.

»Passt.«

Und schon lasse ich meinen kleinen Bruder mit einem verurteilten Drogendealer abdüsen. Ich kann gerade noch hören, wie der Dealer Omar fragt: »Wie alt ist dein Firuz?«

Und dass mein Bruder antwortet. »Zwölf. Aber das ist nicht schlimm. Man kann auch mit Jüngeren befreundet sein.«

Vor dem Fahrradraum ist die Hölle los. Zwischen den Girlanden, mit denen wir eine Gasse bis zum Sandkasten abgesteckt haben, warten die Leute wie beim Stadtlauf an der Startlinie. Viviens Buschfunk war offensichtlich erfolgreich. Und Ennas Aushang auch. Die zwei beschriften am Tapeziertisch ohne Ende Kreppband, dass sie den Teams auf die Shirts und je zwei Mülltüten kleben, um sie gleich darauf weiterzuwinken, damit die Platz für die nächsten machen. Ich drängele mich durch die Menge bis zum Esstisch der Palaskes.

»Wo ist JJ?«, will ich wissen, aber Enna macht nur eine unbestimmte Handbewegung Richtung Menge.

»Verteilen Wasser. Kannst du Vivi ablösen? Sie muss ein Megafon aus dem Sputnik holen. Sonst kommen wir mit den Ansagen nicht durch.«

»Schon da!«, mischt sich ein Knirps ein, der aussieht als hätte er bereits im Matsch gebadet. Er stellt das Megafon auf den Tisch und verlangt im Austausch: »Zweimal Team *Lolek und Bolek*, bitte.«

Enna sieht überrascht auf. »Bist du dafür nicht ein wenig zu jung?«, fragt sie lachend und ich quetsche mich durch die Türöffnung hinter den Tapeziertisch, während Vivien sich das Megafon schnappt und damit unter dem Tapeziertisch auf die andere Seite durchtaucht. In den nächsten dreißig Minuten verteile ich zehn Paar Einmal-Handschuhe, zwei Masken und füge auf Ennas Zuruf die Teams *Omas gegen Müll, die Atzen, Ghettogollums, Sputnik II, Barbie und Ken, Golden Girls, Vier Fäuste für ein Halleluja, Bob die Baumeister, Schweine im Weltall,*

Anonyme Alkoholiker, Kuchen & Krümel, Ehrenbrudas, Goldgräber, We are the Champions, Die verlorenen Kinder, Versifft und Verseucht, Eier-Schecken, Paradies lost und *Die Olchis* zur Liste hinzu. *Spacko und Spasti* lehne ich wegen Behinderten-Bashing ab, daraus machen zwei dauergrinsende Buddies dann spontan *Dick und Doof*, und das lasse ich gelten.

Ganz zum Schluss bleiben die Klebestreifen für das Team *Neue Heimat* – die erste Runde übernimmt JJ – und die *Dreckspatzen* zu beschriften. Omar hat vor Aufregung ganz rote Wangen. Ich zähle 35 Teams, die in der ersten Runde mit je zwei Leuten an den Start gehen wollen. Dabei ist der jüngste Teilnehmer – einer von den *Olchis* – höchstens vier und die ältesten, nämlich die *Golden Girls* Frau Lämmerhirte und Frau Schnauz, über siebzig Jahre alt.

Dann gehts endlich los, aber wie, oh mein Gott!

»Scheiße! Scheiße! Scheiße!«, tickt Enna und zeigt aufgeregt auf den Bagger, der seit gestern mitten auf der Baustelle parkt. Wie eine Katze klettert Vivien gerade auf das Kettenfahrwerk zu unserer Seite, springt von dort an den Ausleger, erwischt ihn, zieht sich mit einem Klimmzug über den Arm, schwingt ein Bein drüber und sitzt dann tatsächlich – ein Bein links, eins rechts – auf dem Arm. Und weil das nicht aufregend genug ist, zieht sie die Beine jetzt hoch und steht auf. Neben mir atmet Enna sehr laut. Drei Mal. Dann folgt ihr *Toktoktok*. Und zum Abschluss kommt noch ein leises, aber scharfes »Pimmel!«. Über unseren Köpfen applaudieren die Nachbarn auf den Balkonen und weisen die Teams so auf Vivis Zirkusnummer hin. Die noch nicht zu Ende ist. Vivi balanciert auf dem Arm des Baggers zwei Schritte zurück und konzentriert sich. Nein, will ich schreien, doch stattdessen zerquetsche ich Ennas Hand. »Sie schafft das«, zischt Enna, »sie muss!« In diesem Moment nimmt Vivi Anlauf und springt. Und ich kneife die Augen zu. Für einen Moment denke ich nichts. Gar nichts. Ich schwöre. Mein Gehirn schaltet sich ab. Und erst wieder an, als das Gejohle anschwillt. Ist das Entsetzen? »Mach die Augen auf, Panda! Du verpasst deine Lieblingsnummer.« Ennas Stimme hört sich belegt an, heiser. Ich drehe mich zu ihr, öffne langsam die Augen, suche in ihren. Da schwimmt eine Träne. »Jetzt! Guck! Den! Clown!«, befiehlt Enna und dreht meinen Kopf so zurück, dass der Bagger ins Bild kommt. Kommen muss. Natürlich. Es musste so kommen. Vivien steht auf dem Dach des Führerhauses, schüttelt lässig ihre Mähne und … twerkt ne Runde?!

»Alter, die hat doch den Schuss nicht gehört«, fluche ich leise und als hätte sie den sehr wohl gehört, unterbricht Vivi das Arschwackeln urplötzlich, klatscht in die Hände und fängt im nächsten Moment das Megafon auf, das ihr jemand vom Boden aus zuwirft.

»Okay, Kiddos, als Erstes ne Warnung! Das, was ich gerade gemacht habe: niemals nie nachmachen. Verstanden? Das sieht nämlich einfach aus, ist es aber nicht. Also immer schön den Ball flach halten. Wenn ihr Lust auf Akrobatik habt, könnt ihr ins Sputnik gehen und das lernen. Wenn ihr aber einfach nur Bock auf ein richtig fettes Taschengeld habt, dann … seid ihr heute bei mir genau richtig. Also …«

Während Vivien kurz und knapp die Spielregeln erklärt, die zulässigen Hilfsmittel – nämlich Schaufeln und Harken – benennt, stellt HaHa seine Box auf dem Kettenfahrwerk ab. Auf »Eins, zwei, drei, Sport frei!« startet die Playlist und die Leute rennen los. Kurz kriege ich Angst, dass sie sich mit den Schaufeln die Köpfe einschlagen, aber dann verteilt sich das Gewusel auf der Baustelle doch erstaunlich schnell. Die Ersten klettern in die Flutrinne, viele laufen Richtung Amerika. Und auch für Asien siehts gut aus, nur nach Europa will anscheinend niemand. Enna, die denselben Gedanken hat, taucht unter dem Tapeziertisch durch und geht vor bis zur Absperrung.

»JJ!«, höre ich sie schreien. »Was ist los? Habt ihr keinen Hunger? Denkt an den Käse! Käse aus Amsterdam!« Ich kann zwar nichts sehen, aber JJ kapiert anscheinend, denn kurz darauf ist Enna zurück. »Die Twins funktionieren wie … da gabs mal so ein Experiment mit nem Hund, Pawlow hieß der, glaub ich, den musste man auch immer bloß ans Essen erinnern, dann wurde der heiß.«

»Glaubst du, das ist gut, was wir hier veranstalten?«

»Natürlich. Ich weiß zwar nicht, ob wir damit ans Ziel kommen, aber gut ist es auf jeden Fall.«

»Was ist denn euer Ziel, wenn ich das fragen darf?«

Ich erkenne Rikes Stimme sofort. Trotzdem muss ich zweimal hingucken. »Was … was machst du denn hier?«

»Du hast mich eingeladen, schon vergessen?«

»Unser Ziel ist eine saubere, umwelt- und überhaupt bewusste Nachbarschaft mit unseren Mitbewohner:innen«, beantwortet Enna die Frage etwas zu freundlich.

»Das hört sich fantastisch an, junge Dame«, schallt es genauso übertrieben freundlich zurück.

Enna kneift die Augen zusammen, überlegt, guckt sich um, als müsste sie sich vergewissern, dass hinter ihr niemand steht. Dreht sich wieder um, berührt gedankenverloren den Außerirdischen auf ihrem Shirt und sieht Rike dann, ohne zu blinzeln, in die Augen. »Wollen Sie Müll sammeln? In dem Kleid? Das ist gewagt. Aber nicht gegen die Regeln. Die zweite Runde beginnt in …«, Enna sieht auf ihr Handy, »… einer Stunde und 48 Minuten. Welchen Team-Namen wollen Sie anmelden? *Sonnenstunden*?«

»Das ist lieb, vielen Dank, aber ich bin heute nicht in sportlicher Mission unterwegs. Ich fühle mich fürs Catering zuständig. Firuz hat erwähnt, dass es Bedarf geben könnte. Und wie ich sehe, ist das nicht übertrieben. Könntest du mir kurz helfen, die Sachen aus dem Auto zu holen, Firuz?«

Ich bin ein bisschen überrumpelt, aber Enna gibt mir zu verstehen, dass ich mitgehen soll. »Mach schon, essen ist immer gut, denk an JJ!«

Und ich denke an JJ während ich mit Rike ums Haus zum Parkplatz laufe, wo sie ihren Wagen abgestellt hat, ich denke und denke. Wie verdammt gut es sich anfühlt, Freunde zu haben, und womit ich das verdient habe und ob der Gedanke, hier abzuhauen und durch die Welt zu gurken, nicht einfach total egoistisch ist.

Rike öffnet den Kofferraum und als die Klappe hochschnellt, denke ich nicht mehr. »Schaffst du drei übereinander oder auch vier?«, sie stapelt die silbernen Einweg-Platten mit den hübsch dekorierten Brötchen-Hälften auf meine ausgestreckten Arme. Dann greift sie sich selbst zwei große Körbe, einen mit Obst, einen mit Naschkram, Schokoriegel und Gummizeugs, soweit ichs erkennen kann. »Eis hätte leider nicht überlebt«, kommentiert sie trocken. Dann läuft sie ein bisschen zu schnell für mich los.

»Willst du das Auto nicht zumachen?«, frage ich vorsichtig, aber sie schüttelt den Kopf.

»Da ist nichts drin, was sich zu klauen lohnt. Ich muss auch gleich wieder los.«

Gerade als wir aufs Aquarium zusteuern, geht Bernd rein. Schon wieder trägt er einen Koffer wie ein Handtäschchen, aber diesmal nicht Lennys. Rike verlangsamt ihre Schritte, starrt auf den Koffer – oder auf Bernd? –, bis der im Haus verschwunden ist, und geht dann sehr langsam weiter.

»Was ist?«, frage ich. Rike sieht mich an. Ihre Augen sind ausdruckslos.

»Weißt du, was ein Déjà-vu ist?«

Ich bin mir nicht sicher. »Wenn man denkt, das hat man genau so schon mal erlebt?«, rate ich.

Rike nickt. »So ähnlich. Man denkt, man erinnert sich an was, aber es ist eine Täuschung. Es muss eine Täuschung sein.« Rike läuft jetzt wieder schneller. Und ihre Augen haben auch wieder einen Ausdruck. »Hab ich dir erzählt, dass ich hier aufgewachsen bin?«

Jetzt bin ich baff. »Wo hier?«

»Endestraße 5, siebter Stock.«

»Echt jetzt?« Ich drehe mich um, als ob der Turm das bestätigen könnte.

»Lass die Brötchen nicht fallen, Firuz!«

»Aber ... warum ... ich meine ... wann bist du weggezogen?«

Rike überlegt. »Als es Zeit wurde, Firuz. Alles hat seine Zeit.«

Pfeffer und Salz

Um neunzehn Uhr sind wir durch. Für eine dritte Runde fehlen die Anmeldungen. Denn es gibt keinen Müll mehr. Die Leute sind müde, verdreckt und unfassbar zufrieden. Nur eine Verletzung wurde gemeldet und von Enna verarztet. HaHa hat sich den Finger an einer Scherbe geschnitten, was nicht weiter auffällt, da seine Hand sowieso ziemlich mitgenommen aussieht. Was mich vermuten lässt, dass er was mit Boulettes Platzverweis zu tun hat. Aus seiner Box, die immer noch auf dem Kettenfahrwerk des Baggers steht, dudelt jetzt was Besinnliches mit Gitarre. Annika und die Mädchen aus ihrer Wohngruppe verteilen Brötchen, Obst und Wasser an alle. Manche sitzen auf der Baustelle auf dem Boden. Die *Golden Girls* ruhen sich auf der Bank am Sandkasten aus, wobei Frau Lämmerhirte schon zwei Piccolos in der Hand hält, wenn ich das richtig sehe. Der Knirps, der uns das Megafon gebracht hat, chillt im Einkaufswagen, den er mit seinem Kumpel Bolek aus der Flutrinne gezogen haben muss und der fette dreizehn Kilo auf die Waage gebracht hat. Dagegen war der Klodeckel mit 2,5 Kilo eher ein Furz. Aber neben jeder Menge Plastikfolie, Verpackungsmüll und Scherben gibt es noch ein paar andere Knaller wie Schuhe, Keksdosen, eine PC-Tastatur, eine Autofelge und einen Toaster, die auch Gewicht haben. Während die Zwillinge völlig schmerzbefreit am Tapeziertisch sitzen, wo sie Kippen und Kronkorken zählen und mir die Ergebnisse diktieren, gucken Enna und Vivi im Fahrradraum blitzschnell die letzten Mülltüten durch.

Die sind durchsichtig und die *Im Nu*-Dose ist orange. Nordamerika ist gleich in Runde eins aufgetaucht, die Dose hat zwar eine ordentliche Macke durch eine Schaufel abgekriegt, aber das beunruhigt mich nicht, weil ich weiß, dass ich die Scheine doppelt und dreifach in Gefrierbeutel gewickelt habe, damit sie sich auf keinen Fall zersetzen. Soweit habe ich immerhin gedacht. Und auch bei Südamerika ist es scheinbar gut gegangen. Vivien stürmt aus dem Fahrradraum und grinst mich an. »Scheiße, Türke, du hast echt ein Schweineglück, denk daran, wenn du bei den Amis bist und fett wirst. Wetten, Europa machen wir heute auch noch klar? Wie weit seid ihr?«

Jack hält die letzte Brottüte auf und Joy schiebt die Kippen wieder zurück, dann vermelden die Zwillinge im Chor: »Dreizehn für Team *Döner macht schöner.*«

Ich trage die Punkte ein und reiche Vivi das Klemmbrett. »Fertig!«

Sofort springt sie wie eine Hürdenläuferin über die nächste Girlande, sprintet über die Baustelle zum Bagger und dreht einmal volle Kanne die Box auf, sodass alle kurz aufwachen und glotzen. Auch Enna kommt aus dem Fahrradraum und stellt sich zu uns. Doch Vivi hat keinen Bock mehr auf Akrobatik und auch den Hintern lässt sie diesmal weg. Trotzdem bekommt sie Applaus.

»Bisschen Ghettoprinzessin ist sie ja schon«, bemerkt Enna, aber es hört sich anerkennend an.

»Auf jeden!«, bestätigt JJ prompt. »Sie ist die Queen!«

Und dann hält die Queen mit dem Megafon ihre Ansprache. »So, ihr Wühlmäuse, ihr habts echt drauf. Bevor ich jetzt die Gewinner und Gewinnerinnen bekannt gebe, erst mal …

Shout-out an euch alle!« Es folgt Gejohle und Geklatsche. »Und an Enna, die die nächsten Tage damit verbringen will, den Müll, den ihr ausgegraben habt, zu sortieren, damit er fachgerecht entsorgt werden kann. Also seid besser nett zu ihr, denn auch die Action hier war ihre Idee. Und by the way, sortiert euren eigenen Müll in Zukunft doch einfach gleich richtig, dann laufen die Tonnen auch nicht immer über!« Jetzt gibts wieder Applaus, diesmal von den Balkonen, wo es sich einige Omis in der Abendsonne gemütlich gemacht haben. »And now! The Winner of Runde eins ist: Team *Lolek und Bolek* mit 17,5 Kilo und drei Punkten. Applaus bitte! Und die Sieger zu mir!«

Neben uns klettert der Knirps stolz aus dem Einkaufswagen und schaut sich suchend um. »Papa?« Aus dem Schatten des Hauses löst sich ein Mann, der ein bisschen aussieht wie Frydetzki, jedenfalls trägt er auch eine Latzhose, allerdings eine rote. Er wirft seine Kippe auf den Boden, tritt sie aus und erntet prompt den ersten Pfiff. Verwirrt nimmt er den Stummel wieder auf und steckt ihn in die Hosentasche, bevor der Knirps ihn an der Hand zu Vivi zerrt. Erst in der Sonne erkenne ich ihn.

»Oh nee, das ist der Gruber«, entfährt es mir mit einem Stöhnen. »Mist! Jetzt kriegt der Idiot unser Geld, oder was?«

»Kenn ich den?«, fragt Enna neugierig.

Ich schüttle den Kopf, aber die Zwillinge protestieren. »Doch!«, erklärt Joy. »Geredet haben wir über den schon. Marcel heißt der. Marcel Gruber.«

»Und weiter? Mach mal ein Handout!«

»Ein … was?«

»Eine Zusammenfassung, nur die wichtigsten Infos. Wer ist der Gruber, was macht ihn aus?«

Die Zwillinge sehen sich an. Und Joy bringts auf den Punkt. »Marcel Gruber: große Klappe, kleine Wurst.«

»Das ist der mit den *Die Zeit ist gekommen*-Flugblättern«, ergänzt Jack.

»Was eine Vermutung ist, Beweise gibts dafür nicht«, sage ich schnell. »Aber tatsächlich redet er genau so. Deutschland zuerst und deutsche Männer stellt euch vor eure deutschen Frauen …«

»Vivis Mutter hatte Stress mit dem.«

»Was auch nicht unbedingt was zu heißen hat. Sie hat öfter Stress mit Typen«, muss ich noch mal einwerfen, aber Ennas Blick bringt mich zum Schweigen.

»Und der zweite Preis geht mit zehn Kilo und 25 Punkten an das … Team *Die verlorenen Kinder*!«, schallt es in dem Moment über die Baustelle. Wieder kommt Beifall auf. Jemand nimmt der überraschten Annika das Tablett mit den Brötchen ab. Gemeinsam mit einem anderen Mädchen aus der Wohngruppe, ich glaube sie heißt Lucy, läuft Annika nach vorne. Als Vivien ihr den Fünfziger überreicht, strahlt die auf einmal, als hätte sie im Lotto gewonnen. Lucy und Annika umarmen sich und irgendein Depp muss natürlich anzüglich pfeifen.

»Wisst ihr eigentlich, warum Annika hier ist?«, fragt Enna plötzlich.

»Weil sie … hier wohnt?« Ich verstehe die Frage nicht.

»Ja klar, aber warum? Warum wohnt man mit zwölf in einer Wohngemeinschaft?«

»Wohngruppe!«, verbessert JJ. »Das ist was anderes. Da wohnen auch Erwachsene. Erzieherinnen. Wohngruppe ist so was wie Kinderheim. Nur in Klein. Kein Haus, nur eine Wohnung.«

»Schon kapiert. Pimmel! Sorry. Pimmel! *Toktoktok!*« Enna atmet, dann lächelt sie wieder. »Ich meinte, wisst ihr, WARUM Annika von zu Hause weg ist?«

Jetzt bin ich überrascht. »Ich dachte, sie geht bei dir aufs Gymi? In deine Klasse? Sag nicht, das ist ein Gerücht?«

»Nein«, sagt Enna schnell. »Äh, also nein, kein Gerücht, und ja, in meine Klasse. Aber wir … wir hatten trotzdem nie was miteinander. Zu tun, meine ich. Also bisher nicht … und in der Schule nicht. Ich bin da nicht so … so beliebt.« Kurz ist Stille, dann prusten die Zwillinge los. Und selbst ich muss lachen. »Was ist?« Enna sieht uns verwirrt an. »Hab ich einen Popel im Gesicht?«

»Nein, alles gut«, beruhige ich sie. »Wir können bloß nicht glauben, dass irgendwer nicht dein Freund oder deine Freundin sein will.«

Das Megafon knattert.

»Und weil ihr solche Müll-Ratten wart, dass die dritte Runde ausfallen musste, hatte ein besonders intelligentes Rich Girl die Idee, dass jeweils die zweitplatzierten Teams der beiden Runden sich den dritten Preis teilen, aber heyho, das waren zweimal dieselben. Und deshalb geht der dritte Preis heute an die *Dreckspatzen*, die zwar nur 7,5 Kilo auf die Waage gebracht haben, aber dafür hammerharte 47 Punkte in der Kategorie Kleinscheiß geholt haben. Also Applaus für Team *Dreckspatzen*!«

Obwohl ich mich wirklich für Omar freue, klatsche ich nicht so doll mit, wie ich es eigentlich möchte. Es müssen ja nicht gleich alle wissen, dass Omar und ich verwandt sind. Der gerade stolz wie Oskar neben Veit zum Bagger geht. Dort reicht Vivi den Fünfziger an Veit. Der küsst den Schein und steckt ihn dann meinem verblüfften Bruder in die Hosentasche, worauf das Ehrenbruda-Ehrensache-Gejohle gar nicht mehr aufhören will. Manchmal frag ich mich, ob die Jungs wissen, was bei ihren Freunden wirklich abgeht. Ob sie wissen, wer ein Drogendealer ist, ob sie wissen, wer Stress zu Hause hat und warum.

Enna zeigt auf ihr T-Shirt. »In meiner Schule bin ich die Außerirdische. Die wenigsten wollen mit Außerirdischen befreundet sein.«

»Wie bitte?«

»Sie haben Angst vor mir.« Enna sieht mich an. Mit den traurigsten Augen der Welt.

»Und für alle anderen gibts ein fettes Dankeschön und noch jede Menge Naschis, gesponsert vom Reisebüro Sonnenstunden. Also, wenn ihr die Baustelle verlasst, geht bei den Schnuckis an der Anmeldung vorbei und greift zu. Bye, bye, Homies, und schöne Ferien! Bald mit Glasfaser.«

Sofort stürmen die ersten Kinder auf uns zu. JJ schnappt sich den Korb mit den Süßigkeiten und verteilt mit den Händen, die gerade noch Kippen sortiert haben, Schokoriegel. Zum Glück sind die eingepackt. Enna knufft mir in die Seite. »Lass mal weitermachen, Panda. Die Europa-Dose fehlt noch. Und die brauchst du. Amsterdam ist nämlich wirklich toll.«

Wir gehen wieder in den Fahrradraum, ziehen Handschuhe an und beginnen zu sortieren. Unter dem Tapeziertisch liegen die Schwerlasttüten für die gelbe Tonne, den Rest- und den Sondermüll. Enna kippt nacheinander jede einzelne Tüte der Teams auf die Tischplatte. Meistens sieht man gleich, dass nicht dabei ist, was wir suchen. Trotzdem gibt es immer mal Entdeckungen. Enna findet ein Brillenetui. Mit Brille! Vivi steckt den Kopf zu uns rein, rümpft die Nase und verspricht, gleich zu helfen. Die Zwillinge, die draußen die letzten Schokoriegel verdrücken, genauso. Omar kommt und verabschiedet sich zum Abendbrot. Und selbst Veit sagt kurz Tschüss.

»Krasser Scheiß«, sagt Enna plötzlich. Sie hat von einer verdreckten Papprolle, mit der man Poster oder so per Post verschicken kann, den Deckel abgefummelt und den Inhalt auf den Tisch geleert. Es sind Zigarettenschachteln. Volle Schachteln. »Was machen wir damit?«

»Habt ihr die dritte Dose?« Jack und Joy stehen in der Tür und wir zucken vor Schreck zusammen.

»Noch nicht«, sagt Enna, »aber dafür das hier.«

»Die anderen sind jetzt weg, chillen aufm Sport…«, plötzlich steht auch Vivien im Raum. »Oha, krass, war das im Müll?« Sie setzt sich die Fundbrille auf, schnappt sich eine Schachtel und untersucht sie. »Das ist Hehlerware. Hundertpro. Wahrscheinlich von den Fidschis, sorry, Enna, Vietnamesen wollte ich sagen.«

Enna guckt vollkommen entgeistert.

»Die verkaufen hier Zigaretten«, erklärt ihr Jack.

»Geklaute Zigaretten?«, fragt Enna entsetzt.

Aber Vivi beruhigt sie. »Nee, die sind gekauft. Aber in Tschechien wahrscheinlich, da sind Zigaretten total billig. Und die verkaufen sie dann hier weiter für mehr Geld, aber eben nicht so teuer, wie die normalerweise sind.«

»Ist das … legal?«

»Nein!«, weiß JJ. »Du darfst Zigaretten nicht aus dem Ausland mit nach Deutschland bringen. Die müssen so ein deutsches Steuerzeichen auf der Packung haben.«

»Na ja, genau genommen darfst du vier Stangen pro Person für dich privat mitbringen, alles darüber ist verboten. Und das hier sind bloß ...« Vivi zählt. »... sechs, sieben, acht, neun Schachteln.«

»Aber das ist garantiert nur die Ausgabe und nicht das Lager«, vermutet Jack, »und verkaufen ohne Steuerzeichen ist verboten, egal wie viele Schachteln.«

»Woher – woher wisst ihr das alles?« Enna sieht uns besorgt an.

Doch Jack antwortet gelassen. »Von Vati, der hat sogar schon mal einen Mann verhaftet, der die Zigaretten auf dem Flohmarkt verkauft hat.«

»Auf dem Flohmi? Alter, wie bescheuert kann man sein?« Vivi muss grinsen.

»Und du, Vivi, woher weißt du das? Arbeitet deine Mutter etwa auch bei der Polizei?« Ennas Stimme ist jetzt scharf und ihr Blick misstrauisch. Aber diesmal bleibt Vivi gelassen.

»Nein, tut sie nicht. Aber sie kauft manchmal welche bei den Fi... Vietnamesen.«

»Deine Mutter raucht?«

Vivien schüttelt den Kopf. »Nö, aber ihre Typen. Und das geht ins Geld. Was ist? Jetzt guck nicht so entsetzt, Rich Girl! Viele Leute kaufen ihr Zeugs unter der Hand.«

»Ihr Zeugs?«

»Na, Zigaretten und Alkohol. Worauf die fetten Steuern sind. Das ist nichts ... Schockierendes ... Das wissen hier alle!«

»Ach so. Und was ist mit dir, Panda? Weißt du das auch?« Jetzt sind alle Augen auf mich gerichtet. Ich nicke. »Pimmel! Und findest du das normal? *Toktoktok*.«

Ich atme. Und atme und atme und atme. Meine Zahl ist die Sieben. Lächeln ist nicht, aber Dinobabys. Ich schüttle den Kopf. »Meine Eltern rauchen nicht. Aber meine Mutter, die …«

»Kauft manchmal welche?« Enna lacht schrill auf.

»Nein! Aber sie regt sich drüber auf. Meine Mutter … findet das richtig, richtig schlimm. Erstens, dass man hier so unkompliziert an Drogen kommt. Denn Kippen und Alkohol sind Drogen. Und zweitens, dass ausgerechnet die Grubers und Frydetzkis die besten Kunden der Dealer sind. Meine Mutter sagt, dass ist widerliche Doppelmoral.«

»Hä?« JJ verstehts nicht. Und ich fühle die Welle kommen. Verdammter Mist!

»Na, weil die doch alle Ausländer und Asylanten und Migranten aus Deutschland weghaben wollen. Aber ihre Zigaretten aus Tschechien wollen sie haben oder den Türkenkoffer oder die Asianudeln oder die Thai-Massage oder, oder … weils schön billig ist. Und ihnen schmeckt. Guckt hier, Team *Döner macht schöner.* Na, wer war das? Die Topinke-Brüder, oder? Die, die gern mal mit dem Gruber im Aquarium stehen und Pläne für ein sauberes Deutschland schmieden. Und damit meine ich nicht diesen Recycling-Mist hier!« Ich fege mit der Hand über den Tapeziertisch, sodass Enna erschrocken zur Seite springen muss. Scheppernd landet der Müll auf dem Boden. Keiner rührt sich. Sofort tut mir der Wutausbruch leid. Unendlich leid. Das sind doch meine Freunde. Die helfen mir. Die …

Alle starren zu Boden.

Enna bewegt sich als Erste. Sie geht in die Knie, schnappt sich die Restmülltüte und greift nach einer der Zigarettenschachteln, die auf dem Boden gelandet sind.

»Okay, ich schmeiß die jetzt weg.« Sie guckt zu uns hoch. »Manche Dinge sinds einfach nicht wert, dass wir uns streiten. Oder sieht das jemand anders?«

JJ schüttelt stumm den Kopf. Und dann sind wir auf einmal alle auf dem Boden. Wir krabbeln auf allen vieren durch den Müll und durchsuchen fieberhaft jeden Berg. Kaum ist eine Tüte wegsortiert, kommt die nächste dran. Ich finde eine Haarspange und Enna einen kaputten Gartenzwerg – mit Messer im Rücken.

»Tadaaa.« Vivien klopft auf eine verrostete Keksdose. »Was, meint ihr, ist dadrin?«

»Ist denn was drin?«

»Auf jeden Fall!« Vivien schüttelt die Dose und wir hören es leise klappern. »Na los, wir wetten! Wer gewinnt … darfs behalten.«

»Igitt. Und wenns DDR-Kekse sind?«

»Wieso DDR?«

»Na, weil Bernd gesagt hat, die meisten Sachen wurden zu DDR-Zeiten verscharrt.«

»Wo war der überhaupt?«

Ich muss an den Koffer denken. »Ich glaub, der hat Besuch.«

»Vielleicht schmecken sie ja noch?« Jack will Vivien die Dose abnehmen, aber die zieht ihre Hand zurück.

»Wie wärs mit: Wers errät, darfs behalten und jetzt Feierabend machen? Ich bin nämlich echt matsche.«

Vivis Idee scheint allen gut zu gefallen. Ich zeige auf meinen Rucksack, in dem bereits zwei Dosen liegen.

»Ich denke, das können wir so oder so. Wir schließen ab und machen einfach morgen früh weiter. Niemand wird reinkommen und den Müll klauen. Und ich sag für heute einfach schon mal Danke. Echt jetzt, ihr seid die Besten.« Die Zwillinge sehen erfreut aus.

»Geld!«, sagt Jack. »Ich tippe, da ist Geld drin. Münzen.«

»Never«, lacht Vivien und boxt mich auf den Arm. »Es kann nur einen Schlaukopf geben. Ich tippe auf …«

»Werkzeug, Schrauben, so was«, ich bin schneller.

»Muscheln und Steine«, sagt Vivien.

»Liebesbriefe oder Tagebücher. Scheiße! *Toktoktok.*«

»Quatsch, die klappern doch nicht, mach auf!«

»Erst Joy, los, was tippst du, Joy?«

Joy nimmt Vivien die Keksdose aus der Hand. Erst jetzt fällt mir auf, wie still sie die ganze Zeit war. Sie streicht mit der Hand über den Deckel der Dose. »Wir hatten auch mal so eine. Wir hatten sogar genau dieselbe. Das war unsere Kruschteldose. Weißt du noch, Jack? Die stand immer vor dem Radio.«

»Was ist das? Kruschteldose?«

»Na, wo so Kruschtelzeugs drin landet, alles was sich so ansammelt und nicht weggeschmissen wird. Wäscheklammern, Kugelschreiber, Nägel, Taschentücher, Kleingeld …«

»Alles klar«, nickt Enna, »wir hatten in der alten Wohnung eine Schublade dafür, aber ...«

»Dann war sie weg. Und jetzt«, unterbricht Joy Enna, »ist sie wieder da.«

Jack nimmt seiner Schwester die Dose aus der Hand. »Ich mach auf!« Er drückt gegen eine Vertiefung auf dem Blech, damit der Deckel aufspringt, aber der hat sich verkantet, sodass er mit den Fingern unter den Rand des Deckels gehen muss.

»Also wenn das Kekse sind, würd ich die nicht mehr essen. Die müffeln«, sagt Vivien und rümpft die Nase. Doch es sind keine Kekse. Ich kann ehrlich gesagt nicht erkennen, was es ist, weil mir JJs Haare im Weg sind. Die Zwillinge beugen sich über die Dose und als sie sich zurückbeugen, sehen sie aus, als hätten sie ein Gespenst gesehen.

»Was ist? Was ist drin?«, fragt Vivien vorsichtig.

»Pfeffer«, antwortet Joy.

»Und Salz«, sagt Jack.

»Streuer?«, fragt Enna. Aber an unseren Blicken merkt sie, dass sie falschliegt. Total falsch. Jack schließt die Dose wieder. Er sieht Joy an.

»Wusstest du ...?«

Joy schüttelt langsam den Kopf. »Ich dachte ...«, flüstert sie, aber dann kommt nichts mehr.

»Okay, Leute«, sagt Vivien leise und nimmt Jack behutsam die Dose ab. »Jetzt machen wir Schluss für heute. Morgen sehen wir weiter, in Ordnung? Ihr werdet sehen, da sieht die Welt schon ganz anders aus.«

Vivi begleitet JJ ins Freie. Enna und ich knoten sicherheitshalber noch die Schwerlasttüten zusammen und schließen die Schaufeln aus der Kita ein. Dann gehen wir auch. Draußen ist es noch hell. So gut wie nichts erinnert an die Action des Tages. Aus der Ferne hört man schon wieder die üblichen Geräusche vom Sportplatz, wenn der Ball gegen das Gitter donnert.

»Pfeffer und Salz«, fragt Enna, »sind das ...«

»Geschwister. Meerschweinchen-Geschwister. Sie gehörten JJ. Angeblich sind sie abgehauen.«

»Wer sagt das?«

»Herr Palaske, wenn ich mich richtig erinnere. Ist schon ne Weile her. Aber ganz krass war das. Jack und Joy haben sich gestritten, wer den Käfig aufgelassen hat. Irgendwann haben sie nicht mehr miteinander geredet, kein Wort. Überhaupt haben die gar nichts mehr gesagt. Auch in der Schule nicht. Bestimmt vier Wochen waren die stumm.«

»Scheiße.«

»Total. Wenn das jetzt wieder losgeht ...«

»Denk nicht dran! Denk jetzt an was Schönes. Zum Beispiel, dass du jetzt mich hast und ich dich immer volltexten werde. Nee, sag jetzt nichts. Außerdem möchte ich gerne Türkisch lernen. Pimmel! Sorry. Du vielleicht auch, Panda?«

Ich muss ein bisschen lachen. Und ein bisschen verlieben muss ich mich auch, während mich Enna weiter volltextet.

Fata Morgana

Omar schnarcht leise und ich kann nicht einschlafen. Normalerweise ist es andersrum. Aber heute lag er schon frisch geduscht im Bett, als ich ins Zimmer kam.

»Rate mal, wo ich mein Geld versteckt habe! Das rätst du nie, wetten?!«, hat er mich begrüßt.

»Wenn ichs gefunden habe, sagst du mir dann, was du damit machen willst?« Omar hat genickt und ich habe geraten und gesucht und das Versteck tatsächlich nicht gefunden. Das Einzige, was ich noch seltsamer finde, ist, dass Omar es mir dann auch nicht gezeigt hat. Denn mein Bruder kann wirklich nichts für sich behalten. Selbst wenn er es wirklich gerne möchte und hoch und heilig versprochen hat. Ich sag nur Specht. Aber nee, heute nicht, heute ist er vollkommen zufrieden mit einem dicken Grinsen im Gesicht eingepennt. Ich versuche Ennas Rat zu befolgen und an was Schönes zu denken. Zum Beispiel an Enna. Kaum denke ich das, leuchtet das Display von meinem Handy. Eine Nachricht von … Enna!

Enna: *Bist du noch wach? Woran denkst du?*

Ich tippe: *Gedankenübertragung.*

Enna: *Telekinese? Oder Telepathie?*

Ich tippe: *? 👀 Hilf mir!*

Enna: *Telekinse heißt das, wenn man nur mit der Kraft der Gedanken Dinge bewegt. Telepathie ist, wenn man die Gedanken auf den anderen überträgt, ohne ihn/sie zu berühren.*

Ich tippe: *Woher weißt du das?*

Enna: *Ich bin E.T.* 👽

Ich tippe: *Bringst du mir das bei?*

Enna: *Wer hat Pfeffer und Salz begraben? Was denkst du?*

Ich tippe: *Herr Palaske. Oder Frau Palaske.*

Enna: *Warum haben sie nicht die Wahrheit gesagt?*

Ich tippe: *Was ist die Wahrheit?*

Enna: *Bestimmt was Schlimmes. Aus Versehen draufgetreten oder so.* 🙊

Ich tippe: *Dann deshalb wahrscheinlich.*

Enna: *Aber jetzt ist es noch schlimmer. Stell dir mal vor, deine Eltern belügen dich. Absichtlich.*

Ich tippe: *Auch scheiße, hast du recht.*

Enna: *Morgen finden wir Europa!*

Ich tippe: *Ist die Wahrsagerin noch da?*

Enna: *Wer?*

Ich tippe: *Die Hohepriesterin. Die Freundin deiner Mutter.* 🐆 *Dame.*

Enna: *Cleopatra? Nee, die ist wieder nach Hamburg. Oder Mailand?* ✈️✈️

Ich tippe: *Sicher?*

Enna: *Was sonst?*

Ich tippe: *Ich dachte, ich hab ihren Leoparden-Koffer gesehen.*

Enna: *Wann?*

Ich tippe: *Heute.*

Enna: *Wo?*

Ich tippe: *Auf dem Parkplatz. Wahrscheinlich ne Fata Morgana.*

Enna: *Das ist ne Luftspiegelung in der Wüste.*

Ich tippe: *War ja heiß heute.*

Enna: *Die wünscht man sich her.*

Ich tippe: *Sie ist cool.*

Enna: *Cleo? Absolut! Meine Lieblingspatentante.*

Ich tippe: *Wie viele hast du?*

Enna: *Nur die eine.*

Ich tippe: *Ich hab keine.*

Enna: *Dafür hast du mich. Morgen leg ich dir die Karten. Dann finden wir Europa, ganz relaxt, du wirst sehen. Soll ich ne Gesichtsmaske mitbringen? Oder Kaugummizigaretten?*

Ich tippe: *Danke, nein. Mir reichen Handschuhe und Mülltüten.*

Enna: *Wir müssen Pfeffer und Salz begraben.*

Ich tippe: *Und danach was kochen. Für JJ.*

Enna: *Super Idee, Panda!*

Ich tippe: *Schlaf schön.*

Enna: *Gute Nacht.* 🛏

Jetzt gehts mir besser. Aber eine richtig gute Nacht wird es erst, wenn ich was geklärt habe. Leise steige ich wieder aus dem Bett und schleiche mich zum Wohnzimmer. Mama und Papa sind noch wach, ich kann das Licht durch die Milchglasscheibe sehen. Vorsichtig drücke ich die Klinke. Papa kniet auf dem Fußboden und puzzelt Eisbären. Mama liegt auf der Couch und liest. Gerade lacht sie. »Hör mal zu, Musta, jetzt fragt der Mann die Frau, Achtung: ›Warum hast du nur Augen für deine Arbeit und keine Augen für die Welt?‹ – Na, kommt dir das bekannt vor?« Mama schaut hoch und erschrickt. »Firuz, mein Herzblatt, was ist los? Bist du nicht müde?« Sie setzt sich auf.

Papa schaut jetzt auch. »Ist was mit Omar?«

Ich schüttle den Kopf. Mama klopft mit der Hand neben sich auf die Couch. »Komm her.« Ich setze mich zu Mama, die ihre Decke über unsere Beine legt. »Gut?« Mama streichelt mir über den Kopf und zieht mich an sich heran. »Ich hab mich noch gar nicht bedankt. Dass du uns die letzten Tage den Rücken so freigehalten hast, das war ganz toll. Ich weiß, das ist manchmal anstrengend mit deinem Bruder, aber gestern und heute, das hat ihm sehr, sehr gutgetan, dass er bei dir und deinen Freunden sein durfte.«

»Wir haben zwar nur die Hälfte von dem verstanden, was er erzählt hat, aber es muss aufregend gewesen sein und sportlich und überhaupt …« Papa sucht nach den passenden Worten: »Wallah!«

Mama lacht. Dann sieht sie mich prüfend an. »Du sagst, wenn dir was zu viel wird. Du musst dich jetzt nicht die ganzen Ferien kümmern, okay? Wir sind hier und bald wieder ganz entspannt. Ich zumindest. Ende der Woche habe ich meine eigene Strecke und dann ist Feierabend, wenn Feierabend ist. Das wird anders als vorher. Versprochen! Es gibt einen Busfahrplan.«

»Warum fahren wir eigentlich nie in den Urlaub?«

Auf diese Frage ist Mama nicht vorbereitet. »Na ja, ich kann jetzt nicht gleich Urlaub machen, das ist meine erste Arbeitswoche«, eiert sie rum. »Erst mal muss ich die Probezeit bestehen. Dann sehen wir weiter, okay?«

»Ihr arbeitet immer. Und wir haben noch nie Urlaub gemacht.«

Papa hört auf zu puzzeln. »Fahren die anderen weg? Deine Freunde?«, fragt er und Mama sieht plötzlich unglücklich aus.

»Nein, nein«, beeile ich mich klarzustellen, »niemand fährt weg, alle sind hier wie immer. Es ist wie immer.« Höre ich mich sagen und denke gleichzeitig, das stimmt nicht, nichts ist wie immer, so vieles hat sich in den letzten Wochen verändert.

Enna ist da und die anderen, die ich schon so lange kenne, sind meine Freunde geworden. Richtige Freunde. Und Freundinnen. Wir haben eine Gang. Und halten zusammen.

»Langweilt dich das? Du und die anderen, ihr könntet ein paar Ausflüge machen, ich … ich weiß nicht, worauf ihr Lust habt, aber euch fällt sicher was ein und wir, wir würden natürlich auch Geld geben.«

»Haben wir Schulden?«

»Was?!«

»Omar sagt, wir haben Schulden bei der Bank.«

Papa guckt Mama mit großen Augen an. Die zuckt hilflos mit den Schultern. »Ich weiß nicht, wie er darauf kommt.«

»Ich denke, er hört euch zu.«

Mama lacht. Aber es hört sich gequält an. »Na wenigstens einer, oder?«

»Sikimi ye.«

Papa wird steif wie ein Brett. »Was hast du gesagt?«

Ich habs geahnt. Aber jetzt gibts kein zurück. »Sikimi ye.«

»Was soll das?«

»Sag du es mir. Sag mir, was das heißt, Papa. Ich kann nämlich kein Türkisch. Du bringst es mir ja nicht bei.«

»Genau deshalb«, faucht Papa.

»Weshalb? Damit wir nicht verstehen, wenn ihr eure Geheimnisse beredet? Damit wir keine Sehnsucht nach der Türkei bekommen? Oder damit wir uns zu Deppen machen, wenn wir auf Türkisch beleidigt werden und es nicht mal kapieren?«

»Fick dich«, sagt Mama leise, aber bestimmt. Dann legt sie das Buch zur Seite. »Es heißt ›fick dich‹. Wörtlich übersetzt heißt es: Iss meinen …«

»Das reicht, Aynur!« Papa springt auf. Weiß dann aber nicht, wo er eigentlich hinwill. Also läuft er im Wohnzimmer auf und ab, um die Eisbären macht er dabei einen Bogen.

»Wer redet so mit euch? Sag mir die Namen und ich geh dahin und kläre das mit den Eltern.«

»Setz dich, Musta, bitte, das macht mich ganz wuschig.« Mamas Stimme ist jetzt wieder normal.

Papa schnauft immer noch. »So redet niemand mit meinem Kind.«

»Erstens ist es auch mein Kind. Und zweitens …«

»Müssen wir raus aus diesem … diesem Viertel.«

»Wir könnten in Urlaub fahren«, schlage ich vor. »Natürlich nur, wenn wir keine Schulden haben.«

Jetzt seufzt Mama. »Wir haben keine Schulden, Firuz. Das hat Omar falsch verstanden.«

»Und warum haben wir dann kein Geld, um in den Urlaub zu fahren?«

»Erklär du es ihm, Mustafa. Erklär deinem Sohn, wo unser Geld hingeht. Hingegangen ist, denn damit ist jetzt Schluss. Ich bin jetzt Busfahrerin. Und mein Geld bleibt hier!«

Mama steht plötzlich auf und will aus dem Zimmer gehen, aber Papa hält sie am Arm zurück. »Aynur, bitte. Ich weiß nicht wie …«

»Doch, Musta, du schaffst das.« Mama kommt zu mir zurück, setzt sich wieder und sieht Papa erwartungsvoll an. Der kratzt sich am Kopf. Er sieht plötzlich erschöpft aus. »Okay. Also wir schicken … wir haben Geld in die Türkei geschickt, Firuz. Zu Oma und Opa, also zu meinen Eltern.«

»Warum? Haben die kein eigenes Geld?«

Jetzt seufzt Papa. Mama nickt ihm aufmunternd zu. »Einfache Frage, einfache Antwort.«

Papa seufzt noch mal. »Nein, haben sie nicht, Firuz. Meine Mutter hat in all den Jahren in Deutschland nicht gearbeitet.«

»Nicht bezahlt gearbeitet!«, korrigiert Mama.

»Genau«, seufzt Papa. »Sie hat den Haushalt geschmissen und die Kinder versorgt. Und mein Vater, na ja, er hat jetzt nicht so üppig verdient und davon auch immer was nach Hause geschickt. Wenn wir früher zu Besuch in die Türkei gefahren sind, also in das Dorf, wo meine Eltern aufgewachsen sind, dann haben immer alle gedacht, meine Eltern sind reich. Sie mussten reich sein, weil wir in Deutschland leben.« Papa atmet schwer und Mama übernimmt für ihn.

»Aber in Deutschland waren wir die Armen. Die, die zu sechst in einer Zweiraumwohnung leben. Dabei war das nur für den Übergang gedacht. Unsere Eltern wollten immer zurück. Das wurde zwar immer wieder verschoben, aber spätestens mit der Rente und wenn die Kinder aus dem Haus oder verheiratet sind, sollte es losgehen.« Jetzt hat Papa wieder Luft. Er sieht Mama an, die nickt, er soll weiterreden.

»Meine Eltern haben sich ihren Traum erfüllt. Nur ist die Rente von meinem Vater nicht so üppig, dass er das ganze Dorf unterstützen kann. Obwohl sie das gerne würden, meine Eltern. Sie wären so gerne die … die Guten? Sie haben ihre Heimat aufgegeben, sind hier aber nie richtig angekommen. Und das muss doch für irgendwas gut gewesen sein, verstehst du? Es muss einen Sinn haben, sonst …« Papa sieht verzweifelt aus, deshalb übernimmt Mama.

»Sie sagen das nicht, Firuz. Aber wir glauben, sie sind auch in der Türkei nicht wieder richtig angekommen. Sie haben auch da eine Rolle zu erfüllen. Es reicht nicht, einfach da zu sein. Außerdem sind sie jetzt alt. Richtig alt. Dein Opa wird dieses Jahr 74. Und deine Oma 65? Stimmt das, Musta?«

Papa nickt.

»Ich kann mich gar nicht richtig an sie erinnern«, muss ich zugeben.

»Weil deine Mutter nicht in die Türkei fahren will.« Papa klingt traurig.

Aber Mama übernimmt. »Das hat jetzt aber nichts mit Oma und Opa zu tun. Sondern mit Politik. Und das können wir gerne ein anderes Mal bereden, okay?«, sagt sie scharf.

Weil ich nicht will, dass die beiden sich heute noch in die Haare kriegen, versuche ich es mit »Warum besuchen sie nicht uns? Wenn sie in Rente sind, haben sie doch Zeit«. Mama und Papa sehen sich an. Mamas Augen blitzen kampflustig. ›Fehler‹, denke ich sofort, ›das war ein Fehler‹. Und wirklich. Papa druckst.

»Weil das … auch anstrengend sein kann, mit den eigenen Eltern unter einem Dach zu leben. Drei Wochen können sehr lang werden.«

»Und teuer.« Mama lächelt jetzt ihr Grusel-Lächeln mit Wimpernklimpern, und auch ihre Stimme wird gruselig, gruselfreundlich. »Wenn wir wollen, dass sie kommen, müssen wir das bezahlen, Firuz, die Flüge, das Essen, alles. Und das möchte ich, möchten wir nicht mehr. Dazu kommt, dass ich absolut keine Lust habe, mir von meinem Schwiegervater die Welt erklären zu lassen, während meine Schwiegermutter den ganzen Tag in unserer Küche steht und arbeitet. Denn so ist die Aufgabenverteilung im Haus Bulut. Schon immer. Aber für mich ist das Stress pur, falls du das verstehst.«

Ich verstehe, absolut. Und irgendwie bin ich auch gar nicht scharf auf Besuch. Ich bin ehrlich gesagt auch nicht scharf drauf, das Gespräch jetzt zu vertiefen. »Also wegen mir müssen sie nicht kommen. Aber kann ich trotzdem Türkisch lernen? Es ist echt schäbig, wenn Omar mehr versteht als ich. Wallah!«

Mama lacht. »Und wo willst du das tun? Türkisch lernen? Wir sprechen es nämlich beide nicht besonders gut. Dein Vater …«, sie sieht Papa an, der endlich stehen geblieben ist und auf Eisbären starrt, »… sogar noch schlechter als ich.«

»Enna hat eine App. Da können wir die Basics lernen.«

»Wir?«

»Enna will mitmachen. Sie kann mich einladen bei der App, sie hat zwei Zugänge und das reicht bis zum Herbst. Und dann glotzen wir Serien, um weiterzukommen.«

»Was für Serien?«

»Na so Soaps. Verbotene Liebe und so was. Auf Türkisch. Enna sagt, damit gehts am besten.«

»Das sagt Enna? Pimmel-Enna?«

Ich nicke. Mama steht auf und geht zu Papa. Sie nimmt seinen hängenden Kopf in die Hände und sieht ihn verliebt an. »Kluges Mädchen, diese Enna. Gefällt mir. Vielleicht sollten wir auch mehr Fernsehen gucken. Was meinst du?«

»Seni çok seviyorum«, sagt Papa und umarmt Mama. Und weil ich vermute, dass das was mit Liebe sein muss, verschwinde ich dann auch mal wieder.

Am nächsten Morgen weckt mich Mama. Sie steht in ihrer Busfahrerinnen-Uniform vor meinem Bett und ich bin noch so verpeilt, dass ich kurz Panik kriege, weil ich denke, ich muss meine Fahrkarte zeigen. Tatsächlich bin ich einmal auf dem Weg zur Schule ohne Ticket erwischt worden, und obwohl ich ein Schüler-Abo habe, musste ich sieben Euro Strafe zahlen. Damals musste ich heulen. Nicht nur wegen der sieben Euro, sondern vor allem, weil mir das Schwarzfahren vor den anderen ungeheuer peinlich war. Noch heute wird mir ganz komisch, wenn ich daran denke.

»Günaydın tatlım«, flüstert Mama. »Ich mach jetzt los. Du kannst gerne noch weiterschlafen. Papa und Omar sind schon weg. Du musst ihn heute auch nicht abholen.« Ungläubig gucke ich auf Omars Bett, das wirklich leer ist, und ich frage mich, wie es sein kann, dass ich davon nichts mitbekommen habe. Ein Morgen ohne Löwengebrüll?

»Wie spät ist es?«, krächze ich.

»Egal«, antwortet Mama lächelnd, die Klinke schon in der Hand. »Du hast Ferien, genieße es.«

»Mama?«

»Ja?«

»Was heißt tatlım?«

»Überleg mal, mein …«

»Herzblatt?«

Mama schickt mir einen Luftkuss, dann ist sie weg.

Ich will aufstehen und Zähne putzen, aber dann sehe ich den Traffic auf meinem Display. Ich schalte den Lautlos-Modus aus und das Gepiepse geht los. Der Neue-Heimat-Chat explodiert.

Enna: *Nichts, wirklich. Ich hab alles durch, jede Tüte bestimmt drei Mal.*

Vivi: *Seit wann bist du unten?*

Enna: *Halb 8.*

Vivi: *Streberin!*

Enna: *Ich wollte checken, ob Boulette heute wieder am Start ist.*

Vivi: *Und?*

Enna: *Alles ruhig. Ich hab sogar am Büro geklopft. Der ist nicht da.*

Vivi: *Gut.*

Enna: *Die Dose aber leider auch nicht. Die hat keiner ausgebuddelt.*

JJ: *Zeig mal den Ring!*

Enna schickt ein Foto. Ein Ring liegt auf ihrer ausgestreckten Gummihand.

Enna: *Sieht aus wie ein Ehering.*

Vivi: *Steht da was drin? Name?*

Enna: *Bloß die Nummer.*

JJ: *Hä? Telefonnummer?*

Vivi: 😂 *Guten Morgäääääähn, ihr Checker.*

Enna: *Die Goldnummer. Die bestimmt den Wert. Oder so ähnlich.*

Vivi: *Und wie ist die Nummer?*

Enna: *585*

JJ: *Ist das viel?*

Enna: *Keine Ahnung.*

Vivi: *Ich kann Yildiz fragen, ob er den Ring für uns verkauft. Dann wissen wirs.*

Enna: *?*

Vivi: *Was ist? Den vermisst garantiert niemand.*

Enna: *Wieso Yildiz?*

Vivi: *Der hat Connections.*

Enna: *Wohin?*

Vivi: *Will ich nicht wissen.*

Enna: *Würde er das für uns machen?*

Vivi: *Denk schon.*

Enna: *Warum? Ist er verknallt in dich?*

Vivi: *Nee. Er nimmt 20 %.* 🤑

JJ: *Ist das viel?*

Vivi: *Kommt drauf an.*

JJ: *Worauf?*

Enna: *Auf den Wert.*

Vivi: *Vielleicht ist es nichts. Aber vielleicht ists genug für Käse in Amsterdam.*

Enna: *Das wird ein Babybell. Glaub nicht, dass der Ring 600 Euro einbringt.*

JJ: *Aber wenn es ein Ehering ist*

JJ: *Dann liegt der andere vielleicht auch da!*

Vivi: *Joy?*

JJ: *Ja?*

Vivi: *Denk doch mal nach.* 💡 *Ein Ehepaar trennt sich und dann begraben sie gemeinsam*

JJ: *Ich bin nicht blöd, Vivien Zieschank!*

Vivi: *ihre Liebe? Wer macht so was?*

JJ: *Unsere Eltern. Und ich wette, die haben auch*

JJ: *Pfeffer und Salz beerdigt. Damals waren die nämlich noch zusammen!*

Enna: *Okidoki, Leute. Aber bringt uns das weiter?*

JJ: *Wenn wir den zweiten Ring haben, schon.*

JJ: *Oder was anderes aus Gold.* 💰💰

Enna: *Sorry, ich kann euch nicht folgen.*

JJ: *Gold, das wir verkaufen können!*

Enna: *Wo soll das Gold denn herkommen?*

JJ: 🚧 *Baustelle?*

Enna: *Seit ihr beim Plogging in Amerika hängen geblieben? Goldgräber-Feelings?*

Vivi: Die *Türken stehen auch auf Gold. Ich war mal mit meiner Mutter auf ner türkischen Hochzeit, die Braut war komplett zugehängt mit Gold. Das ist bei denen so krass!*

Ich tippe: *Und Boulette war mal in einer Pommesbude in Berlin, da kannst du dir ne vergoldete Currywurst für 25 Euro reinziehen. Das ist bei denen so krass!*

Kurz ist Pause im Chat. Dann meldet sich Enna.

Enna: *Guten Morgen,* 🐼

Ich tippe: *Günaydin.*

Das i ist falsch, aber egal.

Enna: *Bist du mit Omar im Kindergarten?*

Ich tippe: *Wieso?*

Enna: *Ihr habt die Schaufeln vergessen.*

Ich tippe: *Ok. Bring ich später zurück.*

JJ: *Nein!!! Die brauchen wir noch!*

JJ: *Wir haben eine Idee!*

Vivi: *Nee, ist klar.* 🥳🥳

JJ: *Klappe, Vivi!*

JJ: *In 10 Minuten bei Enna im Fahrradraum.*

JJ: *Lagebesprechung*

JJ: *Neue Heimat*

JJ: *Verstanden?!*

Vivi: *Wir dich auch, JJ.* 💋💋

Tatsächlich liebt Vivi die Zwillinge. Da bin ich mir sicher. Also wir alle mögen JJ, aber Vivi auf eine ganz spezielle Art.

Das war schon so, als Vivi noch in unsere Klasse ging. Immer hatte sie so einen beschützenden Blick auf JJ. Vielleicht liegts daran, dass Vivi keine Geschwister hat, vielleicht aber auch daran, dass Jack und Joy sich genauso Sorgen um ihre Mutter machen wie Vivi. Aber vielleicht liegts auch nur daran, dass die Zwillinge immer hilfsbedürftig aussehen, nicht nur wenn sie die Schlafshirts von ihrem Vater tragen. Sie sind klein, dünn und ziemlich häufig irgendwo am Körper zerschrammt. Meistens weil sie irgendein Tier retten mussten. Trotzdem lachen sie richtig gerne und jammern fast nie. Doch wenn es ihnen schlecht geht, dann sieht man das sofort. JJs Augen verraten alles.

Als sie jetzt an mir vorbei in den Fahrradraum stürmen, verraten sie freudige Spannung. Die kann auch der Blick auf die Keksdose, die Enna auf den sauberen Tapeziertisch gestellt hat, nicht trüben.

»Hey, JJ, schon gefrühstückt?«, fragt Vivi lachend und schmeißt Jack zur Begrüßung eine Packung Waffeln an den Kopf. Die der achtlos neben Pfeffer und Salz und neben den Ehering auf den Tisch legt.

»Also«, sprudelt es aus Joy, »wir haben voll die gute Idee! Wir fünf graben heute alle zusammen noch mal nach Firuz' Dose. Denn eigentlich wissen wir ja, wo sie sein muss. Nämlich beim Klositz! Neben der Weide liegt Amsterdam.«

Wir warten. Aber mehr kommt anscheinend nicht.

Enna zeigt neben die Tür. Da steht der Einkaufswagen und in ihm liegt der Klositz. Außerdem der Toaster, die Autofelge, die Tastatur und mehrere Schuhe. »Die Klobrille und der Rest ist Sondermüll, das andere hab ich auf die Tonnen verteilt, hat gerade so gepasst.«

Erst jetzt fällt mir auf, dass der Fahrradraum ansonsten tipptopp aufgeräumt ist. Alle Mülltüten sind weg und an der Wand stehen die Schaufeln und Harken fein säuberlich aufgereiht.

»Die Klobrille lag doch auf dem Berg. Und unter dem Berg wurde wahrscheinlich gar nicht gegraben, also liegt die Dose da noch friedlich und schlummert. Aber zu fünft können wir den Berg sicher verschieben!« Jack sieht uns erwartungsvoll an.

Vivien sieht skeptisch aus. »Und wie erklären wir das den Nachbarn …«

»Und Nachbarinnen?«, fragt Enna müde. »Das fällt auf. Wir können nicht noch einen Wettbewerb starten, da ist ja kein Müll mehr.«

»Das stimmt!« Joys Augen blitzen. »Deshalb machen wir die letzte Dose auch alleine. Nach der Plogging-Nummer ruft garantiert niemand die Polizei. Und wenn uns trotzdem jemand fragt, dann suchen wir … einen Ehering, den hier gestern jemand verloren hat. Und zwar …«

»Hiermit!« Jack reckt ein Teil in die Höhe, das ich bis jetzt für einen Spaten gehalten habe. Erst jetzt sehe ich, dass unten keine Schippe dran ist, sondern ein Metallkranz oder so was Ähnliches.

»Was ist das?«, fragt Enna.

»Ein Metalldetektor!«

»Ein was?« Enna ist wirklich müde.

»Na ein Ding, mit dem man Metall suchen kann.«

»Wo habt ihr das her?«

»Aus der Kammer.«

»Der gehört uns. Das war ein Weihnachtsgeschenk. Für den Urlaub an der Ostsee. Damit wir am Strand was finden.«

»Also Geld. Oder Schmuck.«

»Und wieso fällt dir das jetzt erst ein, JJ? Wir suchen doch die ganze Zeit wie bescheuert nach Geld, oder nicht?« Vivi nimmt Jack das Teil ab.

»Na, weil ...«, Jack stottert, »weil Enna den Ring gefunden hat.«

»Und? Habt ihr auch was gefunden?« Vivi zeigt auf den Detektor. »Damals am Strand meine ich, mit dem Ding hier?«

Jack und Joy sehen sich fragend an. Dann nickt Jack seiner Schwester zu und Joy darf erzählen.

»Nee, haben wir nicht. Weil wir aber auch gar nicht richtig gesucht haben.«

»Warum nicht?«, will Vivi wissen.

»Weil es im Winter arschkalt am Meer ist. Ehrlich, da frieren dir die Finger ab!«

»Mit Handschuhen sogar.«

»Und warum fährt man dann im Winter ans Meer?«, fragt Enna.

»Weil es billiger ist als im Sommer«, antwortet Vivi für die Zwillinge, ohne den Blick vom Detektor zu heben.

»Und weil Mama Seesucht hatte«, ergänzt Jack.

»Dann muss sie ganz schnell ans Meer. Musste.«

»Aber es funktioniert, ehrlich! Du stellst das hier an«, Jack drückt auf einen Knopf am Griff und der Detektor fängt leise an zu surren, »und dann einfach so über den Boden bewegen. Und wenn da was vergraben ist, dann macht es so ein ... anderes Geräusch.«

Plötzlich fegt Enna den Ring vom Tisch. Stellt ihren Fuß drauf und winkt Vivi mit dem Detektor näher zu kommen. Kaum bewegt Vivi den Kranz über Ennas Fuß, geht das Geräusch los. Es ist ein Fiepen, das mich an unseren Wecker erinnert. Ohne den Fuß vom Gold zu nehmen, angelt Enna sich ihren Rucksack vom Tisch und stellt ihn auf ihrem Fuß ab.

»Noch mal!«, befiehlt sie Vivien und die fährt ein zweites Mal über Ennas Fuß und ein zweites Mal geht das Geräusch los, nicht viel leiser als zuvor. »Witzig«, befindet Enna, »aber denkt ihr wirklich, da liegt ein zweiter Ring begraben?«

»Nö«, antwortet Joy. »Aber erstens haben wir damit ein Alibi, wenn wir uns heute wieder auf der Baustelle rumtreiben. Denn wir müssen die Dose suchen und … Pfeffer und Salz beerdigen.«

»Und zweitens ist es Sommer. Wir kriegen keine kalten Finger. Und es macht Spaß. Wir können uns abwechseln. Vielleicht finden wir noch was anderes. Kleingeld oder …«

»Noch mehr Kronkorken«, wirft Enna ein. »Ja, lacht ruhig, aber der Ring war auch in einer der Brottüten. Zusammen mit Kronkorken und Zigarettenkippen.«

Sofort gehen bei mir die Alarmglocken an. »Weißt du noch, von welchem Team die Tüte war, Enna? Bisschen merkwürdig ist es ja schon. Also Veit oder Yildiz hätten den Ring sicher eingesteckt. Vielleicht will uns jemand testen? Ob wir ehrlich sind. Vivien hat schließlich laut und deutlich gesagt, dass du alles durchguckst und die Punkte zählst.«

»Es war die *Golden Girls*-Tüte.«

»Echt? Frau Lämmerhirte und Frau Schnauz? Hab ich mich eh gewundert, dass sie mitgemacht haben. Die beiden sind …«

»Schlau, genau. Und bei unserer Nachbarin bin ich mir manchmal nicht sicher, ob sie mich überhaupt leiden kann. *Toktoktok.*«

»Ich denke, sie passt auf Klümpchen auf?«, sagt JJ erschrocken.

»Und das macht sie auch wirklich gut«, beruhigt Enna. »Nur manchmal, ach ich weiß auch nicht, wenn sie denkt, ich merks nicht, dann guckt mich die Lämmerhirte komisch von der Seite an. Ansonsten ist sie cool, aber sie …«

»Säuft.« Der kam trocken. Wir sehen Vivi an, die genau jetzt den Detektor ausstellt. »Was ist? Uschis saufen auch. Frau Lämmerhirte war auf dem Kinderfest am Freitag abends richtig hacke, wenn ihr mich fragt.«

Ich versuche mich zu erinnern, aber das Fest kommt mir inzwischen ewig lange her vor. Seitdem ist schon wieder so viel passiert.

»Also gut«, sagt Enna plötzlich, »graben wir nach der Dose. Aber das mit dem Ring als Alibi geht dann nicht. Für den Fall, dass es wirklich ein Test ist, würden wir uns damit ja verraten. Mein Vorschlag wäre, falls jemand fragt, habe ich einen Schlüssel verloren. Wenn wir Firuz' Geld finden, dann mache ich nachher gleich einen Aushang, ob jemand zufällig einen persönlichen Wertgegenstand vermisst. Wenn er oder sie eine Angabe dazu machen kann und es sich um einen Ring handelt, kriegt die Person den Ring zurück. Wenn wir die Dose aber nicht finden, dann …«

»Fragen wir, ob Yildiz den Ring für uns vertickt?«

»Ich wollte eigentlich sagen, dass wir dann erst mal bloß die Meerschweinchen begraben und uns später um den Ring kümmern.«

Vivien sieht enttäuscht aus. »Du machst also so oder so einen Aushang, dass wir etwas Wertvolles gefunden haben?«

»Eigentlich schon.«

»Eigentlich?« Den kann ich mir nicht verkneifen, denn eigentlich wollen Enna und ich das »eigentlich« abschaffen, weil man ohne eigentlich besser sehen kann, was die eigentlichen Bedürfnisse sind und was ein fauler Kompromiss. Das war ein Tipp von Herrn Weißhaupt. Und er funktioniert. Enna überlegt. Dann ist sie klar.

»Ja. Ich will einen Aushang machen. Sonst komm ich mir schäbig vor.«

Vivien gibt nicht auf. »Und wenn sich gar niemand meldet? Oder nur Scherzkekse, die behaupten, sie hätten … keine Ahnung, ihre Rolex oder ihr Portemonnaie verloren?«

Enna überlegt wieder. »Dann wissen wir sicher, dass es kein Test war und niemand einen Ring vermisst. Von mir aus darfst du dann mit dem Ring zu Yildiz.« Vivi grinst und Enna sieht jetzt in die Runde. »Alle einverstanden?« Ich weiß nicht, was ich sagen soll, denn mir ist der Aufwand ganz schön unangenehm. Aber Jack reißt mit strahlenden Augen die Waffelpackung auf.

»Einverstanden«, echoen die Zwillinge wie auf Kommando, dann frühstücken sie. Ich nutze den Moment, um auch mal was zu sagen, nämlich Danke.

»Ist gut, Panda, du hast dich gestern schon bedankt, du musst das jetzt nicht ständig wiederholen«, kürzt Enna meine Rede ab, noch bevor sie eine hätte werden können. Dann drückt sie mir eine Schaufel in die Hand.

»Ach, lass ihn doch«, kommentiert Vivi spöttisch. »Wenn er erst mal durch die Welt reist, kriegen wir höchstens noch ne Postkarte. Und ruckzuck sind wir ganz vergessen, wetten? « Dann schnappt sie sich auch eine Schaufel und will losmachen. Aber ich halte sie fest.

»Erstens weiß ich noch gar nicht, ob das klappt. Zweitens bin ich noch lange nicht weg«, sage ich. »Und drittens: Keiner von uns muss für immer hierbleiben. Du kannst genauso gut abhauen, ihr alle könnt das, wenn ihr es unbedingt wollt.«

»Erstens, zweitens, drittens …«, äfft Vivi mich nach. »Alles klar, Herr Oberlehrer, wir haben verstanden. Jeder kann es schaffen. Wir müssen nur fleißig sein. Und immer brav für die Schule lernen. Dürfen wir jetzt bitte Ihre Millionen suchen? Danke, sehr freundlich.« Dann rauscht sie an mir vorbei aus der Tür.

»Wow.« Ennas Stirn schlägt Falten. »Weiß jemand, was mit ihr los ist? Das geht jetzt schon seit … seit Samstag? Oder Sonntag? Hab ich irgendwas verpasst? Warum ist sie so pissig? Nie weiß man, was als Nächstes kommt. Arschwackeln oder Ohrfeige? Pimmel! Scheiße! Scheiße! Sorry. Das nervt.«

Die Zwillinge sehen betreten auf den Boden. Aber ich will noch was sagen. »Du entschuldigst dich neuerdings auch immer.«

»Was meinst du?«

»Na, wenn du … also wenn du so ennamäßig unterwegs bist, dann hängst du automatisch ein ›Sorry‹ dran.«

Enna sieht mich verwundert an. In ihrem Gesicht zuckt es. »Wirklich? Da muss ich mal ein ernstes Wörtchen mit meinem Specht sprechen. Pimmel! Pimmel! So gehts ja nicht. Einfach entschuldigen. Wo kommen wir denn dahin? Das versaut mir noch meinen Ruf. Und an dem habe ich wirklich lange gearbeitet. Über sechs Jahre nämlich. Da kannst du mit zwei Jahren Alltagsbegleitung, oder wie das heißt, einpacken.«

Wortlos schnappen sich jetzt auch die Zwillinge ihre Schaufeln. Ich sehe, wie sie sich ein Augenrollen und ein winziges Kopfschütteln zuwerfen. Aber aufgehalten werden sie von Enna.

»Stopp, JJ, wisst ihr, was mit Vivien los ist?« Die Zwillinge gucken sich an. Und wieder nickt Jack seiner Schwester zu, und Joy darf antworten.

»Wir glauben, es hat was mit ihrer Mutti zu tun.«

»Wieso, was ist mit der?« Enna überlegt. »Ich hab die lange nicht gesehen.«

»Na eben. Wir auch nicht.«

»Quatsch«, widerspreche ich. »Sie war doch Freitag aufm Fest. Mit Tobi. Sie hat gelacht und getanzt und …«

»Getrunken.« Der Chor kam leise. »Und seitdem … das ist aber nur eine Vermutung. Vivi hat nichts erzählt«, beeilt Joy sich, »obwohl sie gestern Abend noch ganz lange bei uns war.«

»Sie hat mit Minka und den Katzenbabys geschmust. Stundenlang«, sagt Jack in einem Ton, der wie eine Diagnose klingt und keine weiteren Fragen zulässt.

»Gut«, sagt Enna ebenfalls wie eine Ärztin. »Wir beobachten das. Und jetzt: an die Arbeit.«

Und die macht tatsächlich Spaß. Die Erde ist inzwischen relativ trocken und schon nach kurzer Zeit sehen wir alle aus wie mit Kakao bestäubt. Gestört werden wir allerdings nicht. Bis auf ein paar Sportbesessene, die auch in der glühenden Mittagshitze ihre Bälle gegen den Käfig ballern, ist draußen so gut wie nichts los. Ab und an kommen Hundebesitzerinnen auf der Gassirunde vorbei, aber niemand fragt, was wir hier machen. Auch auf den Balkonen ist die Stimmung schläfrig. Mit den kleinen Schaufeln dauert es etwas, aber weil wir fünf sind, sieht man trotzdem bald einen Fortschritt. Wir haben uns entschieden den Erdhügel, den der Bagger neben der Trauerweide aufgeworfen hat, wirklich nur um zwei Meter nach rechts zu versetzen. Wenn ich mich nicht verrechnet habe, und ich bete, dass ich richtigliege, müsste die Dose wirklich genau darunter vergraben sein. Vivien hat bald keine Lust mehr aufs Schaufeln und ist mit dem Metalldetektor kreuz und quer auf der Baustelle unterwegs. Stolz zeigt sie uns von Zeit zu Zeit ihre Fundsachen, denn tatsächlich landet sie immer mal wieder einen Treffer. Gold ist allerdings nicht dabei. Wir sind fast fertig mit dem Erdhügel, als sie uns ihr neustes Fundstück präsentiert.

JJ nickt anerkennend. »Du hast echt ne Schraube locker, Vivi, wir haben es geahnt.« In dem Moment geht das Gefiepse los. Beinahe automatisch legt Vivien den Schalter um, damit sie weiterreden kann. Dann erst, als Stille ist, kapiert sie. Sie guckt mich an. Und schaltet den Detektor wieder an. Sofort geht das Sirren wieder los. Vivi bewegt den Stab langsam nach rechts und links, zu beiden Seiten wird das Geräusch nach kurzer Distanz schwächer. Keine Frage, Vivi steht genau über …

»Doch ein Ehering!«, ist sich JJ plötzlich sicher. Und ich bin mir plötzlich unsicher.

»Oder meine Dose.«

Enna schüttelt den Kopf. »Die *Im Nu*-Dosen haben doch kein Metall, oder? Sind die nicht aus Plaste? Papier drum rum und fertig? Die sind doch superleicht.«

»Ich glaube, der Deckel ist Plaste, der Rest Aluminium. Und Aluminium ist Metall, oder nicht, Herr Oberlehrer?« Vivien sieht mich fragend an. Dabei ist das gerade gar nicht meine Baustelle.

»Na ja«, druckse ich, »ich meinte eigentlich was anderes. Aber … nein, eigentlich kann das nicht sein.«

»Eigentlich, eigentlich?« Enna grinst. »Kann was nicht sein?« Ich überlege, aber ich bin mir nicht sicher. »Das war meine erste Dose, es ist über zwei Jahre her, dass ich die versteckt habe. Ich denke schon die ganze Zeit darüber nach, ob Kleingeld drin ist. Also nicht nur Kleingeld, aber auch. Ich … ich weiß es echt nicht mehr.«

»Na dann«, Vivien verschwindet hinter den Ästen der Trauerweide und kommt mit ihrer Schaufel zurück. »Auf gehts!«

Tatsächlich ist es gar nicht so leicht mit den Schaufeln, die für den Sandkasten gedacht sind, unter die Grasnarbe zu kommen. Denn natürlich hat der Bagger ausgerechnet hier Stopp gemacht. »Immerhin ist kein Wasser im Boden, also falls du Kleingeld in der Dose hast, ist es höchstwahrscheinlich nicht verrostet«, ächzt Enna und rammt ein ums andere Mal ihre Schaufel in die Erde. Als die Grasdecke weg ist, haben wir endlich einen Anfang, dann gehts leichter. Alle arbeiten stumm, aber immer schneller vor sich hin. Erde fliegt durch die Luft. Meine Augen brennen, weil der Schweiß reinläuft. Dann sehe ich rot. Nein, orange. »Der Deckel! Leute das ist der Deckel! Das ist sie, das ist die Dose!«

Die anderen hören auf zu graben. »Scheiße!«, sagt Enna und zwinkert. »Scheiße! Ist das geil.« Dann atmet sie dreimal sehr laut ein und wieder aus. Beim dritten Mal machen alle mit. Es fühlt sich an wie ein Schwur.

Auf einmal rennt Joy zum Fahrradraum. Wir sehen ihr nach und ich lasse meinen Blick über die Balkone gleiten. Niemand zu sehen, sehr gut. Mit knallroten Wangen kommt Joy mit Pfeffer und Salz zurück. »Wir nehmen die Kaffeedose raus und legen die Keksdose rein!«

»Okay«, Vivi grinst, »ab jetzt ist das hier offiziell eine Beerdigung. Ich hebe nun das Grab aus. Und bitte um … wie sagt man?«

»Andacht und Einkehr«, weiß Enna, die als Einzige von uns schon auf einer Beerdigung war. Sie faltet die Hände und wir anderen machen es ihr nach, wir rücken in einem engen Halbkreis zusammen, während Vivi neben dem Loch auf die Knie geht und mit den Händen vorsichtig den Deckel der Dose freilegt. Nach zwei Jahren leuchtet der immer noch so orange wie im Laden.

Als hätte Enna meine Gedanken gelesen, sagt sie leise: »Wusstet ihr, dass Kunststoff aus Erdöl gemacht wird und bis zu 500 Jahre braucht, um sich zu zersetzen? Und es wird nie komplett abgebaut, es zersetzt sich nur in Mikroteile. Dabei werden dann die chemischen Zusätze frei und gelangen zurück in den Kreislauf. Also ins Grundwasser oder die Luft und wir oder die Tiere nehmen den Dreck auf.«

»Das ist gemein!« JJ hat Tränen in den Augen.

»Scheiße! Ja, das ist es. Ich hab noch n fun fact. Na ja, witzig ist der eigen… also witzig ist der nicht. Ratet mal, in welche Länder wir Deutschen besonders gerne unseren Plastikmüll zur Entsorgung bringen.«

»Afrika?«, raten die Zwillinge, aber da muss ich dazwischenfunken.

»Afrika ist ein Kontinent und kein Land, Afrika hat über dreißig Länder. Welches meint ihr?«

»So weit müssen wir gar nicht gehen. Ich meine was Naheliegendes, etwas sehr Naheliegendes sogar.«

Vivien schaut kurz von ihrer Arbeit hoch. »Holland? Oder wie heißt das hier …?«

»Die Niederlande. Und: Bingo!«, freut sich Enna.

»Wohin noch?«, frage ich.

»In die Türkei!«

»Das denkst du dir jetzt aus.«

»Nein, wirklich, Panda. Ich habe einen Vortrag in der Schule darüber gehalten. Das ist die Wahrheit. Die Länder geben an, dass sie den Müll wiederverwerten. In Wirklichkeit landet er dort aber auf wilden Deponien und wird illegal verbrannt. Und da arbeiten auch Kinder!«

»Warum machen sie das denn überhaupt, warum nehmen sie unseren Müll?« JJ ist entsetzt.

»Mensch, warum wohl? Weil es dafür Geld gibt!« Vivien ist genervt, weil sie die Dose nicht freigelegt kriegt. Da sie festgewachsen scheint, versucht sie jetzt den Deckel mit den Fingern abzumachen.

»Das geht nicht, Vivi«, muss ich sie enttäuschen. »Ich hab die Deckel drangeklebt, mit Heißkleber abgedichtet quasi, damit nichts reinkommt.«

»Ich komm rein!«, presst Vivi durch die Zähne und dann zieht sie plötzlich ein Messer. Es geht so schnell, dass ich gar nicht sehe, wo es herkommt. Noch schneller springt die Klinge auf, die Vivi mit Wucht in den Plastikdeckel rammt.

»Wow! Scheiße!« Enna macht einen Schritt zurück. Und auch die Zwillinge kriegen Augen.

»So!«, sagt Vivi zufrieden und dann säbelt sie in aller Ruhe ein Loch in den Deckel.

»Hast du … hast du immer ein Messer dabei?« Vivi reagiert nicht, die ist ganz bei der Deckelsache. »Das ist … ist das nicht verboten? Ich meine, das ist doch eine Waffe, oder nicht?«

Vivi ist fertig. Sie legt den ausgeschnittenen Plastikkreis auf den Rand des Erdlochs, lässt das Messer wieder zuschnappen, schiebt es in ihre Hosentasche und sieht dann zufrieden in die Runde. Enna zwinkert wild. Und zuckt mit dem Kopf, als würde ihr jemand Unsichtbares kleine Schläge zufügen.

»Pimmel! Sorry, Vivi, Scheiße! Nein, no sorry, wieso hast du ein Messer dabei?«

Vivien guckt ehrlich verwirrt. Wobei ich nicht weiß, ob das an Ennas Frage oder an ihren Zuckungen liegt. »Was? Na, nur so. Um ... Deckel zu öffnen. Was ist? Hast du ein Problem, Rich Girl?«

Enna stöhnt. »Jetzt komm nicht wieder mit dem Rich-Girl-Scheiß, ich kann das nicht mehr hören! *Toktoktok.*«

»Okay.«

»Okay?«

»Okay!« Vivien sieht mich an, während sie mit einer Hand in die Dose greift, sie macht es spannend, ihre Augen funkeln. Dann zieht sie den Gefrierbeutel raus. Er ist nicht mal beschlagen. Durch die Folie sieht die Rolle Scheine genauso aus, wie ich sie vor über zwei Jahren reingetan habe. »Tadaaa!« Vivi wirft mir den Beutel zu. Greift noch mal in die Dose, schüttelt den Kopf. »Aber kein Kleingeld.« Dann steht sie auf und klopft sich die Erde von den Knien. Und faltet ihre Hände. »Wollen wir jetzt zusammen beten? Lieber Gott und du auch, Allah, verzeih uns, dass wir etwas Müll zurücklassen, aber es geht nicht anders. Und jetzt nimm Pfeffer und Salz in den Himmel auf oder wo auch immer das Paradies ist. Machs ihnen bitte schön gemütlich, sie waren wirklich liebe Kerlchen.« Vivi unterbricht sich selbst und sucht JJs Blick. »Stimmt das, JJ, waren die lieb? Oder mehr so Kratzbürsten?«

Doch bevor JJ antworten kann, rauscht hinter ihnen eine Sirene an. Und zwar mit Volldampf. Kurz denke ich, jemand hat die Polizei gerufen, aber als ich mich, genau wie die anderen, panisch umdrehe, erkenne ich durch die Glasfront des Aquariums einen Rettungswagen, der mit ordentlich Tempo über den Parkplatz angeschossen und vor unserem Haus zum Stehen kommt. Jetzt steigen zwei Sanitäter aus dem Wagen, einer trägt einen Rettungskoffer.

»Kein Feuer«, kommentiert Vivien. »Also lasst uns das hier zu Ende bringen. JJ, die Keksdose bitte.« Aber JJ ist totenblass und kriegt die Augen nicht vom Aquarium und nicht vom Haus. Ich ahne warum. Bestimmt denken die Zwillinge gerade an ihre Mutter, für die Herr Palaske auch mal den Notarzt gerufen hat, weil sie im Notaufgang über die Brüstung gesprungen ist. Es redet zwar keiner darüber, aber alle wissen Bescheid, auch Vivi, die jetzt nicht weiterweiß. »Wollen wir … eine Pause machen?«, fragt sie mich, aber da laufen die Zwillinge auch schon los. Erst langsam, dann immer schneller, schließlich rennen sie. Im Aquarium stehen die Sanitäter inzwischen vor der Sprechanlage und suchen die richtige Klingel.

»Na los, gehen wir gucken«, sage ich und setze mich in Bewegung. Enna ist sofort an meiner Seite. Vivien stöhnt noch kurz, kommt dann aber auch. Inzwischen sind die Zwillinge im Aquarium. Durch die Scheibe können wir sehen, wie Jack zur Sprechanlage läuft, mit einem Sanitäter redet und dann eine Klingel drückt. Joy zieht die zweite Glastür auf, durch die die Männer zum Fahrstuhl stürmen, dann sehen wir nichts mehr, weil wir auf der gemauerten Seite des Glaskastens sind. Enna hat mich inzwischen überholt.

»Hoffentlich ist es ein Fehlalarm«, sagt sie und das hoffe ich auch. Doch als wir das Aquarium betreten, erzählen JJs Augen etwas anderes. Und plötzlich kriegt auch Vivien Panik.

»Was ist?«, schnauzt sie die Zwillinge an. »Wo haben die geklingelt?« JJ schluckt und Vivi wirft einen Blick zur Sprechanlage, als würde die Antwort von dort kommen können. »Ist es bei uns? Haben die bei uns geklingelt?« Vivi schreit jetzt beinahe. Joy schüttelt verwirrt den Kopf. »Wo dann? Wer hat den Notarzt gerufen, Joy? Jetzt komm schon!«

»Die Weißhaupts«, flüstert Jack.

»Die Weißhaupts?«, jetzt ist Vivi verwirrt. »Aber wieso? Die … die haben wir doch heute, oder nee, gestern erst gesehen?«

»Was kann denn da passiert sein?«, fragt Enna. »*Toktoktok.*«

»Keine Ahnung, der Notarzt hat nichts gesagt. Darf er auch nur den Angehörigen.«

»Gut, dann warten wir hier«, schlage ich vor. Und das machen wir. Wir warten, bis wir wieder eine Sirene hören. Ein zweiter Notarztwagen rollt an. Diesmal ein kleiner. Er parkt hinter dem großen. Wieder springen zwei Männer raus, sie laufen zielstrebig zum vorderen und holen dort die Bahre raus.

»Scheiße!«, kommentiert Vivi. JJ hält den Sanitätern die Vordertür auf.

»Zu Weißhaupt?«, frage ich, einer der Männer nickt. »Ich komme mit!«

Enna und Vivi halten die zweite Tür auf, ich drücke den Fahrstuhlknopf, aber der ist schon auf dem Weg nach unten. Als die Tür aufgeht, steigt die Hohepriesterin aus. Mit Leoparden-Koffer. In echt, keine Fata Morgana, auch wenn sie mich anguckt, als wäre ich eine.

Urlaub mit Hund

Die Weißhaupts wohnen wie wir in der eins. Und zwar uns direkt gegenüber. Ich zeige auf die Tür, die offen steht, und warte im Hausflur. Ich traue mich nicht rein. Obwohl ich schon oft bei den Weißhaupts war, habe ich richtig Schiss, wie es da drin gerade aussieht. Während ich versuche, die Geräusche aus der Wohnung zu deuten, steckt Senta plötzlich ihre Schnauze aus der Tür und jault. Als sie mich sieht, kommt sie mit hängenden Ohren zu mir geschlappt und will gekrault werden.

»Der Hund«, höre ich einen der Männer sagen. »Können Sie sich um ihren Hund kümmern, der haut hier grade ab.« Dann kommt Herr Weißhaupt raus. Er sieht aus wie Albert Einstein auf dem Foto, das bei uns in der Schule hängt. Seine Haare stehen zu Berge.

»Meine Frau«, stammelt er und sieht sich hilflos um, »sie ist einfach … sie ist aus dem Rollstuhl gefallen. Sie bringen sie ins Krankenhaus. Was mache ich denn jetzt, ich … ich weiß nicht …«

Aber ich weiß. Auf einmal bin ich ganz ruhig. »Sie fahren mit, Herr Weißhaupt, als Angehöriger dürfen Sie das. Wir übernehmen Senta, das ist kein Problem, auch nicht, wenn es länger dauert. Geben Sie mir einfach den Zweitschlüssel und rufen Sie mich an, wenn Sie etwas brauchen, ja?« Ich bin mir nicht sicher, ob er mich verstanden hat. »Herr Weißhaupt? Geben Sie mir den Schlüssel und Sentas Leine!« Herr Weißhaupt macht einen wackeligen Schritt in seinen Flur, nimmt den Schlüssel und die Leine vom Schlüsselbrett und reicht sie mir. »Sehr gut, Herr

Weißhaupt.« Ich rede mit ihm, wie ich es bei Mama auf der Arbeit gehört habe. Dann greife ich seine Hände, die eiskalt sind, und drücke sie leicht. Auch das habe ich mir von Mama abgeguckt. Und tatsächlich. Es kommt mir so vor, als käme er durch die Berührung bei mir an. Seine Augen sind plötzlich wieder wach. »Jetzt packen Sie schnell Ihre Tasche. Sie brauchen Ihr Handy, die Krankenkassenkarte von Ihrer Frau und Geld. Das ist alles. Verstanden?« Herr Weißhaupt nickt und geht zurück in die Wohnung, während ich Senta anleine, den Schlüssel ins Schloss stecke und den Fahrstuhl hole. Dann sprinte ich zurück zur Wohnungstür, aus der gerade die Männer mit der Bahre kommen. Sie sind jetzt viel ruhiger, routiniert. Ich erhasche nur einen kurzen Blick auf Frau Weißhaupt, die auf der Bahre zugedeckt ist und irgendwas auf dem Gesicht hat, wahrscheinlich eine Atemmaske. Herr Weißhaupt hat eine Strickjacke an, die viel zu warm für das Wetter ist, aber egal. »Haben Sie alles?«, frage ich ihn und schließe hinter ihm die Tür ab, während er mir wie ein Kindergartenkind sein ledernes Handtäschchen reicht. Auf dem Weg zum Fahrstuhl werfe ich einen Blick rein und bin zufrieden, Handy ist geladen, im Portemonnaie steckt die Krankenkassenkarte und genug Geld. »Alles wird gut, machen Sie sich keine Sorgen, ich kümmere mich um Senta und Sie sind bei Ihrer Frau so lange, wie Sie möchten.«

»Danke, Firuz, danke«, sagt Herr Weißhaupt und kramt plötzlich in seiner Hosentasche, wie er es immer macht. Aber dieses Mal bin ich schneller.

»Auf keinen Fall, Herr Weißhaupt! Lassen Sie das bitte stecken.« Die Fahrstuhltür geht auf und die Männer mit der Bahre gehen hinein. Herr Weißhaupt tapst hinterher.

Bevor sich die Fahrstuhltür schließt, sieht er mich besorgt an. »Schreib es auf die Liste, Firuz!«

Ich lasse die anderen zwei Sanitäter vorgehen, dann nehme ich mit Senta genau wie sie die Nottreppe. Im Aquarium ist niemand, bloß die Postbotin, aber sie hört Musik und bemerkt uns nicht. Durch die Scheiben rechts von mir sehe ich, wie Frau Weißhaupt verladen wird, durch die Scheiben links, wie JJ und Vivi im Schatten der Trauerweide sitzen und quatschen.

»Und?«, ruft mir Vivien entgegen, als ich um die Ecke komme. »Was ist passiert?«

Ich leine Senta ab, die sofort Kurs auf JJ nimmt. »Wird man sehen. Frau Weißhaupt ist umgekippt.«

»Bestimmt wieder ein Schlaganfall.«

»Herr Weißhaupt fährt mit. Und ich hab versprochen, wir kümmern uns um die andere Lady. Kriegen wir das hin?«

JJs leuchtende Augen sind die Antwort.

»Wo ist Enna?«

»Sie bringt Cleo nach oben.«

›Stimmt‹, denke ich, ›da war noch was‹. Aber kam die nicht gerade von oben? »Warum ist die schon wieder hier? Ich denke, sie ist ein Star, also in der Opernwelt. Und hat so ne Riesenbude in Hamburg.«

Vivi lacht. »Vielleicht hat sie sich ins Ghetto verknallt? Aufm Fest ist die jedenfalls total abgegangen. Und zwar auf Bernds Playlist. Nix Oper. Meine Mutter war richtig schockiert, dass noch jemand so ausrasten kann wie sie. Sie hat mich sogar gefragt, ob Cleo Drogen nimmt.«

»Und?«

»Woher soll ich das wissen?«

»Du hast bei Enna geschlafen.«

»Ja und, aber doch nicht bei Cleo im Bett. Keine Ahnung, sie hat mit Ennas Mutter Champagner getrunken, glaub ich.«

»Da kommt Enna, du kannst sie fragen.«

»Was kannst du mich fragen?«

»Nichts.« Vivi winkt ab. Aber die Zwillinge sind nicht zufrieden.

»Warum ist Cleo hier?«

»Ist sie arbeitslos?«

»Nimmt sie Drogen?«, überfallen sie Enna.

»Wie bitte? Nein! Sie ist nur zu Besuch … und warum sollte Cleo Drogen nehmen?« Enna muss lachen.

»Na, weil sie immer so krass lustig drauf ist.«

»Also gerade war sie mal gar nicht lustig. Keine Ahnung, was da los ist. Angeblich will sie meine Mutter überraschen, aber da stimmt was nicht. Wieso hat sie uns nicht Bescheid gesagt, meine Mutter ist ja arbeiten. Wer weiß, vielleicht ist wirklich was mit ihrem Job, aber arbeitslos wird sie so schnell nicht. Sie ist ja nicht angestellt an einer Oper, sondern reist von einer Rolle zur nächsten. Partie nennt sich das.«

»Wir waren noch nie in der Oper«, singt der Chor.

»Echt nicht?« Enna ist überrascht. »Und ihr? Panda?« Ich schüttle den Kopf. »Vivi?«

Vivi nickt. »Ich war mal mit der Schule, Peter und der Wolf, voll langweilig.«

»Peter und der Wolf ist keine Oper. Das ist … keine Ahnung, ein Erklärstück? Damit Kinder lernen, welche Instrumente in einem Orchester spielen. Oper ist was anderes, da wird gesungen. Aber wie!«

»Aha.« Vivien zeigt sich gelangweilt. Aber Enna lässt sich nicht beeindrucken. »Kommt auf die Bucketlist!«

»Wohin?«

»Auf die Bucket… auf die Was-man-einmal-im-Leben-gemacht-haben-muss-Liste«, erklärt Enna den Zwillingen. »Was war jetzt eigentlich los bei den Weißhaupts?«

»Oh nee.« Vivien stöhnt ungeduldig und rattert dann los. »Frau Weißhaupt ist umgekippt und jetzt mit Herrn Weißhaupt im Krankenhaus, JJ hat Senta solange und ich würde jetzt sehr gerne die Beerdigung von meiner To-do-Liste streichen. Also! Können wir endlich?«

Enna nickt. »Klar. Aber lass mich erst die Kaffeedose aus der Erde holen. Ich hab extra das hier mit runtergebracht.« Enna zieht einen Tortenheber aus der Hosentasche, bevor sie sich auf die Knie lässt und in der Kuhle damit gräbt wie Vivien vorher. Die wartet genervt.

»Wenn du mich fragst … man kanns auch übertreiben mit dem Umweltscheiß.«

»Ich frag dich aber nicht«, säuselt Enna freundlich und zieht im nächsten Moment die Dose raus. »Fang!« Sie wirft mir die leere Dose zu, dann taucht sie wieder ab. »Moment, da ist noch was … ich habs gleich«, sagt sie, dann hören wir sie nur noch keuchen. »Scheiße, was ist das? Vivi zieh mal das Handy aus meiner Arschtasche und mach die Taschenlampe an – bitte. Kannst du mal reinleuchten? Meine Hände sind superdreckig.« Während Vivi über Ennas Kopf ins Loch leuchtet, wandere ich mit meinem Blick über die Baustelle. Wer weiß schon, was hier noch alles im Dreck liegt. Auf dem Sportplatz ist inzwischen die Hölle los, dabei ist es gerade mal Mittag.

»Apropos. Da kommt die eine Hälfte vom Team *Dreckspatzen*, und zwar direkt auf uns zu«, informiere ich Enna.

»Und dahinten kommt Tobi!«, echoen die Zwillinge, »und er hat noch jemanden dabei.«

»Scheiße!«

»Und die *Golden Girls* sind auch draußen.« JJ zeigt Richtung Sandkasten, an dem Frau Schnauz mit Rollator und Frau Lämmerhirte mit zwei Fläschchen Sekt gerade vorbeischlendern.

Plötzlich taucht Enna blitzschnell aus dem Loch auf und rappelt sich auf. Beinahe hätte sie Vivien umgerempelt, die ebenso schnell Ennas Handy ausschaltet und in die eigene Tasche steckt, während Enna mit dem Fuß Erde zurück ins Loch schiebt. Vivien sieht Enna fragend an. »Hat da noch wer sein Meerschweinchen begraben?«

Enna zischt mit Blick auf Veit zurück: »Bisschen groß für ne Keksdose. Das ist dann wohl eher ein Hund.«

Ich hab keine Ahnung, von was die beiden sprechen, aber Senta knurrt wie auf Kommando.

»Hey, Chicas, was macht ihr da?« Veit bleibt in sicherer Entfernung stehen. Er tut cool, aber sein Blick wandert zu Senta. Hat der etwa Schiss vor einer alten Hundelady? Vivien nimmt Joy die Keksdose aus der Hand. Im selben Moment kommt Tobi von der anderen Seite. Den Mann, der bei ihm ist, habe ich hier noch nie gesehen. Er ist kleiner als Tobi und sein Haar ist schwärzer als meines, was daran liegen könnte, dass er Asiate ist. Tobi und seine Begleitung stoppen bei JJ.

»Hi, Tobi, hast du heute frei?«, begrüßt ihn JJ freundlich.

Tobi schüttelt den Kopf. »Ich mache Pause.« Er guckt auf seine Armbanduhr. »25 Minuten Mittagspause habe ich noch.«

»Machst du auch Mittagspause oder sind deine Sozialstunden schon rum?«, will Vivi plötzlich von Veit wissen. Doch Veit antwortete nicht. Er hat nur Augen für Tobis Begleitung.

»Was hast du hier zu suchen, Digga?«

Der Mann antwortet nicht. Dafür Tobi. »Er sucht seine Zigaretten. Er hat seine Zigaretten auf der Baustelle verloren.« Veit lacht auf, aber Enna ist schneller.

»Hier sind sie sicher nicht. Wir haben doch gestern den Müll eingesammelt, Tobi. Also falls da ne Schachtel Kippen dabei war, ist sie wahrscheinlich im Müll gelandet. Tut mir leid. Pimmel!«

»Rauchen ist eh ungesund«, sagt Vivien spöttisch. »Wisst ihr das nicht?«

Tobi sieht irritiert von Vivi zu dem Mann. Dann senkt er den Blick Richtung Loch und rattert in seinem typischen Roboterton los. »Rauchen kann zu einem langsamen und schmerzhaften Tod führen. Rauchen kann zu Durchblutungsstörungen führen und verursacht Impotenz. Rauchen lässt Ihre Haut altern. Rauchen verursacht tödlichen Lungenkrebs. Rauchen führt zur Verstopfung der Arterien und verursacht Herzinfarkte und Schlaganfälle.«

»Okay, okay, Tobi, das reicht!«, unterbricht ihn Vivien genervt. »Könnt ihr jetzt einen Abflug machen? Wir haben hier zu tun und dabei wären wir gerne alleine. Kapiert?« Tobias hebt den Blick und sieht jetzt Senta an. Also richtig in die Augen. Und die guckt zurück! Leise flüstert er weiter.

»Rauchen kann die Spermatozoen schädigen und schränkt die Fruchtbarkeit ein. Rauch enthält Benzol, Nitrosamine, Formaldehyd und Blausäure. Ihr Arzt oder Apotheker kann Ihnen dabei helfen, das Rauchen aufzugeben ...«

Vivien sieht kurz aus, als würde sie explodieren, aber Enna legt ihr beruhigend die Hand auf den Arm. »Lass ihn, er muss das jetzt fertig machen.«

Und tatsächlich. Nach »Schützen Sie Kinder – lassen Sie sie nicht Ihren Tabakrauch einatmen!« ist plötzlich Stille.

»Und was habt ihr so Dringendes am Start, wenn ich fragen darf?«, meldet sich Veit zu Wort.

»Klar darfst du, wir leben schließlich in einer Demokratie«, antwortete Enna wie aus der Pistole geschossen, »und die Antwort ist: Wir haben ein Grab ausgehoben. Wir beerdigen jetzt ...«, sie zeigt auf die Keksdose in Vivis Händen, »Pfeffer und Salz, die leider viel zu früh von uns gegangen sind und die eine große Lücke hinterlassen werden, auch wenn es sich scheinbar nur um zwei kleine Persönlichkeiten handelt.«

»Also schiebt jetzt mal alle ab.« Vivien kürzt Ennas feierliche Ausführungen ab. »Wir wollen jetzt um JJs Meerschweinchen trauern.«

»Kann ich die mal sehen?«

»Wen?«

»Na die Toten.«

Vivien guckt Veit angewidert an. »Dein Ernst? Wieso?«

Veit sieht über das Loch hinweg den Mann neben Tobi an, der seinem Blick, ohne mit der Wimper zu zucken, standhält. »Ich hab gehört, hier wird öfter mal was vergraben. Ich will nur sichergehen, dass es sich wirklich um Pfeffer und Salz und nicht um Lucky und Strike handelt.«

JJs Augen weiten sich. »Sind das auch Meerschweine?«

»Nein, das sind ...« Bevor Veit das genauer ausführen kann, macht Vivien zwei schnelle Schritte auf ihn zu, öffnet die Keksdose mit einem Ruck und hält sie ihm unter die Nase. »Kannst du ein Gebet?«

Veit zuckt zurück. Dann stammelt er »Sorry, nein, ich bin nicht, also ich glaube nicht …«

»Ich kann ein Gebet sprechen, wenn ihr möchtet.« Die Stimme von Frau Schnauz ist rau und ruhig. Trotzdem fahren wir alle herum. Alle außer Enna. Sie nimmt Vivien die Keksdose ab und wendet sich lächelnd an die beiden alten Damen, die unbemerkt dazugekommen sind.

»Das wäre sehr freundlich von Ihnen, Frau Schnauz. Ich lasse die beiden dann jetzt ins Grab.« Enna kniet sich über das Loch und legt die Dose hinein. Dann bekreuzigt sie sich und faltet – immer noch kniend – die Hände. Tobi macht es ihr nach und wir anderen stehen herum und gucken blöd aus der Wäsche.

»Gütiger Gott«, beginnt Frau Schnauz andächtig, aber niemand lacht. »In deine Hände legen wir unsere Verstorbenen. Erlöse sie und schenke ihnen ewige Heimat bei dir. Uns aber, die wir Abschied nehmen müssen, gib die Kraft, einander beizustehen auf unserem weiteren Lebensweg. Darum bitten wir dich. Amen.«

»Amen«, wiederholt Enna. Und dann sagen wir es plötzlich alle. Und das fühlt sich schön an. So schön, dass ich fast heulen muss. Dann dreht sich der Mann neben Tobi plötzlich um und geht.

»Vielen Dank, Frau Schnauz«, sagt Enna und Vivien klatscht in die Hände, als wollte sie die eigene Besinnlichkeit mit Gewalt beenden.

»Gut, Leute, wir kümmern uns jetzt noch bisschen um die Grabpflege und dann … dann machen wir endlich Ferien. Also, tschüss allerseits … und bitte keinen Alkohol auf dem Friedhof!«, tadelt sie Frau Lämmerhirte, die mit ihren Sektfläschchen sogleich beleidigt Richtung Sandkasten umschwenkt. Frau Schnauz folgt ihr, wobei sie den Rollator über die Baustelle mehr zieht als schiebt. Veit hebt die Hand zum Gruß und macht in die entgegengesetzte Richtung los. Nur Tobi hat noch was auf dem Herzen.

»Was ist, Tobi?«, frage ich.

»Ich bin kein Spast.«

»Wer sagt das?«

»Ich sage das.«

»Ich meine, wer sagt, dass du ein Spast bist?«

»Niemand sagt das.«

»Na, dann ist doch gut.« Ich versuche Tobi in die Augen zu schauen, aber er starrt ungewohnt nachdenklich auf das Grab von Pfeffer und Salz.

»Rauchen kann tödlich sein«, sagt er plötzlich, dann marschiert er los.

»Oh Mann, endlich! *Toktoktok.*« Enna stöhnt leise. Dann lässt sie sich erschöpft auf den Hintern fallen.

»Fuck, ich dachte, jetzt sind wir am Arsch!«, zischt Vivien. »Was wollten die plötzlich alle hier?«

Ich verstehe nicht. »Was ist denn los? Ich habe mein Geld, wir machen nichts Verbotenes, warum sollten wir am Arsch sein?«

Enna schielt zum Loch. »Weil da unten noch was verbuddelt ist. Unter der Keksdose liegt was. Etwas Großes. Größer als die Kaffeedose zumindest. Und aus Metall. Deshalb hat der Detektor Alarm geschlagen. Wetten?«

»Und vielleicht sind die anderen nicht zufällig hergekommen?«, gibt Vivien zu bedenken.

»Aber warum haben sie dann nichts gesagt?« JJ steht auf der Leitung. »Wir hätten es doch zusammen rausholen können.«

»Vielleicht ist es Hehlerware? Noch mehr Zigaretten? Drogen? Irgendwas Krasses.« Viviens Augen leuchten abenteuerlustig. Für meinen Geschmack klingt das allerdings etwas zu abenteuerlich.

»Und die Omis?«, frage ich. »Was haben die damit zu tun?«

»Wissen davon? Die hängen doch ständig am Fenster oder aufm Balkon.«

»Glaub ich nicht. Außerdem wohnt Frau Lämmerhirte neben Enna und guckt zum Sportplatz.«

»Aber Frau Schnauz wohnt in der 0505! Sie sieht genau hier raus!« Automatisch gucken wir alle hoch zum Haus, dabei sitzen die zwei Omis friedlich auf der Bank am Sandkasten und trinken ihren Sekt. »Vielleicht haben sie deshalb gestern beim Plogging mitgemacht?« Vivien gibt nicht auf. »Sie wussten, dass hier was versteckt ist, und wollten nachsehen. Aber sie haben nichts gefunden, weil der Erdhaufen drüberlag. Und nun ist der weg und jetzt wollen sie …«

Enna sieht nachdenklich aus, aber ich schüttle den Kopf. »Was? Drogen, die Veit und Co hier verbuddelt haben, verticken? Ehrlich Leute, vielen Dank für euren Einsatz, ich bin echt superglücklich, aber ich denke, das reicht jetzt mit Schatzsuche.«

»Wieso? Hast du Schiss?« Vivien sieht mich provozierend an. Ich muss an ihre Ohrfeige denken. Und trete einen Schritt zurück.

»Hab ich nicht. Aber was willst du machen? Das Ding jetzt ausbuddeln? Geht wohl nicht. Nur für den Fall, dass hier wirklich jemand was versteckt hat, wird der die Stelle garantiert im Auge behalten. Und außerdem«, ich zeige Richtung Sportplatz, wo inzwischen auch die ersten Kindergartenkinder zu sehen und zu hören sind, »hätten wir wahrscheinlich jede Menge Zuschauer:innen am Start. Also wenn ihr mich fragt, ich würde jetzt am liebsten mein Geld in Sicherheit bringen und ein bisschen ... Ferien machen?« Vivien verzieht enttäuscht das Gesicht. Aber Enna springt plötzlich auf.

»Scheiße! Sorry ... Pimmel! Scheiße!« Ihre Stimme überschlägt sich fast, so aufgeregt ist sie. »Genau, Panda, das ist die Idee! Wir machen Ferien! Und was macht man in den Ferien?«

Enna sieht uns gespannt an. Die Zwillinge tauschen einen Blick, dann echot es. »Eis essen?«

Enna lacht. »Das auch, JJ! Was noch? Denkt mal an den Käse in ...?«

Mir schwant was. Vivien auch. Sie sprichts aus. »Du willst verreisen? Nach Amsterdam?«

»Nicht ich, wir!« Enna strahlt. Vivien nicht.

»Ich kann hier nicht weg.«

Auch JJ schüttelt den Kopf. »Wir haben doch kein Geld.«

Ich taste nach der Geldscheinrolle in meiner Hosentasche. Noch ist es da.

»Wir brauchen kein Geld. Und wir müssen auch nicht weg. Wir sind schon da!« Enna dreht sich mit ausgestrecktem Arm einmal um sich selbst. »Willkommen zum Camping-Urlaub in den Niederlanden!«

Senta bellt.

»Urlaub mit Hund!«

Liebeskummer lohnt sich nicht

»Wow, hast du das alles gemacht, Panda?«
Enna guckt sich meine Collage an, die sich mittlerweile über zwei Wände erstreckt, und auch JJ und Vivien stehen staunend davor. Erst jetzt fällt mir auf, dass sie ja noch nie in unserem Kinderzimmer waren.

»Ich wusste immer schon, dass du ein Nerd bist. Aber nicht, was du in deiner Freizeit machst«, selbst Vivi nickt anerkennend.

»Das sind nur Schnipsel aus alten Katalogen von Rike«, erkläre ich peinlich berührt, »aber alles Orte, die ich besuchen will.«

»Das sind doch keine Schnipsel, das ist ein richtiges Kunstwerk«, sagt Enna. »Es sieht aus wie ein eigenes Land. Fantasien oder so.« Ich widerspreche nicht. Denn bisher ist es ja auch bloß eine Fantasie.

»Und was ist das?« JJ zeigt auf ockerbraune Ausläufer der Collage, die sich wie die Wurzeln eines Baumes bis zur Fußleiste schlängeln und die ich aus verschiedenen italienischen Ruinen zusammengebastelt habe.

»Das hier steht in Rom. Das sind Teile vom Kolosseum und vom römischen Forum, da haben sie früher, in der Antike, ist also schon ewig her …«, ich komme ins Stocken, denn irgendwas stimmt nicht, aber es dauert, bis ich erkenne, was zwar farblich perfekt ins Bild passt, aber trotzdem nicht von mir stammt. Und das ist ein Fünfzig-Euro-Schein. »Das gibts doch nicht«, staune ich. »Die kleine Ratte! Das ist der Schein, den Omar und Veit gewonnen haben.« Jetzt gucken auch die anderen, und ich muss erklären. »Mein Bruder hat gesagt, ich soll raten, wo er sein Geld versteckt hat, und ich hab gesucht wie blöde, ich bin ungelogen alle meine alten Verstecke durch und ich habs nicht gefunden, dabei …«

»Hing es direkt vor deiner Nase! Die kleine Ratte ist ganz schön schlau, würde ich sagen.« Enna grinst.

»Aber auch nicht so schlau.« Vivien geht ganz nah an die Wand und kratzt mit dem Fingernagel über den Schein. »Der klebt eins a! Ist das Uhu oder womit hast du dein Kunstwerk befestigt?«

»Tapetenkleister«, seufze ich und zeige auf das Glas auf der Fensterbank.

»Na dann, das kann man mit Dampf ablösen, kein Problem«, beruhigt mich Enna. »Und du kannst es genauso machen, leg dein Geld einfach dahin, wo es niemand vermutet, aber jeder sieht.«

Ich ziehe den Gefrierbeutel aus der Hosentasche und sehe mich im Kinderzimmer um.

»Sollen wir rausgehen?«, fragt JJ, aber ich schüttle den Kopf.

»Quatsch! Wir sind eine Gang! Ohne euch wäre ich längst …«

»Pleite«, sagt Vivien trocken.

Und ich hebe meine Hand zum Schwur. »Ich werde euch nie vergessen. Und ihr kriegt mehr als ne Postkarte aus Amsterdam, das verspreche ich!« Dann schiebe ich meinen Schreibtisch vor den Kleiderschrank, steige auf die Tischplatte und hole den Monster-Dino vom Schrank. Als ich ihn hochnehme, lässt er sein Gebrüll los, wegen dem er auf den Schrank verbannt wurde. Sofort springt Senta auf und fängt an zu bellen. JJ hat alle Mühe, sie zu beruhigen.

»Alter, was ist das denn?!« Sogar Vivien ist schockiert. »Das ist ja gruselig!«

»Und lauter als Omars Löwengebrüll und mein Specht zusammen! *Toktoktok.*«

Ich zeige auf den Dino-Bauch, wo der kreisrunde Lautsprecher in Tarnfarbe eingelassen ist, den ich aber rausziehen kann, weil ich die Dichtung schon vor langer Zeit zerstört habe. »Das war ein Online-Fehlkauf zum Geburtstag«, erkläre ich. »Wir haben den Lautsprecher wohl übersehen. Und Omar hat sich beim Auspacken vor Schreck in die Hose gemacht. Ich hab dann das Teil rausgefriemelt. Aber ohne den Lautsprecher hat der T-Rex ein Loch im Bauch und das wollte Omar dann auch nicht. Also ist er nur zum Angucken gut. Und jetzt – gib mal das andere Geld, Enna, es liegt unterm Kopfkissen …«

Enna hebt das Kissen hoch und schüttet entsetzt den Kopf. »Was Besseres ist dir nicht eingefallen, Mr. X?« Dann wirft sie mir die erste Rolle zu und tatsächlich, es passt genau.

»Jetzt hab ich das perfekte Sparschwein!«, beende ich meinen Satz. Ich lasse alle drei Rollen im Bauch des Dinos verschwinden und setzte dann vorsichtig den Lautsprecher wieder ein, während Joy Senta die Ohren zuhält.

»Okay, das Geld ist in Sicherheit. Kommen wir jetzt zur Bucketlist.« Enna hilft mir, den Schreibtisch wieder zurückzuschieben. »Wer von euch hat einen Schlafsack und ne Isomatte?«

Jack und Joy sehen sich an. Dann nicken sie synchron. Vivien und ich müssen passen.

»Kein Problem«, sagt Enna. »Wir sind ausgerüstet für drei Personen, also los! JJ, ihr holt eure Sachen, und wir fahren zu mir und holen den Rest!«

»Ich muss auch mal kurz nach Hause, ich komme dann nach!«, sagt Vivien schnell und schon ist sie mit fliegender Mähne verschwunden.

»Okay, gut, dann wir zwei. Schaffen wir das, Panda?«

Ich nehme JJ die Leine aus der Hand. »Klar, wenn wir zuerst rüber zu den Weißhaupts gehen, damit Senta was futtern kann, können wir uns noch mal den Relax-Trolley ausleihen, dann muss es eigentlich passen.«

Enna sieht mich grinsend an, dann versucht sie die Augenbrauenwelle und streckt mir die geöffnete Hand hin. »Zwei Euro!«

»Wofür?«, will ich wissen.

»Einen für ›muss‹, einen für ›eigentlich‹.«

»Halsabschneider!«

»Halsabschneiderin!«

Während JJ zum Fahrstuhl geht, wechseln wir die Wohnung. Weil Senta vor der Tür mit dem Schwanz wedelt und jault, klingel ich, bevor ich dann doch mit dem Zweitschlüssel öffne, denn Herr Weißhaupt ist offensichtlich noch im Krankenhaus bei seiner Frau.

»Scheiße«, sagt Enna leise, die mir ins Wohnzimmer gefolgt ist, und ausnahmsweise bin ich mir nicht sicher, ob das ihr Specht oder einfach nur der Schock ist. Dabei ist gar nichts Schlimmes zu sehen. Kein Blut oder so was jedenfalls. In der Stube liegt bloß ein umgekippter Stuhl und daneben ein Handtuch mit Blumenmuster. Außerdem die Verpackung von einer

Spritze und – die Spritze. Senta schnüffelt an dem Handtuch, aber ich ziehe sie weg. Warum weiß ich nicht. Senta jault. Enna stellt den Stuhl auf und hebt erst das Handtuch und dann mit spitzen Fingern die Spritze und Verpackung auf und bringt sie über den Flur in die Küche und dort in den Müll. Anders als in den sanierten Wohnungen von uns oder den Richs gibt es bei Weißhaupts keine offene Küche, die durch einen Tresen abgeteilt ist, sondern eine extra Küche mit Durchreiche ins Wohnzimmer. Überhaupt sieht die Wohnung ganz anders aus, obwohl sie dieselbe Aufteilung hat. Doch die Weißhaupts haben sich ihr Zuhause wie eine Puppenstube eingerichtet. Eine Puppenstube mit Büchern, Bildern und Blumen.

»Wow!«, staunt Enna, die gar nicht weiß, wo sie zuerst gucken soll, so viel gibt es hier zu sehen. »Guck mal!« Sie zeigt auf eine Fotografie, die Frau Weißhaupt mit einem riesigen Stapel Bücher im Arm vor einem Bücherregal zeigt. »Und hier!« Auf dem Foto steht Frau Weißhaupt im Badeanzug neben ihrem Mann, der in Badehose auf einem Fahrrad sitzt. Um ihre Schultern liegt ein Blümchenhandtuch. Enna streicht nachdenklich über das Handtuch, das sie auf die Durchreiche gelegt hat. Sie sieht mich an. »Das kommt mit!« Dann schmeißt sie das Handtuch in den Relax-Trolley und Senta springt hinterher. Weil Senta noch nichts gefuttert hat, schnappe ich mir die Packung Trockenfutter und weiter gehts.

Im Fahrstuhl gucke ich auf meinem Handy nach, ob eine Nachricht von Herrn Weißhaupt gekommen ist. »Und?«, fragt Enna.

»Nichts«, antworte ich. Aber eine Nachricht von Rike kommt gerade rein.

Frau Stumpe: *Hey Chef, alles sauber? Wie liefs gestern noch?*

Ich tippe: *Alles supersauber! Danke für die Brötchen, das war echt spitze!*

Frau Stumpe: *Erinnerst du dich an den Mann, der gestern zu Besuch kam, als wir auf dem Parkplatz waren?*

Ich tippe: *Zu Besuch?*

Frau Stumpe: *Der mit dem Koffer.*

Ich tippe: *Leoparden-Koffer?*

Frau Stumpe: *Kennst du den?*

Ich tippe: *Der war nicht zu Besuch. Der wohnt hier.*

Frau Stumpe: *Weißt du zufällig, wie der heißt?*

Ich tippe: *Bernd Konopka.*

Ich warte, aber von Rike kommt nichts mehr.

Dann sind wir in der vierzehn. Während wir den Flur bis ans Ende laufen, erzählt Enna: »Wir haben ein Zelt, das geht supereinfach aufzubauen. Außerdem hätten wir einen Kocher und Campinggeschirr und ein paar Dosen haben wir auch immer da. JJ flippt garantiert aus, wenns heute noch was Warmes gibt.« Enna schließt die Tür auf. Kaum sind wir im Flur, hören wir die Stimmen aus dem Wohnzimmer. Enna runzelt überrascht die Stirn. Aber dann erkennen wir Cleo.

»Es tut mir leid, Stella. Es tut mir so so leid, ehrlich! Es tut mir leid. Glaubst du mir das? Stella? Bitte! Du musst mir das verzeihen.«

Ennas Mutter lacht gequält. »Ist ja gut, Cleo. Jetzt krieg dich mal wieder ein. Du hast doch gar nichts gemacht, also … jedenfalls nicht mir.«

»Ich hätte es dir sagen müssen.«

»Machst du doch gerade.«

»Ja toll, ich komme und schockier dich mit ner Horrorstory.«

»Bisher ist es noch keine Horrorstory. Soweit ich weiß, ist es nicht verboten, das Buch zu besitzen.«

»Aber Stella! Er … er hat gesagt, man sollte wissen, worüber man redet, wenn man über Deutschland redet.«

»Das kann alles heißen oder nichts. Vielleicht ist er Historiker.«

»So sieht er aus.« Cleo klingt wirklich verzweifelt.

»Oder er forscht privat. Vielleicht ist er Jude? Oder Pole? Vom Namen her könnte das hinkommen.«

»Und warum trägt er dann Germania auf seinem Arm? Und lauter so Runenzeugs?«

»Keine Ahnung, Cleo, echt nicht.« Ennas Mutter klingt müde.

»Aber du wohnst hier!«

»Na und?«

»Interessiert dich das denn gar nicht?«

»Doch, klar. Aber am meisten interessiert mich, wie es dir jetzt geht. Bist du okay?«

Enna und ich sehen uns an. Enna gibt mir ein Handzeichen, dass wir mit dem Relax-Trolley noch kurz im Flur warten. Dabei fällt mein Blick auf einen Leoparden-Koffer. Unterdessen geht im Wohnzimmer das Verhör weiter.

»Ich meine … kann er auch was oder redet er nur? Cleo? Komm schon! Butter bei die Fische. War es … lecker?« Die Antwort kommt so leise, dass wir sie nicht verstehen. Kurz ist Stille, dann hören wir wieder Ennas Mutter »Okay. Also eine Null-Nummer? Ich meine, scheiß auf die Tattoos, Cleo, wer weiß, von wann die sind, du glaubst nicht, was ich jeden Tag auf Arbeit weglaser. Ich habe einen Kunden, bei dem sitze ich seit über einem Jahr an dem Logo seiner ehemaligen Lieblingsband. Menschen machen Fehler. Menschen ändern sich und vielleicht ist er ja nur …« Ennas Mutter scheint nachzudenken, ihre Stimme zieht die Buchstaben in die Länge.

Wieder sagt Cleo etwas, das wir nicht verstehen. Dafür die Antwort von Ennas Mutter. »Ich weiß es nicht, Cleo. Ja, wahrscheinlich. Mein Ding ist das auch nicht. Ist das der mit dem Bart? So ein Bart wie dieser Fernsehkoch? … Ja genau der, aber nee, wann war der Knilch am Ruder, 1800, 1900? Keine Ahnung, jedenfalls noch vor dem Ersten Weltkrieg, oder? Der hat doch mit Hitler nichts zu tun. Soll ich nachgucken? Oder ich kann Enna mal fragen, ich glaub, die haben das gerade in der Schule.«

Senta schmatzt im Schlaf. Enna nickt mir zu, dann drückt sie die Klinke zum Wohnzimmer. »Mama? Was machst du hier, musst du nicht arbeiten?«, begrüßt sie ihre Mutter, die für einen Moment überrascht scheint, sich dann aber gleich wieder fängt.

»Hi, meine Süße, ich konnte früher Schluss machen. Wir haben Besuch, wie du siehst. Und gleich mal ne Frage an dich, Wilhelm der Erste, sagt dir das was?«

Enna zuckt mit den Schultern, dann dreht sie sich zu mir um und sieht mich fragend an. »Weißt du, wer das ist?«

»Oh, hallo, Firuz!« Ennas Mutter lächelt mich an. »Kommt doch rein.«

Ich lasse Senta stehen und gehe hinter Enna ins Wohnzimmer. Cleo, die uns hier letzte Woche chillig die Karten gelegt hat, sitzt auf dem Sofa und sieht total verheult aus. Ich sehe ganz schnell weg. Irgendwie ist mir das unangenehm hier. Und ich will mich auch nicht unbedingt als Streber outen. Aber das macht Enna schon. Sie grinst mich an.

»Ich wette fünf Euro, dass du das weißt. Pimmel!«

Ennas Mutter guckt von Enna zu mir und dann zieht sie genau wie Herr Weißhaupt ihr Portemonnaie aus der Handtasche und knallt einen Fünfer auf den Tresen. »Die Wette gilt!«

Irgendwie komme ich mir blöd vor. Ich muss an Vivien und an die Ohrfeige denken, die sie mir verpasst hat, weil ich einen Fünfer angeboten habe. Und sie hatte recht.

»Lass das, Stella, bitte, die Kinder haben nichts damit zu tun!«, mischt sich Cleo plötzlich ein.

Für einen Moment entsteht ein unangenehmes Schweigen, dann wechselt Ennas Mutter blitzschnell das Thema. »Und ihr, was macht ihr hier? Wie läuft eure Müllaktion? Seid ihr schon fertig mit Sortieren? Und habt ihr was Interessantes gefunden?«

Enna nickt und holt Luft. Kurz kriege ich Angst. Aber dann erzählt sie doch nur, dass wir alles erledigt haben und jetzt bis auf Weiteres Hundesitter sind, weil Herr Weißhaupt mit seiner Frau ins Krankenhaus gefahren ist und wir deshalb planen, heute Nacht unter der Trauerweide zu campen. Weshalb wir genau jetzt das Zelt aufbauen wollen.

Erstaunlicherweise erhebt Ennas Mutter keinen Einspruch. Nur Boulette gibt ihr zu denken. »Erlaubt der das denn? Ich weiß gar nicht, wen man da offiziell fragen müsste, aber ich könnte mir vorstellen, dass Herr Frydetzki sehr gerne um Erlaubnis gefragt werden will. Wenn ihr wollt, kann ich das übernehmen.«

»Nicht nötig«, antwortet Enna. »Boulette ist gar nicht da. Der liegt nämlich auch im Krankenhaus. Gerüchte besagen, er hatte ne große Klappe und sich mit den Falschen angelegt.«

»Ich hoffe, dass wart nicht ihr?« Ennas Mutter lacht gezwungen.

»Nee«, antworte ich und dabei beobachte ich Cleo aus den Augenwinkeln. »Angeblich waren das ein paar von den großen Jungs aus Turm eins. Oder der Bernd. Bernd Konopka aus der 1303, kennen Sie den schon? Der hat letzte Woche auf dem Fest die Musik aufgelegt.«

Cleo wird auf dem Samtsofa steif, bestimmt hält sie die Luft an und sieht unauffällig, aber trotzdem ängstlich zu ihrer Freundin. Doch Ennas Mutter nickt nur und schiebt ihrer Tochter den Fünfer über den Tresen. »Nehmt das mit und sagt heute Abend mal Gute Nacht, okay? Oder ich komme später mal runter. Darf ich oder ist dir das peinlich?«

Enna steckt den Fünfer ein. »Du darfst.«

Bevor wir die Tür zum Wohnzimmer hinter uns schließen, drehe ich mich noch mal um. »Wilhelm der Erste war König von Preußen und später der erste deutsche Kaiser und Begründer des Deutschen Reiches. Auf den meisten Bildern trägt er eine Pickelhaube. Das sieht ein bisschen, na ja, cringe aus, aber sie hat ihm bei einem Attentat das Leben gerettet. Da hat ein Gestörter dreißig Kugeln auf ihn abgefeuert. Das war übrigens das dritte Attentat, das er überlebt hat. Trotzdem war er beim Volk beliebt. Er hat nämlich gute Sachen gemacht. Zum Beispiel hat er Kinderarbeit verboten. Also … damals war das gut. Aber er hat halt auch Otto von Bismarck zum Ministerpräsidenten gemacht und der … na, den kennen Sie bestimmt, oder?« Frau Rich nickt. Und Cleopatra lächelt schief.

Während wir die Sachen, und es ist echt ne Camping-Ausrüstung mit allem Drum und Dran, unter die Trauerweide schleppen und das Zelt aufbauen, kriegt Enna sich nicht mehr ein. Sie will unbedingt von JJ wissen, ob ich der totale Überflieger in der

Schule bin, und kann dann nicht glauben, dass die beiden erst mal überlegen müssen. Dabei bin ich das echt nicht, ich kann mir halt gut Dinge merken, aber eben auch nur, wenn sie mich interessieren. Und meistens bringt mich das Wissen auch gar nicht weiter, weil es nicht das Wissen ist, das ich in der Schule brauche, erkläre ich, während ich die Heringe mit einem Gummihammer in den Boden haue.

»Ich google einfach schnell danach, weil ich mir doof vorkomme, wenn ich was Einfaches nicht weiß.«

»Aber Kaiser Wilhelm ist doch nichts Einfaches, das ist Geschichte, und Geschichte ist ewig kompliziert und lang!«, widerspricht Enna und das stimmt natürlich.

»Ist das der, der die dreißig Schüsse überlebt hat?«, fragt Jack sofort und Joy fügt hinzu »Den hatten wir im Unterricht.«

»Siehste«, sag ich zu Enna. »Manchmal lernt man auch was in der Schule. Oder es erklärt sich von allein.« Ich zeige auf das Wurfzelt, das sich ernsthaft von alleine aufgebaut hat, nachdem Enna es ohne Verpackung unter den Baum geworfen hat. »Aber andere Sachen sind schwieriger. Warum heißen die Heringe zum Beispiel Heringe. Weiß das zufällig jemand von euch?« Ich halte einen von den riesigen Plastiknägeln in die Runde, aber alle verneinen. »So«, erkläre ich Enna, »dann käme das jetzt auf meine Google-Liste für heute. Wenn ich abends im Bett liege, gehe ich die Liste durch und lese nach. Interessantes merke ich mir, das andere vergesse ich wieder.«

»Wieso erst abends?«, fragt Enna und zieht ihr Handy aus der Hosentasche.

»Weil ich dann WLAN habe und mir mobile Daten spare.«

»Gut«, sagt Enna, »aber weil du heute auf meiner Isomatte

schläfst, geb ich dir jetzt einen aus, Panda. Also der Zeltnagel heißt Hering wegen …«, Enna scrollt und liest vor, »… seiner Form! Er ist oben breit und endet unten mit einer Spitze. Heute gibt es Heringe aus allen möglichen Materialien, aber früher waren die aus Holz und erinnerten deutlich an die Form eines Fisches. Auch in Frankreich ist der Nagel nach einem Fisch benannt, dort heißt er Sardine.« Die Zwillinge, die schon eifrig dabei sind, das Zelt mit Isomatten auszulegen, stecken ihre Köpfe aus der Öffnung. Jetzt glotzen wir alle auf das rote Stück Plastik in meiner Hand, dann müssen wir grinsen. »Okay«, gibt Enna zu, »mit sehr, sehr, sehr viel Fantasie könnte es hinkommen.«

»Was macht ihr denn hier?«, meldet sich plötzlich Bernds Bass hinter dem Vorhang aus Ästen zu Wort.

Enna schiebt die Zweige zur Seite. »Wonach siehts denn aus?«

Bernd sieht sich um, lächelt. »Warum zeltet ihr hier? An der Kiesi drüben ists doch viel romantischer.« Er hält seine Angel hoch. »Wenn ihr wollt, kann ich euch ne schöne Stelle zeigen.«

»Danke, aber wir finden es hier schön und außerdem … ist das Zelten an der Kiesi verboten.« Bernd guckt kritisch, aber JJ weiß es genau.

»Das steht aufm Schild und die Jungs vom Sportplatz haben das auch gesagt.«

Bernd verzieht spöttisch die Mundwinkel. »Die Halbstarken? Die reden viel, wenn der Tag lang ist.«

»Aber sie habens schon mal gemacht und mussten sechzig Euro Strafe zahlen. Pro Person!«

Bernd lacht jetzt laut. »Echt? Selber schuld, sag ich da nur, man darf sich natürlich nicht erwischen lassen. Aber gut. Soll ich euch später einen Fisch vorbeibringen? Fürn Grill? Einen kleinen Hecht vielleicht? Ich kann euch auch bei der Zubereitung helfen.«

Niemand antwortet. Ich glaube, keiner von uns steht auf Fisch, nicht mal JJ, und außerdem wollen wir alleine sein. Aber wie sagt man das, ohne unhöflich zu werden? Ausgerechnet JJ traut es sich. »Sorry, wir nehmen bloß Heringe und Sardinen.«

Bernd sieht unschlüssig von einem zum anderen, schließlich sagt er »Okay«, rührt sich aber nicht vom Fleck.

»Okay«, sagt jetzt auch Enna. »Und Petri Heil!«

Jack und Joy reißen zeitgleich den Arm hoch, winken Bernd und verabschieden sich mit »Sport frei!« wieder ins Zelt. Da endlich setzt sich auch Bernd in Bewegung.

»Wieso sagt man Petri Heil bei Anglern, was soll das?«, frage ich Enna.

»Wieso lässt man sich Kaiser Wilhelm tätowieren, was soll das?«, antwortet sie mit einer Gegenfrage. Darauf habe ich allerdings keine Antwort. »Setzt es auf deine Google-Liste, darum kümmern wir uns später, wenns dunkel ist«, schlägt Enna vor. »Jetzt machen wir hier erst mal alles fertig und dann gibts Essen. Ich habe Megahunger. Was haltet ihr von Erbsensuppe?«

»Juhu!!«, kommt es zweistimmig aus dem Zelt. Während ich Senta ein bisschen Futter in den Trolley gebe, baut Enna den Kocher draußen vor dem Blättervorhang direkt über dem Grab von Pfeffer und Salz auf. »Sicher ist sicher,« sagt sie. »Wo bleibt eigentlich Vivi? Schreib mal, dass das Essen in zehn Minuten fertig ist.«

Ich tippe: *Essen ist fertig! Kommst du, Vivi?*, und schicke ein Foto. Die Suppe blubbert schon, als Vivien endlich antwortet.

Vivi: *Bei mir dauerts noch. Esst schon mal ohne mich. Hab eh keinen Hunger.*

Ich lese die Nachricht vor und Enna sieht nicht begeistert aus.

»Vivien isst fast nie was. Nur beim Sushi mit Cleo hat sie reingeleuchtet.«

»Reingeleuchtet?«

»Na zugeschlagen.«

Sofort fällt mir die Ohrfeige wieder ein. »Ich glaub, sie hat Stress zu Hause«, vermute ich vorsichtig, denn ich will nicht, dass es klingt, als würde ich über Vivien lästern.

»Mit ihrer Mutter oder mit ihrem Vater?«, fragt Enna und bevor ich antworten kann, meldet sich JJ aus dem Zelt.

»Sie hat doch keinen Vater, sie hat immer bloß die Typen von ihrer Mutter.«

Enna sieht mich fragend an. »Und da war wohl noch nie was Gutes dabei?«

Ich überlege, aber tatsächlich habe ich aus Vivis Mund noch nie was Gutes über die Männer von Frau Zieschank gehört. Aber so richtig was erzählt hat sie auch nie. Jedenfalls nicht, bevor Enna herkam. Erst seitdem Enna das von ihren Eltern verraten hat, lässt Vivi ein klitzekleines bisschen was durchblicken. Zum Beispiel hat sie uns erzählt, dass Bernd Konopka ihrer Mutter mal mit einem richtig fiesen Typen geholfen hat. Meistens macht sie aber auf cool. »Nee, ich glaube nicht. Frau Zieschank hat die Arschlöcher irgendwie abonniert. Warum, weiß niemand …«

JJ kommt aus dem Zelt gekrabbelt, Enna stellt den Kocher aus und ich schippe vorsichtig die Alubecher voll. Es dampft und wir pusten, bevor wir die ersten Löffel nehmen. Der Geschmack geht so, und es ist vielleicht auch ein bisschen zu warm für Suppe, aber es macht trotzdem Spaß, hier mit den anderen beim Abendessen zu sitzen.

»Herr Trautmann meinte mal, Viviens Mutter ist vom anderen Ufer«, sagt Joy plötzlich.

Enna sieht von ihrer Suppe auf. »Was?«

»Das ist eine Redewendung. Man sagt das und meint, jemand kommt von nem anderen Stern.«

»Okay. *Toktoktok*«, Enna ist interessiert, »damit kenne ich mich aus. Hat Frau Zieschank vielleicht auch einen Specht im Kopf?«

»Nö«, sagt Joy, »glaub nicht. Aber sie hat Frauen im Kopf. Keine Männer.«

»Ihr meint, sie ist lesbisch?«

»Nicht wir! Herr Trautmann meinte das«, korrigiert Jack.

»Wer ist Herr Trautmann?«, fragt Enna und Joy antwortet.

»Der wohnt bei uns aufm Flur.«

»Und Frau Trautmann meinte dann, Herr Trautmann sei bloß beleidigt, weil Viviens Mutter nicht auf ihn abfährt, sondern auf Maggie.«

»Maggie? Meint ihr DIE Maggie?«

»Nicht wir! Die Trautmanns meinten das!« JJ kann auch laut.

»Aber Tobi hat sie auch gesehen.« Der war eher leise. Und kam von Joy.

»Wen gesehen?« So langsam komme ich nicht mehr hinterher.

»Maggie und Frau Zieschank. Wie sie sich geküsst haben. Aber das ist schon lange her.« Der kam von Jack.

»Und jetzt kriegt Maggie ein Baby.« Und der vom Chor.

»Was?!« Enna sieht ehrlich entsetzt aus.

»Ein Baby!«, echoen die Zwillinge.

»Woher wisst ihr das?«, fragt Enna misstrauisch.

»Von Tobi.«

»Und woher weiß der das?«

»Na von Frau Zieschank.«

»Und woher weiß die das? Sie kann ja nicht der Vater sein.« Enna sieht mich fragend an. Aber ich kapiers auch nicht.

»Das ist mir zu kompliziert«, sage ich deshalb.

JJ nickt. »Das sagt Vati auch immer. Gefühle sind kompliziert. Und Liebeskummer lohnt sich nicht.«

Enna sieht aus, als würde sie atmen. Und zählen. Ich bin mir inzwischen sicher, ihre Zahl ist die Drei. Aber das mit den Babys klappt auch bei ihr nicht. Ihr Lächeln ist jedenfalls schief. »Okay, wollen wir uns dann etwas einfacheren Gefühlen zuwenden?«

Ich bin einverstanden. »Zum Beispiel, dass Bernd einen Crush auf Cleo hat?«

Enna sieht mich an. »Meinst du wirklich? Ist er der Typ mit dem Buch und dem Kaiser-Wilhelm-Tattoo?«

»Ich denke schon, jedenfalls hatte er gestern ihren Koffer in der Hand.«

»Hm. Also doch keine Fata Morgana?« Enna denkt nach. Schließlich sagt sie: »Cleo kann machen, was sie will.«

»Vielleicht kommt sie dann öfter zu Besuch?«, freut sich JJ und denkt dabei mit Sicherheit an die Schokoladenzigaretten aus Cleos Wunderkoffer.

Doch bevor Enna antworten kann, bekommen wir Besuch. Und zwar nicht zu knapp. Zuerst kommt mein Vater mit Omar vorbei, Kita ist also aus. Auf Erbsensuppe ist Omar nicht scharf, aber als er das Zelt unter der Weide entdeckt, sieht es für einen

Moment so aus, als wollte er zum Löwengebrüll ansetzen. Denn natürlich möchte er mit uns zelten. Papa versucht, ihn mit dem Versprechen auf Pommes im Paradies wegzulocken, aber selbst das gelingt nicht. Zum Glück zieht JJ ein Ass aus dem Ärmel. Oder vielmehr den Metalldetektor aus dem Busch. Joy zeigt, wie das Ding funktioniert, indem sie es anstellt und über den Kocher hält. Omar ist begeistert und will sofort die komplette Strandbar nach Geld und anderen Schätzen absuchen. Papa lacht und wünscht uns schon mal eine gute Nacht, dabei ist die noch lange nicht in Sicht. Vorher kommt noch Frau Schnauz vorbei. Dieses Mal ohne Rollator und ohne ihre Freundin Frau Lämmerhirte, dafür mit gefrorenem Kuchen.

»Zum Nachtisch. Weil der euch doch letztes Mal so geschmeckt hat. Und weil ihr so fleißig seid.« Tatsächlich hat sie uns vom Balkon aus gesehen. Und tatsächlich sieht JJ ein bisschen verliebt aus. Frau Schnauz lächelt verliebt zurück. »Habt ihr eigentlich schon angefangen, den Müll zu sortieren?«, will sie wissen. JJ sieht erschrocken zu Enna. Frau Schnauz auch. Grinsend. »Vielleicht findet ihr ja noch einen kleinen Schatz?«, flüstert sie. Ennas Auge beginnt zu zucken. Frau Schnauz antwortet mit einem Zwinkern. Dann dreht sie sich um. Doch bevor sie losgeht, sieht sie noch einmal zurück. »Falls ihr was findet, betrachtet es als Belohnung. Von einer alten Frau, die gestern vielleicht einen kleinen Sonnenstich abgekriegt hat und die ansonsten aber ganz klar im Kopf ist.« Sagts, winkt und geht.

Kaum ist sie weg, kommt Ennas Mutter runter. Sie bringt eine Schüssel, in die wir Wasser für Senta füllen können, die schon die ganze Zeit friedlich im Zelt döst, und ermahnt uns, ja kein Feuer zu machen, was Enna mit Leichtigkeit verspricht, schließlich warten wir ja nur darauf, dass es endlich dunkel wird und wir unbemerkt graben können. Doch bis dahin ist immer noch Zeit, es beginnt grade mal zu dämmern.

»Was macht man denn sonst noch so im Camping-Urlaub?«, will JJ wissen, als der Kuchen alle ist.

»Na ja, tagsüber besucht man Sehenswürdigkeiten und abends spielt man Spiele oder erzählt sich Gruselgeschichten«, weiß Enna. Und sie kennt auch eine. Wir kuscheln uns ins Zelt und Enna beginnt. »Ein ziemlich frisches Liebespaar fährt mit dem Auto in den Urlaub. Es ist schon mitten in der Nacht, als auf der einsamen Landstraße der Motor plötzlich röchelt, die Tankanzeige geht auf null, der Typi hats voll vercheckt. Er fährt das Auto auf den Seitenstreifen, damit sie nicht auf der Straße liegen bleiben. Dann geht er mit dem Kanister los, denn das Navi sagt ihm, die nächste Tankstelle ist zu schaffen. Er geht alleine, weil die Frau keinen Bock hat, schließlich ist es sein Auto, sie wäre sowieso lieber mit dem Rad in den Urlaub gefahren. Was aber nicht ging, weil er zwar viele Muckis hat, aber dadurch auch leider ziemlich unbeweglich ist. Er küsst seine Freundin zum Abschied und lacht, dass der erste gemeinsame Urlaub gleich mit einem Abenteuer beginnt. Sie lacht auch. Weil er eine Zwei-Kilometer-Wanderung fürn Abenteuer hält. Der Mann denkt, sie ist meine Traumfrau, wir haben denselben Humor. Als er in der Dunkelheit verschwunden ist, stellt die Frau im Auto ihren Sitz zurück und döst langsam weg. Doch in ihrem Traum geht sie dem Mann hinterher. Sie ist neugierig. Sie will ihn kennenlernen. So, wie er wirklich ist, wenn er sich unbeobachtet fühlt. Sie muss langsam gehen, damit er sie nicht bemerkt, denn er ist es auch. Bald sieht sie links die Tankstelle. Doch erstaunlicherweise wechselt der Mann nicht die Straßenseite. Er wirft nicht mal einen Blick hin. Er geht einfach vorbei. Die Frau ist irritiert, als der Typi plötzlich in der Dunkelheit verschwindet. Sie geht langsamer, immer langsamer. Es ist so dunkel, dass sie Angst hat, in ihn reinzulaufen, gleichzeitig hat sie aber auch Angst, die Lampe an ihrem Handy anzumachen. Wie soll sie ihm erklären, dass sie ihm nachgelaufen ist? Jetzt sieht sie seinen Schatten wieder vor sich. Sie sieht, wie der Benzinkanister in seiner Hand hin und her schwenkt. Doch dann hört das Schwenken auf. Die Hand mit dem Kanister hebt sich über den Kopf des Mannes, der sich jetzt gaaaaanz langsam zu seiner Verfolgerin umdreht. Dabei stößt er einen Laut aus, den sie tatsächlich noch nie von ihm gehört hat. Tief aus seiner Brust kommt dieser Ton, der ihr eine Gänsehaut bereitet. Der Frau ist plötzlich egal, was der Typ von ihr denken könnte, und knipst mit zitternden Händen die Taschenlampe an. Sie leuchtet direkt in sein Gesicht. Doch was sie da sieht, ist nicht, was sie erwartet hat. Es ist, es ist … die Frau versucht zu atmen, atmen, atmen …« Ennas Stimme ist zu einem Flüstern geworden. Sie sieht uns mit angsterfüllten Augen an. Wir alle hängen an ihren Lippen. »Nein, das ist nicht der Mann, den sie liebt, und ganz sicher nicht der Mann, mit dem man zusammen im Auto sitzen sollte, denn das hier ist ein, ist es ein …?«

»Monster!«, brüllt es plötzlich. Die Zeltplane wird aufgerissen und das Monster springt in unser Zelt! JJ schreit wie am Spieß. Senta springt auf und bellt wie verrückt. Und mir bleibt ungelogen das Herz stehen, ich schwöre.

Enna und Vivien rollen sich lachend über die Matten und kriegen sich nicht mehr ein. Es dauert eine Ewigkeit, bis wir anderen schnallen, dass sie uns reingelegt haben.

»Scheiße!«, stöhnt JJ. Und ich glaube, es ist das erste Mal, dass ich so was von den Zwillingen höre.

Eine Gruselgeschichte

Es dauert über eine Stunde, bis wir uns alle wieder beruhigt haben und zusammen lachen können. JJ muss zweimal aufs Dixi-Klo, so sehr ist denen der Schreck auf den Magen geschlagen. Oder vielleicht ist es auch die Erbsensuppe. Das Zelt müssen wir jedenfalls auch lüften, obwohl alle behaupten, sie waren es nicht. In der Zwischenzeit sitzen wir um das Grab und Enna quetscht mich über meine Google-Liste aus. Sie will unbedingt wissen, was ich in den letzten Tagen alles nachgelesen habe. Ich glaube, ihr tut es ein bisschen leid, dass ihre Gruselgeschichte so reingehauen hat, und will die Stimmung auflockern. »Leg los, Panda!«, fordert sie mich auf. Ich überlege. Bullenreiten fällt mir als Erstes ein.

»Ich habe mich gefragt, wo man sich beim elektrischen Bullenreiten festhält, also ob der Bulle ein Halfter hat. Hat er nicht. Er hat bloß so einen Haltegriff.«

Vivien guckt mich verständnislos an. Und Enna fragt: »Ist das jetzt ne Info, die du behältst oder die du wieder vergisst?«

Ich überlege. »Na ja, wahrscheinlich behalte ich sie, nicht weil sie irre spannend ist, sondern einfach weil ich jetzt mit euch drüber rede. Alleine deshalb kriegt es eine Bedeutung. Normalerweise denke ich mir ja meinen Teil nur. Aber wenn man Dinge laut ausspricht, auch vor anderen, dann werden sie größer, ist normal.«

»Ist es das?« Vivien bleibt skeptisch. Aber da fällt mir noch was ein.

»Außerdem hab ich gesehen, dass man sich die Bullen ausleihen kann, so wie die Zuckerwattemaschine neulich. Das fand ich interessant. Allerdings geht das bei 700 Euro für einen Tag los.«

»Alter, die haben sie doch nicht mehr alle! 700? Stell dir mal vor, du hast so ein Teil und verleihst das jeden Tag … das sind im Monat …«

»Über 20.000 Euro«, kürzt Enna ab. »Da gehen dann aber noch Reparatur, Wartung, Ersatzteile, Lagerung, Steuer etc. ab. Und Werbung, Werbung darfst du nicht vergessen, sonst erfährt es ja keiner. Da bleibt dir ungefähr die Hälfte.«

»Woher weißt du das?«

»Meine Mutter war mal selbstständig als Make-up-Artist, ungefähr so ging ihre Rechnung.«

»Aber selbst bei der Hälfte, bleiben 10.000 im Monat, das ist doch der Hammer! Ich meine, wieso machen wir nicht so was, anstatt Flyer zu verteilen oder Pommes zu verkaufen?«

»Wer verkauft Pommes?« Natürlich, das kann nur JJ fragen. Kaum ist der Magen wieder leer, denken sie ans Essen.

»Niemand, das war nur ein Beispiel.« Vivien winkt ab.

»Wir machen es nicht, weil wir keinen Bullen haben. Und auch nicht kaufen können, denn ich schätze, der kostet bisschen mehr als 700. Stimmts, Panda?« Enna sieht mich auffordernd an. Ich nicke, denn natürlich hatte ich die Idee kurz auch mal.

»Wie viel?«, Vivien ist angefixt.

Aber als ich »irgendwas zwischen 10.000 und 20.000« sage, ist es schon wieder vorbei.

»Fuck, wie soll man denn ordentlich Asche verdienen, wenn man dazu erst mal ordentlich Asche braucht? Kein Wunder, dass die Jungs Drogen verticken oder Zigaretten.«

Das sehe ich zwar anders, trotzdem möchte ich nicht schon wieder diskutieren. Stattdessen sage ich »Löwen brüllen tatsächlich. Sogar noch viel lauter als mein Bruder. Nicht, wenn sie im Zoo sind, denn da brauchen sie es nicht, aber wenn sie in Freiheit sind, dann ist das so was wie ihre Sprache und die kann man bis zu acht Kilometer weit hören.«

»Krass!« JJ ist wieder bei uns. Inzwischen ist es auch schon dunkel und nur vereinzelt hört man noch Geräusche vom Sportplatz zu uns rüberwehen.

»Ein Letzter noch, dann fangen wir an!«, entscheidet Enna mit Blick auf die Balkone. Hinter ein paar Scheiben flackern die Lichter von Fernsehern. Alle sehen mich gespannt an.

›Okay‹, denke ich, ›wir sind eine Gang und Regel Nummer vier lautet: Wir schämen uns nicht.‹ Daher sage ich: »Also. Ich hab gegoogelt. Pandas können schwimmen. Sogar die großen und dicken. Und deshalb kann ich es auch – lernen.«

Vivien runzelt die Stirn. »Das hättest du nicht googeln müssen. Logisch kannst du das. Wir zeigen dir, wie es geht. Aber erst mal graben wir. Wer weiß, vielleicht ist es ne Kiste voll Gold und dann überreden wir Enna, auf gar keinen Fall einen Aushang zu machen, sondern kaufen uns dafür einen Bullen und verdienen so viel Asche, dass wir alle zusammen auf Reisen gehen und auf der ganzen Welt in irgendwelchen Whirlpools rumliegen.« Vivi sieht sich um. Doch der Applaus bleibt aus. »Okay, ich seh schon, Märchen kommen nicht so gut wie Gruselgeschichten. Dann los jetzt, schaufeln wir das Grab wieder auf!«

Die erste Schicht ist einfach, weil Enna die Erde über der Keksdose nicht sonderlich festgedrückt hat. Wir graben mit den Händen und es dauert keine zehn Minuten, dann hält Joy die Meerschweinchen in der Hand. Wir legen sie ins Zelt, aber das gefällt Senta nicht. Sie schnüffelt an der Dose, heult kurz auf und dann kommt sie zu uns raus in die Dunkelheit. Sie legt sich neben den Kocher und sieht uns beim Arbeiten zu. Ab jetzt wechseln wir uns ab. Drei leuchten mit ihren Handys, zwei schaufeln. Schnell merken wir, dass wir das Loch deutlich vergrößern müssen. »Ich sag doch, da liegt ein Hund begraben«, schnauft Enna leise und klopft mit der Schaufel auf Metall. Das Loch ist inzwischen so tief, dass sie mit einem Bein reinsteigen kann, um das Ding an den Seiten freizulegen.

»Was ist das?«, flüstert Joy. Wir reden jetzt alle im Flüsterton, dabei ist weit und breit niemand zu sehen.

»Vielleicht ein Werkzeugkoffer?«, vermutet Enna, denn das Ding hat oben tatsächlich einen Griff. Doch Vivien gefällt eine Geldkassette besser. Sie ist total aufgeregt

»Stellt euch vor, jemand hat ne Fabrik überfallen, wo Geldscheine gedruckt werden. So wie in der Serie, habt ihr die gesehen? Firuz, kennst du die? Die, wo alle Gangmitglieder Städtenamen haben? Das müsste genau dein Ding sein! Du bist Amsterdam, oder nein, du bist der Professor, der alles weiß und den Durchblick hat.«

Ich hab nicht die geringste Ahnung, wovon sie redet, was daran liegen könnte, dass bei uns fast nie Serien laufen, es sei denn Dinos spielen mit. »Kenn ich nicht, was passiert da? Verbuddeln die das Geld?«

»Nee. In echt ist das alles ein großer Plan. Die nehmen in der Fabrik Geiseln, also Leute, die da arbeiten, und dann …«

»Das ist nicht echt, sondern ein Film!«, unterbreche ich, um JJ zu beruhigen.

»Und dann müssen sie sich den Weg freischießen oder sprengen und zum Schluss …«

»Sind alle tot. *Toktoktok.*« Enna hat eine Pause eingelegt. Ich kann ihre Augen nicht sehen, aber ihre Stimme verrät ihr Kopfschütteln.

»Nicht alle!«, protestiert Vivien leise. »Hast du die Serie gesehen?«

»Hab ich nicht. Die ist ab sechzehn. Aber ich hab gehört, wie sich Mama und Cleo drüber unterhalten haben. Erst waren sie totale Fans, aber dann ist irgendwas passiert, das fanden beide richtig kacke und dann waren sie irgendwann raus. Pimmel! Scheiße! Sorry.«

»Bestimmt wegen Berlin«, seufzt Vivien und klingt plötzlich traurig.

»Was?«

»Na, da gabs einen, der hieß Berlin. Der war erst voll nett. Und dann erst kam raus, dass er ein echtes Arschloch ist, aber so richtig. Der hat … ach egal.«

»Wieso guckst du überhaupt so nen Scheiß?«

»Das ist kein Scheiß! Das ist eine richtig geile Gang. Also, bis auf Berlin vielleicht.«

»Okay, aber jetzt kennst du uns. Wir sind deine Gang. Wir haben kein Arschloch dabei. Und wir müssen jetzt gemeinsam das Ding rausziehen. Also kommt mal ran.« Enna steigt aus dem Grab. Sie überlegt kurz, dann zieht sie ihre Turnschuhe aus und stellt sie auf gegenüberliegenden Seiten an den Rand der Grube. »Steckt eure Handys rein!« JJ und ich gehorchen. Enna verschiebt die Schuhe so, dass genug Licht von den Taschenlampen in das Loch fällt. »Und jetzt ihr zwei«, sie zeigt auf Jack und Joy »rechts und links auf die Knie! Und wir hier – auf den Bauch! Stellt euch vor, wir sind in der Muckibude, das da unten ist unser Gewicht. Mit der linken Hand stützen wir uns ab und gehen, während die rechte das Gewicht hochzieht, langsam in die Plank. Für den Fall, dass wir es nicht hoch genug kriegen, dass wir es zu uns rausziehen können, müsst ihr von den Seiten helfen. Bereit?«

Wir sind es. Und zusammen sind wir diesmal auch. »Bereit!«, flüstern wir im Chor. »Und los!«

Für einen Moment denke ich, es geht nicht. Oder jedenfalls nicht, ohne dass mein Arm abgerissen wird. Aber dann fühlt es sich plötzlich genauso an wie in der Kiesgrube, als die Welle von hinten kam und mich auf den Steg getragen hat. Diese Welle heißt JJ. Ausgerechnet die Kleinsten wuchten das Teil mit einem Ruck auf den Rand des Grabes, allerdings zur anderen Seite, haarscharf bis vor Ennas Turnschuhe, weshalb es jetzt wirklich mal finster ist.

»Alter!«, stöhnt Vivi und lässt sich neben mich auf den Rücken fallen. Nehme ich jedenfalls an, denn sehen kann ich sie nicht. Dafür die Sterne.

Enna hat denselben Ausblick. »Guckt mal nach oben, Leute, das ist so schön.« Einen Moment ist Stille, dann kichert Vivien.

»Na gut, also doch ein Märchen. Warten wir noch darauf, dass ne Sternschnuppe vorbeikommt und ich mir Kohle wünschen kann, oder machen wir die Kiste einfach so auf?«

Joy schnappt sich ihr Handy und holt Pfeffer und Salz aus dem Zelt. Während Jack die Keksdose mehr oder weniger sanft ins Loch gleiten lässt, spricht seine Schwester das Gebet. »Hallo, Gott. Ich sags, wie es ist. Wir glauben nicht mehr an dich. Weil, wenn es dich gibt, machst du echt viel dummes Zeug. Eigentlich genauso dummes Zeug wie Menschen. Nee, sag jetzt nichts, das wissen wir selber. Das sind alles Prüfungen. Und der Mensch wächst an seinem Leid. Aber wir haben genug davon, also. Nur für den Fall, dass es dich doch gibt: Sieh zu, dass Vati wieder gesund ist, wenn er nach Hause kommt. Und kümmere dich gefälligst um unsere Meerschweinchen. Lass sie Engel werden oder irgendwas Schönes. Amen.«

»Okay, jetzt die Kiste!« Jack schnappt sich mein Handy und beide Zwillinge leuchten für uns das Ding ab, das zu groß und massiv für eine Keksdose ist, aber nicht so groß wie unsere Werkzeugkiste und auch nicht so flach wie eine Geldkassette aus Gangsterfilmen – denn woanders habe ich noch nie eine gesehen. An der Seite stand wohl mal was drauf, aber das hat jemand mit Lack überpinselt.

»Vielleicht ist es eine Urne?« Enna denkt laut. »Die sind zwar meistens rund, aber genauso hässlich. Beim Bestattungshaus steht eine als Fußball getarnt im Schaufenster, habt ihr die mal gesehen?«

JJ nickt, dabei wackelt der Lichtstrahl der Lampen.

»Aber wenn hier jemand eine Urne verbuddelt hätte, dann«, Vivien denkt ebenfalls laut, »garantiert nicht leer. JJ? Werden tote Tiere auch, na … also bevor sie beerdigt werden … wie sagt man dazu?«

»Eingeäschert.« Mein Mund ist ziemlich trocken.

»Doch, schon«, weiß Joy. »Sogar die meisten Tiere werden verbrannt. Man kann die dann mit nach Hause nehmen oder beerdigen wie Menschen. Wenn man einen eigenen Garten hat, darf man die auch so beerdigen, also mit Fell und Knochen oder Gräten oder Federn, aber nur dann. Und natürlich nur, wenn sie keine krasse Seuche hatten.«

Wir starren alle auf die Kiste.

»Und wenn man … man keinen eigenen Garten hat? MUSS man sie einäschern, bevor man sie vergräbt? *Toktoktok.*«

JJ nickt.

So langsam bekomme ich Gänsehaut. »Scheiße! Und was passiert, wenn man sie nicht verbrannt hat und trotzdem irgendwo vergräbt, JJ?«

»Dann kriegt man ein Bußgeld.«

Enna atmet. Drei Mal. »Wie viel?« Die Zwillinge sehen sich an.

»10.000?«, fragt Joy ihren Bruder. Aber Jack zögert.

»Ich glaub 15.000. Aber sicher bin ich mir nicht.«

Enna zieht ihr Handy raus und leuchtet den Zwillingen mit der Taschenlampe ins Gesicht. »Das ist ein Scherz, oder?«

Die Zwillinge sehen Enna erstaunt an. »Nee, wieso?«

»Wieso?! Na weil wir hier heute ne fette Doppel-Beerdigung gefeiert haben! Mit Trauergästen sogar. Wenn das jemand von denen ausplaudert, dann sind wir dran. 15.000 Euro Strafe? Das ist Geld. Das ist sehr viel Geld. Das sind Schulden, von denen kommen wir nie wieder runter, egal wie viele Flyer wir austragen.« Es ist das erste Mal, dass ich Enna über Geld reden höre und es wirklich besorgt klingt.

Wieder sehen sich die Zwillinge an. Dann wandert ihr Blick zum Loch. Dann erst verstehen sie. Langsam, ganz langsam.

»Aber«, stammelt Joy und dreht sich einmal im Kreis um die eigene Achse, »das ist doch hier so was wie …«

»Unser Garten?« Enna schüttelt den Kopf. »Garantiert nicht.«

»Aber wir leben hier!« Jack zeigt auf den Turm.

»Na und? Gehört uns das Haus? Oder die Wiese? Nee. Wir sind verschissene Mieter:innen, die rausfliegen, wenn sie zweimal die Miete nicht zahlen.«

»Aber … uns verrät bestimmt niemand! Das sind doch unsere Freunde!« Joy klingt jetzt wirklich verzweifelt, doch Enna bohrt nach.

»Wer genau? Veit? Frau Schnauz? Frau Lämmerhirte? Tobi? Oder der Typ, der hier angeblich seine Zigaretten verloren hat?«

»Tobi ist unser Freund«, krächzt Jack.

Jetzt meldet sich Vivien zu Wort. »Das stimmt, Enna. Chill mal. Da wird nichts kommen. Da wette ich meinen Arsch drauf.«

»Woher willst du das wissen? Ist euch schon mal aufgefallen, dass Tobi immer die Wahrheit sagt? Er lügt nie.«

»Weil …«, Vivien denkt nach, wie sie es erklären kann, aber ich bin schneller.

»Weil Tobi nur was sagt, wenn man ihn fragt. Ganz konkret fragt. Und wer sollte das tun?«

Enna schwankt. »Was ist mit den anderen? Könnt ihr für die auch die Hand ins Feuer legen? Pimmel! *Toktoktok.*«

»Na, die werden erst recht die Kappe halten.«

»Wieso?« Jetzt leuchtet Enna Vivien ins Gesicht.

»Alter, Enna. Jetzt überleg doch mal!« Vivien verdreht die Augen. »Die haben doch alle selber Dreck am Stecken. Veit hat Sozialstunden an der Backe, der Fi…, der Asiate vertickt hier illegal seine Zigaretten. Und Frau Schnauz ist einfach …«

»Nett?« JJ klingt, als ob gleich die Tränen fließen.

»Genau, einfach nette Menschen gibts hier nämlich auch.«

Für einen Augenblick ist Stille. Dann atmet Enna geräuschvoll aus.

»Okay, Leute, wenn ihr das sagt. Dann lasst uns jetzt mal gucken, wie wir das Ding aufkriegen, und hoffen wir einfach mal, dass da nicht auch ne Leiche drin ist.« Wieder kriege ich Gänsehaut.

»Amen.« Vivi bekreuzigt sich theatralisch.

Und ein bisschen schlecht wird mir auch.

»Da ist keine Leiche drin!« JJ klingt plötzlich nicht mehr nach Tränen.

»Aha?«

»Sonst hätte Senta gejault«, erklärt Joy und leuchtet auf den Hund, der immer noch friedlich neben dem Kocher döst.

»Gut, dann … wer machts auf?« Enna leuchtet die Metallkiste ab. »Hier an den Seiten gibts Klappverschlüsse. Sieht aus wie bei meiner Brotdose, nur in massiv. Den Deckel kann man also komplett abnehmen.«

»Und was ist das?« Vivien zeigt auf Schlitze, die im Metall unter den Verschlüssen sind. »Belüftung?« Aber als Enna hinleuchtet, ist dahinter kein Hohlraum, sondern nur wieder Metall zu sehen.

»Ich weiß, was das ist!«, freut sich Enna. »So was hat der Schminkkoffer meiner Mutter auch, da kann man mit einer Klammer, die da reinkommt, mehrere Kisten aufeinanderstapeln.«

»Oh mein Gott!«, entfährt es mir. »Das heißt, theoretisch könnten da noch mehr …?« Irgendwie habe ich mir Campen nicht ganz so aufregend vorgestellt.

»Denk gar nicht erst drüber nach, Panda! Mach einfach auf! Los jetzt!« Enna leuchtet mir kurz ins Gesicht und zurück auf die Kiste.

»Warte!«, Vivien hat jetzt auch ihr Handy gezückt. »Wollen wir wetten? Kommt schon, Leute, das macht Spaß! Ich wette auf Geld oder Gold, eins von beiden.«

»Und wenn du gewinnst, darfst du es behalten?« Enna lacht leise. »Okay, ich denke, es ist was ganz Banales. Alte Socken oder … Konservendosen.«

»Menno, das wollte ich sagen!«, mault Jack.

»Alte Socken?«, fragt Enna.

»Nee«, antwortet Joy für ihren Bruder. »Aber was zu essen ist drin. Falls Krieg kommt oder so.«

›Das ergibt Sinn‹, denke ich. Und werde gleich noch aufgeregter. »Vielleicht waren die Omis deshalb hier. Die haben den Zweiten Weltkrieg mitgekriegt und einen Keller haben wir hier ja nicht, wo die was bunkern können.«

Jetzt kommt auch Enna ins Nachdenken. »Scheiße, das ist es! Pimmel! Krieg! Scheiße! Sorry.« Enna atmet. »Wisst ihr, was Prepper sind?« Wir wissen es nicht. Keiner von uns. »Ganz genau weiß ich es auch nicht, aber meine Eltern haben sich darüber gestritten, bevor sie sich getrennt haben. Während der Pandemie, da haben doch alle plötzlich Klopapier und Nudeln gekauft wie bescheuert, weil sie … keine Ahnung warum, Angst hatten, dass es nichts mehr gibt, wenn sich das Virus ausbreitet. Und dann gabs das tatsächlich nicht mehr, aber bloß weil die Leute das zu Hause massenweise gelagert hatten. Mein Vater hat da auch mitgemacht. Aber er hat nicht nur Klopapier gekauft, sondern auch ganz viel anderes Zeug, Batterien und Medikamente und Kerzen und Konserven und Wasser sogar. Er wollte vorbereitet sein für die Katastrophe. Meine Mutter war total genervt. Sie meinte, er sei ein richtiger Prepper, so nennt man nämlich die Leute, die sich auf Katastrophen vorbereiten, und das ist … das ist, Scheiße! Krieg! Sorry, das ist …«

»Das ist was?« Vivien wartet gespannt. Enna holt Luft.

»Das ist total unsexy!«

Vivi grinst. »Alte Socken sind auch unsexy. Gehts jetzt los, Türke? Ich verspreche, wenn Geld oder Gold drin ist, teil ich mit euch!«

Ich weiß nicht, warum ausgerechnet ich das Ding aufmachen soll. Und ich habe ein ungutes Gefühl. Aber ich beschwere mich auch nicht. Irgendwie ist das ja alles nur wegen mir passiert. Wäre ich nicht so blöd gewesen, meine Spardosen hier zu vergraben …

»Atmen, du musst atmen, Panda. Sieben Mal, dann Zunge gegen den Gaumen drücken, inneres Lächeln kommen lassen und dann ab mit dem Deckel! Hier, ich mach schon mal an den Seiten auf.« Die anderen leuchten und Enna öffnet die Klappverschlüsse. Danach mache ich es genau so, wie Enna es sagt. Ich frage mich zwar, woher sie weiß, dass die Sieben meine Lieblingszahl ist, aber dann ist es schon zu spät und ich reiße den Deckel von der Kiste. Wobei reißen gar nicht geht, denn der Deckel hat eine Gummidichtung und die macht eher so ein leises Furzgeräusch, als ich ihn abhebe.

Erst mal sehen wir nichts.

Nichts außer Papier. Packpapier liegt zuoberst in der Kiste. Trotzdem atmen wir auf. Niemand ist uns entgegensprungen und es müffelt auch nicht aus der Kiste. Vivien geht näher ran. »Jetzt Achtung«, flüstert sie geheimnisvoll und nimmt eine Ecke des Papiers in die Hand. »Nicht dass euch der Anblick des Goldes blendet. Seid ihr bereit?«

Wir sind es!

Vivi zieht das Papier mit einem Ruck aus der Kiste.

Wir gucken.

Und denken.

Und gucken.

Und denken.

Und gucken.

»Ist das Gold?«, fragt JJ schließlich verblüfft.

»Das ist kein Gold«, stöhnt Enna leise. »Das ist … ich glaube, das ist … das ist …« Sie sieht mich Hilfe suchend an.

»Munition?«

Enna nickt.

Puzzeln

»Scheiße, jetzt lasst uns mal denken. Wir müssen jetzt nachdenken!« Enna versucht ruhig zu klingen, aber ihr Atem sagt was anderes. »Wem gehört das, wer hats versteckt und vor allem warum?«

»Das gehört niemandem von hier.« Vivien drückt entschlossen den Deckel auf die Kiste und lässt die Schnappverschlüsse an den Seiten wieder einrasten. Dann macht sie ihre Taschenlampe aus.

»Was soll das heißen? Kennst du alle Menschen, die hier wohnen, das ist doch Quatsch«, widerspricht Enna. »Wir sind über neunzig Parteien im Haus, mal drei Häuser macht das 270 Wohnungen.«

Ich denke, die Rechnung stimmt zwar, aber … »Vivi hat recht, es gehört niemandem, weil Patronen nicht einfach mal so normalen Menschen gehören. Nicht in Deutschland. Sie gehören … keine Ahnung, der Polizei oder der Bundeswehr. Und die verbuddeln sie garantiert nicht irgendwo in der Stadt in einem Wohngebiet.«

»Okay, Scheiße! Dann sind sie eben geklaut, aber von wem und wozu? Ich meine, was macht ein normaler Mensch mit einer Kiste Munition?«

Es wird still, alle denken. Vivien ist als Erste fertig. »Also«, sagt sie langsam, »das ist wie mit den Drogen. Entweder der Typ vertickt das Zeug für richtig fette Asche oder … er will es selber benutzen.«

»Um jemanden umzubringen?« Ennas Stimme ist heiser.

»Denkst du, die Kiste kann explodieren?«, fragt mich Joy plötzlich, aber ich muss passen.

»Was weiß ich, keine Ahnung, wahrscheinlich nicht.« Neben mir wird Jack unruhig. »Auch nicht, wenn ein Bagger drüberfährt?«, fragt Joy nach.

»Ich muss mal!« Jack springt auf und stolpert durch die Dunkelheit zum Dixi-Klo. Enna stöhnt.

»Was machen wir jetzt, Leute? Das ist ne Nummer zu groß für uns, das ist kein geklautes Fahrrad. Das kriegen wir nicht alleine geregelt, wir müssen uns Hilfe holen.«

»Woran denkst du?«, frage ich vorsichtig.

»Ich weiß nicht, aber das Ding muss in Sicherheit gebracht werden.«

»Wohin?«, will Vivi wissen.

»Ich schlafe heute nicht im Zelt!« Joy steht auf und tippelt nervös von einem Fuß auf den anderen. »Stellt euch vor, hier gibts noch mehr davon.«

Enna seufzt und tickt. »Meine Mutter dreht durch, wenn sie das erfährt. *Toktoktok.*«

»Sollen wir Vati anrufen?« Jack ist wieder da.

»Um Mitternacht in der Reha? Spinnst du? Der kriegt doch einen Herzinfarkt«, widerspricht Vivien.

»Okay, dann fragen wir deine Mutti, oder was?« Jack ist gereizt, aber Vivien bleibt ruhig.

»Das geht nicht, um diese Zeit ist mit meiner Mutter nichts mehr los. Sie nimmt Schlaftabletten.«

»Wieso?«

»Damit sie schlafen kann?« Vivien sieht mich an. »Das braucht sie, um runterzukommen. Aber wir können gerne deinen Vater fragen, Türke, vielleicht puzzelt der uns das Rätsel zusammen?« Ich weiß, dass Vivi das nicht ernst meint. Trotzdem fühle ich mich genötigt darauf zu antworten.

»Ganz sicher nicht, Vivi. Das hier ist kein Spiel, sondern richtig krasser Scheiß!«

Vivien nickt. »Gut, wie wäre es dann mit Veit oder Yildiz?«

Enna sieht überrascht aus. »Was wollen wir mit denen? Die können uns doch nicht helfen. Das sind selbst noch Kinder. Vielleicht haben sie sogar was damit zu tun.«

»Was laberst du, was wollen die denn mit Munition?« Vivien wird sauer.

»Na verkaufen? Scheint ja hier normal zu sein. Scheiße!« Enna stöhnt und Vivien lacht leise.

»Nee, ist klar. Wie war das noch mit deinem Vater, der sich im Barockviertel auf den Weltuntergang vorbereitet? Voll normal.«

»Mein Vater ist … seltsam, ja. Aber er ist kein Mörder. Und er unterstützt auch keine Mörder!«, protestiert Enna schwach.

»Woher willst du das wissen? Hast du nicht gesagt, du weißt nicht mal, wo er lebt? Wer seine neuen Freunde sind? Dass er denkt, dass er verfolgt wird? Dass er nie auf deine Fragen antwortet und dir merkwürdige Videos schickt?«

»Das waren Katzenvideos, Vivi!«

»Na und? Auch Mörder können auf Katzen stehen. Was ich … was ich sagen will, es ist nicht immer so einfach, wie es aussieht.« Vivien redet sich in Fahrt, während in meiner Hosentasche das Handy vibriert. Ich versuche gleichzeitig zu lesen und Vivien zuzuhören, die einen richtig krassen Vortrag hält. »Veit vertickt Drogen, weil er mit seiner Mutter aus nem wirklich wichtigen Grund hier abhauen muss, und nicht, weil er ein Megaarschloch ist. Zeynap trägt Hidschab, weil es ihre Entscheidung und ihr Style ist, und nicht, weil sie von ihrem Vater oder ihrem Bruder dazu gezwungen wird, und …«

»Und Bernd Konopka hat seine merkwürdigen Tattoos nicht, weil er früher mal einen merkwürdigen Geschmack hatte, sondern, weil er ein Hardcore-Fascho ist!«

»Was?« Vivien sieht mich erschrocken an. »Was laberst du fürn Scheiß, Türke?«

»Das … das kommt nicht von mir«, verteidige ich mich. »Das schreibt Rike gerade.«

»Sonnenstunden-Rike?«, fragt Enna. Ich nicke, aber Vivien versteht nicht.

»Was hat die Bitch mit Bernd zu tun?«

»Sag nicht ›Bitch‹, das ist misogyn!« Enna verzieht das Gesicht.

»Miso-was?«

»Frauenfeindlich.«

»Siehst du!«, sagt Joy plötzlich zu Jack und dann zu mir: »Und was ist ein Hardcore-Fascho?«

Puh. Ist das alles anstrengend. »Fascho gleich Faschist, rechtsextrem … also, Rike kennt Bernd von früher. Und dann hat sie ihn von hinten aufm Parkplatz gesehen, als sie uns die Brötchen vorbeigebracht hat. Zuerst war sie sich nicht sicher, aber dann hat sie gefragt, ob ich den Mann kenne, und ich hab ›Na klar‹ gesagt und erzählt, dass Bernd mit Lenny hier wohnt. Und da war sie schockiert.«

»Weil er hier wohnt oder weil er ein Kind hat?« Vivien verdreht gelangweilt die Augen. »Sie wohnt wahrscheinlich in ner

Villa und ein Kind hat sie auch nicht, wetten? Vielleicht hat sie ja ein Problem?« Vivien will weiterlästern, aber Enna schneidet ihr das Wort ab.

»Und jetzt schreibt Rike was? Kannst du es vorlesen, Panda?«

Ich nicke und lese: *»Du musst unbedingt aufpassen, Firuz! Ihr alle, aber du besonders!* Ich frag warum und sie schreibt: *Bernd ist extrem nationalistisch. Und gewalttätig. Der schreckt vor nichts zurück!* Ich wieder: *Woher weißt du das?* Sie: *Ich war mal mit ihm zusammen. Und das war NICHT lustig! Bernd ist brutal. Glaub mir das BITTE!* Ich: *Zu uns ist er nett.* Sie: *Das ist er am Anfang immer. Außerdem seid ihr zu jung. Ihr seid höchstens interessant als Informanten oder Laufburschen. Hörst du, Firuz? Du darfst NIE NIE NIE einen Job von Bernd annehmen. Egal, was er dir anbietet. Und sag das auch deinen Freundinnen!«*

Plötzlich lacht Vivien laut auf. »Never ever! Das ist nie im Leben unser Bernd, wetten? Deine Tusse hat sich verguckt. Bernd ist … der ist voll nett! Und er hat meine Mutter vor diesem Pegida-Idioten gerettet, schon vergessen?« Vivien macht ihre Taschenlampe wieder an und leuchtet Enna ins Gesicht. Ennas Stirn hat eine Mega-Falte.

Jack sieht Joy an. Die nickt. Und fragt Vivien leise: »Hast du nicht selber gesagt, nichts ist so einfach, wie es aussieht?«

»Und dass Bernd den Typ von deiner Mutter kannte?« Jack spricht genauso leise. »Und dass er es ihm … so richtig gezeigt hat?«

Enna atmet schwer. Dann zeigt sie auf mein Handy. »Frag sie, Panda! Frag Rike nach dem Tattoo! Und gleich noch, ob ihr Lover Soldat war. Denn Bernd ist es angeblich. Und Soldaten haben Zugriff auf …« Ennas Blick wandert zur Kiste.

Ich überlege kurz, dann tippe ich. Ich spüre die Blicke der anderen und mein Herz klopfen, als ich auf Senden drücke. Während wir auf die Antwort warten, folge ich Ennas Gedanken. »So oder so, das Zeug muss weg! Wir können es hier nicht stehen lassen. Und schlafen können wir hier heute Nacht auch nicht. Das ist gruselig.«

»Wir können bei uns schlafen«, sagt JJ schnell. »Aber ohne die Kiste!«, bestimmt Joy.

»Wir stellen sie ins Dixi«, schlägt Jack vor. »Und schließen von außen ab, das geht.«

Mein Handy vibriert. Ich traue mich kaum hinzugucken. Atmen, atmen, atmen.

»Und?«, fragt Vivi betont lässig, aber ihre Augen sind verkniffen.

Ich schlucke, dann lese ich laut: »*Sorry, dass es gedauert hat, ich musste überlegen. Aber nein, Wilhelm der Erste ist das nicht auf Bernds Brust …*«

»Siehste!« Viviens Stimme kiekst vor Erleichterung, dabei bin ich noch gar nicht fertig.

Ich hole Luft und lese weiter: »*Auf Bernds Brust ist Otto von Bismarck verewigt. A.H. hätte ihm noch besser gefallen, aber das ist bei der Armee nicht erlaubt. Denn ja, Bernd WAR Soldat. Aber das ist lange her. Er wurde wegen schwerer Körperverletzung entlassen. Also BITTE, Firuz, haltet euch von dem Mann fern, er ist ein stinkendes Stück Scheiße! Entschuldige, aber das ist die Wahrheit.*«

»Woher will sie das wissen? Ich denke, sie hat keinen Kontakt mehr zu ihm?«

»Sie waren mal ein Paar, das hat sie doch geschrieben.«

»Ja und? Meine Eltern oder Ennas Eltern waren auch mal ein Paar und wissen trotzdem nichts mehr voneinander.«

»Aber ihr Reisebüro ist um die Ecke.«

»Und sie wusste nicht, dass er hier lebt? Für mich hört sich das komisch an. Wahrscheinlich hat er sie abserviert und sie ist bis heute eifersüchtig.«

»Auf wen denn?« JJ kommt nicht mehr mit. »Bernd hat doch gar keine Freundin.«

»Wie wärs mit Cleo? Die ist auf ihn abgefahren, Alter, da hats geknistert.«

Jetzt komm ich nicht mehr mit. »Aber das weiß doch Rike nicht. Sie war letzte Woche nicht auf dem Sommerfest. Ich hab sie überhaupt zum ersten Mal gestern beim Plogging hier gesehen.«

Vivien grinst. »Ach ja? Aber vielleicht war sie vorher in der Strandbar und hat sich bei Maggie die Tabletts für ihre Brötchen geliehen? Und vielleicht hat sie da zufällig Bernd und Cleo gesehen, wie sie geknutscht haben?« Viviens Augenbrauenwelle ist perfekt.

»Hast du sie dort gesehen? Bernd und Cleo?« Ennas Ton ist scharf. Und Viviens Antwort kurz.

»Hab ich.«

»Und warum hast du uns nichts erzählt?«

»Warum sollte ich? Sie werdens schon selber tun, wenn sie es wollen.«

»Du wusstest die ganze Zeit Bescheid und hast nichts gesagt?«

»Alter, Enna, was soll ich denn sagen? Deine Premium-Patentante hat ein Date mit Bohrhammer-Bernd?«

»Zum Beispiel.«

»Außerdem fand ichs voll süß. Ich mag die beide. Und dann hatte ich ja auch was anderes zu tun und habs vergessen.«

Enna guckt mich an. »Schreib noch mal! Frag Rike, woher sie das weiß mit der Körperverletzung!«

Diesmal stöhne ich. Wie soll ich das denn formulieren, ohne dass es richtig bescheuert kommt. Enna denkt dasselbe und macht mir Mut. »Frag einfach, Rike ist cool, sie wirds verstehen.«

Ich tippe: *Sorry, Rike, aber woher weißt du das mit der Entlassung? Bernd meint, er arbeitet noch als Soldat.*

Die Antwort kommt sofort.

Frau Stumpe: *Er lügt. Ich weiß es. Weil ich ihn angezeigt habe.*

»Pimmel! Scheiße! Scheiße! Scheiße! Pimmel!« Enna hält sich den Kopf, dann wird es ganz still.

»Alles gut?«, fragt JJ vorsichtig. Enna nickt verzweifelt. Vivien schüttelt den Kopf.

»Tut mir leid, aber ich kanns echt nicht glauben.«

Jetzt muss ich was sagen. »Du WILLST es nicht glauben, Vivi. Und das ist normal. Kein Mensch will enttäuscht werden. Schon gar nicht von Leuten, denen wir vertrauen. Niemand von uns will das. Weil das … schrecklich ist. Ich will auch nicht, dass mein kleiner Bruder mit einem Drogendealer spielt. Und ich will nicht, dass meine Eltern Schulden haben. Ich will glauben, was ich sehe. Wenn jemand nett zu mir ist, will ich den nett finden dürfen. Aber ich will auch den Leuten glauben, die mir etwas anvertrauen. So was Heftiges noch dazu. Hat Bernd dir schon mal was aus seinem Leben erzählt? Also ich weiß nichts über ihn. Außer, dass er angelt. Oder eigentlich auch nur, dass er eine Angel hat.«

»Er angelt wirklich, er hat mir mal einen Fisch vorbeigebracht.« Enna klingt müde. »Oder war der für Cleo? Ich weiß es nicht, ich weiß gar nicht, was wir jetzt machen sollen.«

Aber JJ weiß es. Und das überrascht uns wohl alle. »Wir stellen die Kiste ins Klo, bauen das Zelt ab und dann rufen wir die Polizei! Los jetzt!«

Mein Herz klopft bis zum Anschlag, als wir die Munition über die Baustelle zum Dixi-Klo schleppen. Obwohl es nur ein paar Meter sind, kommt mir der Weg unendlich lang vor. Wir tragen immer zu zweit und gehen im Schneckentempo, während die anderen drei den Boden vor uns ableuchten, damit niemand von uns stolpert. Nach jedem Meter setzen wir vorsichtig ab und wechseln. Wir reden nicht, wir atmen nur. Ich bereue, dass ich so wenig Filme gucke. Ich weiß wirklich nichts über Patronen. Können die explodieren? Wie sehen die aus, wenn man sie leer geschossen hat. Dürfen die nass werden? Tausend Fragen rattern mir durch den Kopf. Kurz vor dem Ziel wuselt mir plötzlich Senta zwischen den Beinen durch und mein Herz macht noch mal einen Sprung. Doch Joy ruft sie mit einem Laut, der Ähnlichkeit mit Ennas *Toktoktok* hat, zu sich und Senta folgt sofort. Jack hält uns die Tür zum Klo auf und Vivien weicht angewidert einen Schritt zurück. »Igitt.«

»Ich hatte Durchfall«, entschuldigt sich Jack leise. »Und vor mir war auch nicht sauber.«

»Wenigstens ist das Zeug sicher, hier geht keiner freiwillig drauf.«

Vivien geht zur Seite und als wir an ihr vorbei sind, leuchtet sie von hinten über unsere Köpfe. Enna und ich halten die Luft an, als wir uns mit der Kiste in die Kabine schieben.

»Jetzt«, flüstert Enna. Wir lassen die Kiste vor dem Klositz runter und treten nacheinander ins Freie. »Puh.«

Vivien schließt schnell die Tür. Dann untersucht sie das Plastikschloss, dass normalerweise von innen zu verriegeln ist. »Ich krieg das hin!«, zischt sie und zieht ihr Schnappmesser aus der Hosentasche. »Packt schon mal zusammen.«

Mir ist komisch dabei, Vivien bei der Munition zurückzulassen. Enna ganz offensichtlich auch, sie murmelt etwas, das wie googeln klingt, und ich frage mich ernsthaft, warum ich nicht daran gedacht habe. Als wir unter der Trauerweide angekommen sind, scrollt Enna immer noch. JJ krabbelt sofort ins Zelt und fängt an, unsere Schlafsäcke und Isomatten zusammenzurollen. Ich ziehe außen eilig die Heringe aus dem Boden, ohne Enna aus den Augen zu lassen.

»Und?«, flüstere ich, als ich einmal rum bin, sie hebt den Blick und der ist besorgt, soweit ich das in der Dunkelheit erkennen kann. Doch gerade als sie den Mund aufmachen will, klingelt das Telefon in ihrer Hand. Enna zuckt zusammen, als hätte sie sich verbrannt.

»Scheiße!« Enna tippt hastig auf dem Display rum, bevor sie es ans Ohr presst. »Mama? Was ist los?« Enna lauscht und ich mit ihr. Die Zwillinge werfen die ersten Rollen aus dem Zelt. »Nein, also ja, alles gut, uns gehts gut. Krieg! Wieso seid ihr noch wach? Musst du morgen nicht arbeiten? Also heute?« Während Ennas Mutter redet, baue ich den Kocher ab, packe das Geschirr zusammen und verstaue die Sachen, die JJ aus dem Zelt wirft, im Relax-Trolley. »Okay, gut«, höre ich Enna sagen und dann: »Schläft Cleo schon? Oder kann ich ihr noch mal Gute Nacht sagen?« Ich beobachte Enna, die jetzt auf ihrer Unterlippe kaut und wartet. »Cleo?«, flüstert sie dann endlich. »Ich wollte … Krieg!«, Enna holt so schwer Luft, dass sogar Senta kurz zu ihr hochguckt, » … dich was fragen. Darf ich dich was fragen, Cleo?« Ich denke, Cleopatra sagt Ja, denn Enna holt noch mal Luft: »Es ist wegen Bernd. Ich weiß, dass du ein Date mit ihm hattest. Und ich weiß, dass mich das nichts angeht, aber … aber bist du verliebt? Krieg! Scheiße! Sorry. Ich meine, hast du vor, ihn wiederzusehen, also das wirst du wahrscheinlich, wenn du uns besuchst, aber ich meine treffen, so richtig, mit Verabredung und … und keine Ahnung … Zukunft?«

Ich höre, dass ich nichts höre. Enna sieht angespannt aus. Aber dann redet Cleo. Enna lauscht und nickt und schließlich sagt sie »Ja. Also nein, ich bin nicht enttäuscht, ich bin froh, wenn du ihn nicht wiedersiehst, ihn nie wiedersiehst. Ich glaube … ich vermute … er ist nicht so nett, wie er aussieht. Verstehst du, was ich meine? *Toktoktok.*« Und Cleopatra versteht offensichtlich. Denn Enna nickt wieder und jetzt sieht sie erleichtert aus. »Gut, dann reden wir morgen. Schlaf schön, Cleo.«

»Was hat sie gesagt?«

Die Zwillinge stecken ihren Kopf aus dem Zelt, denn sie wollen die Antwort auch hören.

»Cleo sagt, Bernd ist ein … Arsch. Sie hat Arsch gesagt.«

»Und was sagt Google?«

Sofort guckt Enna wieder auf ihr Handy, wischt einmal über das Display und liest: *»Zum Zünden von Patronen ist ein Schlag mit dem Schlagbolzen auf den Zündhütchen notwendig. Das Pulver kann außerdem explodieren, wenn die Temperaturschwelle überschritten wird.«*

»Was für eine Temperaturschwelle?«, frage ich »Wo liegt die? Reichen 35 Grad Sonneneinstrahlung auf ein Dixi-Klo aus, damit das Klo in die Luft fliegt?«

Enna zuckt mit den Schultern. »Was weiß ich denn? Davon steht hier nichts. Aber hier steht: *Von Kampfmitteln können Explosionsgefahr, Vergiftungs- und gesundheitsschädigende Gefährdungen, Brandgefahr und umweltschädigende Gefahren ausgehen! Je länger die Kampfmittel in der Erde liegen, desto gefährlicher werden sie!*«

»Damit sind aber bestimmt Bomben oder Handgranaten oder irgendwas aus dem Zweiten Weltkrieg gemeint, etwas, das vergessen und verschüttet wurde.«

»Google mal Metalldetektor und Patrone«, sagt Jack plötzlich.

»Ja, stimmt, dazu stand was in der Anleitung!«, erinnert sich Joy. »Da gibts nämlich auch Leute, die suchen am Strand gar kein Geld, sondern … Patronen? Ich glaub, die machen da Halsketten draus.« Enna scrollt weiter, während JJ und ich versuchen das Wurfzelt zusammenzulegen, was viel komplizierter ist, als es aufzubauen, vor allem im Dunkeln.

»Wartet!«, ruft Enna plötzlich aufgeregt, »Hier steht tatsächlich was: *Wenn dein Fundstück eine scharfe Patrone z. B. für eine Handfeuerwaffe ist, solltest du diese vorsichtig in einen sicheren, verschließbaren Behälter legen und bei der nächsten Polizeidienststelle abgeben. In der Regel können diese Patronen gefahrlos transportiert werden. Wenn du ganz sichergehen willst, rufe die Polizei.*«

Jack reißt uns das Zelt aus der Hand und stopft es samt Tasche einfach in den Trolley. »Ich will sichergehen. Also los jetzt! Wir sind hier fertig.«

»Wo bleibt Vivi?« Enna leuchtet zum Dixi-Klo, aber das Licht reicht nicht aus, deshalb läuft sie ein paar Schritte und bleibt dann wie angewurzelt stehen. »Scheiße! Scheiße! Scheiße!«, zischt sie und macht das Handy aus.

»Wer ist da?«, fragt JJ ängstlich und zeigt dahin, wo gerade noch ein großer, dunkler Schatten zu sehen war.

Enna stolpert zurück. »Pimmel! Arschloch!«, antwortet sie keuchend. Und ich befürchte, sie hat schon wieder recht.

Schöne Scheiße

»Warte doch. Ich kann dir helfen, die Tür aufzumachen. Kein Problem, ich hab ne Zange dabei. Falls sich mal einer fies verhakt. Muss ja nicht sein, dass der Fisch leidet, bevor ich ihm einen überziehe.«

Als wir uns nähern, lehnt Bernd gerade seine Angel an die Seitenwand des Klos, stellt den Eimer mit seinem Fang daneben, geht in die Hocke und öffnet dann seinen Angelkasten, der tatsächlich aussieht wie eine kleine Werkzeugkiste. Vivien, mit dem Messer in der einen und dem Handy in der anderen Hand, sieht auf ihn herab.

»Aber …«, Bernd schaut zu Vivi auf und verzieht angewidert das Gesicht, » … ich würde an deiner Stelle lieber in die Büsche gehen. Das stinkt ja mit Tür zu schon bestialisch.«

Wir machen alle gleichzeitig unsere Lampen an. Ich kann die Fassungslosigkeit in Viviens Gesicht erkennen. Und die Überraschung in Bernds. Der dreht sich noch in der Hocke zu uns um. »Hoppla!« Er lacht. »Okay, ihr müsst wohl alle? Notfall? Was gabs zu essen? Na dann: Augen zu und durch.« Bernd erhebt sich schwerfällig, reicht mir die Zange, damit ich sie halte, während er sein T-Shirt auszieht und es sich als Mund-Nasen-Schutz umbindet. Dabei redet er unaufhörlich weiter. »Warum geht ihr nicht rein zum Kacken? Ist doch viel gemütlicher. Keinen Bock auf eure Ellis? Wenn ihr wollt, könnt ihr meine Toilette benutzen. Ich wollte sowieso was mit euch besprechen. Ich könnte nämlich eure Hilfe gebrauchen.« Die letzten Worte hören wir durch den Stoff nur noch gedämpft. Bernd sieht uns fragend an. Vivien leuchtet auf seine nackte Brust. Wobei die nicht wirklich nackt ist. Es gibt sogar ziemlich viel zu sehen.

»Ist das Otto von Bismarck?«

»Kennst du?« Bernd nickt anerkennend.

Aber Vivien verzieht keine Miene. »Hässlicher Typ.«

Bernd lacht. »Kann nicht jeder so hübsch sein wie du.«

Vivien geht näher zu Bernd und beleuchtet das Tattoo. Dann zeigt sie mit dem Messer darauf. »Warum hast du den auf deiner Brust?« Fast berührt Viviens Messerspitze die Pickelhaube von Bismarck. Bernd zieht sich mit der rechten Hand die Vermummung von Nase und Mund, mit der linken umschließt er Viviens Messer und biegt es einfach so von sich weg.

»Weil das ein guter Mann war. Der hat noch für Recht und Ordnung gesorgt.«

»*Blut und Eisen*?«, liest Vivien den Text unter dem Tattoo. »Was bedeutet das?«

»Dass er durchgegriffen hat. Nicht so viel gequatscht. Einfach mal gemacht hat der.«

»Und jetzt ist er tot«, stellt Vivien fest.

»Genau!« Bernd lacht wieder. »Deshalb müssen wir jetzt übernehmen. Ich fang mal mit dem Klo an.« Er zieht sich sein Shirt wieder hoch über Mund und Nase und dreht sich zur Tür um, doch Vivi tritt blitzschnell mit dem Fuß dagegen.

»Die bleibt zu!«

Bernd dreht sich verdutzt um. »Gute Idee.« Er mustert uns. »Wollt ihr doch bei mir gehen?«

Vivien schüttelt den Kopf. »Wir müssen nicht. Wir …« Sie sieht uns an und ich denke, ich hoffe, ich bete, dass es ein

Zwinkern ist, das ich bemerke, denn genau jetzt sagt sie das Unfassbare. »Wir haben was gefunden und dadrinnen versteckt. Etwas Gefährliches. Und jetzt überlegen wir, die Polizei zu rufen.«

Bernd wirkt null schockiert. Maximal nachdenklich. Er sieht auf das Messer in Vivis Hand, dann nimmt er das Shirt endgültig ab und sieht uns abschätzend an. Ein leichtes Lächeln liegt um seinen Mund. Ich beobachte ihn genau.

»Für ne Stinkbombe rückt die Bullerei aber nicht aus, das sag ich euch gleich.«

»Krieg!« Ennas neuer Tick bringt es auf den Punkt. Jetzt ist Bernd überrascht.

Vivi nickt besorgt. »So siehts aus. Es ist ne Kiste. Wir wissen nicht, was drin ist, sieht aber schwer nach Krieg aus. Waffen, Munition, whatever. Jedenfalls nichts, was in zarte Kinderhände gehört.« Bei »zarte Kinderhände« weiß ich, dass Vivien hier eine Show abzieht. Eine, die wir noch nicht kennen.

»Kann ich die Kiste mal sehen? Ich bin Soldat, ich kenn mich damit aus.« Er fragt nicht, wo wir die Kiste herhaben. Vivien zögert.

»Ich weiß nicht, Bernd. Ich hab voll Schiss, dass dir was passiert.«

»Was soll mir denn passieren?« Bernd lächelt zuversichtlich.

»Stell dir vor, da ist ne Bombe drin oder so.«

Plötzlich meldet sich JJ: »Uns hat sie auch weggeschickt.«

Bernd nickt. Dann beugt er sich zu Vivien und fasst ihr ins Gesicht. Zärtlich. Trotzdem zuckt Enna neben mir zusammen.

»Aber Bomben werden nicht in Kisten transportiert. Keine Angst, schönes Mädchen. Wahrscheinlich ist es was Harmloses. Ich gucks mir an, okay?«

»Und wenn du in die Luft fliegst, was sollen wir dann Lenny erzählen?« Vivien schmachtet Bernd verzweifelt an. Verdammt, sie ist wirklich eine saugute Schauspielerin. Sie sollte nicht in den Zirkus, sondern nach Hollywood gehen.

Bernds Lächeln wird breiter. Doch dann verschwindet es ganz plötzlich. Er nimmt seine Hand aus Vivis Gesicht. »Dann sag ihm, dass sein Vater ein freier Soldat war und er sich gefälligst gerade machen soll für seine Heimat. Wir sind das Volk. Niemand sonst. Verstanden?«

Vivien sieht traurig aus. »Ich glaub schon.« Sie schiebt ihr Messer seitlich in das Türschloss und mit einem kleinen Klacken geht die Tür auf. »Haste ne Taschenlampe am Handy? Da drinnen ist es dunkel.«

»Ich hab was Besseres.« Bernd wirft mir sein Shirt zu und macht sich an seiner Angelkiste zu schaffen. Ich fühle das Shirt und denke: Warum immer ich? Bin ich sein Diener? Dann setzt Bernd sich eine Stirnlampe auf und schaltet sie ein. Das ist kein Lichtstrahl. Sondern ein Scheinwerfer. Ich werfe Bernd sein Shirt zu.

»Bist du bereit?«, fragt Vivi mit zitternder Stimme. Und diesmal ist das Zittern echt.

»Klar.« Bernd lacht jetzt nicht mehr. Er bindet sich den Mundschutz wieder um und betritt das Dixi.

Doch Vivien lächelt. »Ich lehn die Tür an, okay? Das ist zu extrem. Du sagst, wenn du Hilfe brauchst?«

Vivien drückt die Tür mit dem Fuß ran, sodass nur ein kleiner Spalt offen bleibt. Dann leuchtet sie sich ins Gesicht. Ich sehe ihre aufgerissenen Augen, das Fragezeichen, die Panik, mit der sie uns anschaut. Neben mir atmet Enna schwer und versucht ihre Ticks zu unterdrücken. »Krieg! Scheiße! *Toktoktok.*«

»Was jetzt?«, schreit JJ lautlos. Wir hören, wie im Klo die Schnappverschlüsse geöffnet werden. Vivien zählt bis vier. Dann schiebt sie die Klinge ihres Messers in den Türschlitz und holt Luft.

»Und?«, fragt sie durch den Spalt. »Was ist drin, Bernd?« Wir hören das Papier rascheln, dann ein Räuspern.

»Das ist nichts. Da hat bloß jemand seinen Müll vergraben.« Vivien dreht sich zu uns um, sieht mir in die Augen, steckt ihr Handy blitzschnell in die Hosentasche und öffnet die Tür ein Stück weiter. Ich leuchte rein. Bernd klemmt kniend auf dem Boden vor der Kloschüssel mit dem Rücken zu uns und drückt schnell den Deckel zurück auf die Kiste.

»Woher weißt du, dass die Kiste vergraben wurde?« Viviens Stimme ist jetzt fest. Bernd stoppt in seiner Bewegung, sein Rücken wird steif. Ich kann hören, wie er denkt.

»Na … ihr habt doch gesagt, ihr habt sie gefunden?«

»Gefunden ist nicht ausgegraben.«

Bernd versucht sich aus der Hocke umzudrehen. Doch das Dixi ist zu eng für ihn. Sein Kopf schafft es gerade mal bis zur Seite. Seine Stirnlampe zeichnet einen grellen Kreis auf die blaue Plastikwand vor ihm.

»Ist das deine Kiste?« Ich leuchte auf die Hälfte von Bernds Gesicht, die zu uns zeigt.

Bernd kneift geblendet die Augen zusammen. »Ey!«

»Ist das deine Kiste?«, wiederholt Vivien mechanisch.

»Das ist nicht meine Kiste.« Bernd schnauft.

»Warum lügst du dann?«

»Fuck, jetzt nimm die Lampe aus meinem Gesicht, Türke!«

Meine Hand beginnt zu zittern. Das Licht flackert über Bernds Gesicht. Bis Vivi meine Hand mit ihrer fest umschließt.

»Firuz ist kein Türke. Merk dir das!«

»Ach so?« Bernd versucht ächzend aufzustehen.

»Und du bist kein Soldat!«

»Wer sagt das? Der kleine Ziegenficker?«

Vivi lässt meine Hand los. Sie schubst mich zur Seite und wirft sich gegen die Tür, die donnernd zuschlägt. Dann schiebt sie blitzschnell ihr Messer ins Schloss und lässt es stecken.

»Was soll die Scheiße? Mach die Tür auf, Vivien Zieschank!« Bernds Stimme klingt gedämpft durch die Tür. Dafür sauer. Richtig sauer.

»Was die Scheiße soll? Das frag ich dich, Bernd Konopka! Was machst du mit einer Kiste Munition?«

Im Dixi wird es plötzlich still. Und auch draußen bei uns könnte man eine Stecknadel fallen hören. Wenn nicht Senta plötzlich aus dem Dunkeln angetrabt käme. Sie bleibt bei JJ stehen und fängt an, das Dixi anzuknurren. Das kehlige Geräusch macht mir eine Gänsehaut.

»Vivien?« Bernd hämmert von innen gegen die Tür. Ängstlich beobachten wir das Messer, das im Schloss wackelt. »Wir können über alles reden. Die Kiste … gehört zu einem … Geheimauftrag, verstehst du? Ich darf da jetzt noch nicht drüber sprechen, du musst mir einfach vertrauen. Du kannst mir vertrauen, das weißt du doch, Vivien? Wir sind doch Freunde? Ich meine … deine Mutter und ich, wir … wir kennen uns schon so lange …«

Enna sieht Vivien an. Die lehnt jetzt mit dem Rücken gegen die Tür, lauscht und hat dabei die Augen geschlossen. Auf einmal treten die Zwillinge zu Vivien und lehnen sich rechts und links neben sie ebenfalls gegen die Tür. Bernds

Klopfen verstummt, genauso wie Sentas Knurren. Ich stelle mir meinen Vater vor, wie er auf dem Amt sitzt und versucht keine Gefühle zu haben. Doch meine Stimme klingt mehr wie die von Tobi, robotermäßig.

»Hier spricht Firuz, Herr Konopka.« Enna sieht mich überrascht an. Dann nickt sie. »Und ich frage Sie, sind Sie Faschist?« Enna nickt wieder. Merkwürdigerweise werde ich immer ruhig, wenn ich ihr in die Augen schaue. Fällt mir gerade auf. »Wurden Sie deshalb aus dem Dienst bei der Bundeswehr entlassen?«

»Wer erzählt so was?« Die Stimme aus dem Klo klingt leise und gefährlich.

»Das tut hier nichts zur Sache.«

»Die Kanaken vom Sportplatz? Oder Boulette, die alte Schwuchtel?« Es rumpelt im Dixi, wahrscheinlich versucht Bernd gerade aufzustehen.

JJ kriegt große Augen und Angst, das kann ich sehen. Senta knurrt.

»Wurden Sie wegen Körperverletzung gegen Ihre Lebensgefährtin verurteilt, Herr Konopka?«

Augenblicklich ist Stille.

Dann folgt ein heftiger Schlag oder Tritt gegen die Tür. Viviens Augenlider fliegen auf.

»Diese Bitch, ich bring sie um, die dumme Sau!«

Bernd flucht und dann geht alles ganz schnell. Wir folgen Vivien, die das Kommando gibt: »Los!«

Vivien löst sich von der Tür und rennt im Dunkeln um das Klo herum auf die Rückseite, wir stolpern blind hinterher.

»Scheiße! Pimmel! Krieg!« Enna schreit beinahe. Senta bellt.

Ich kann Vivi nicht sehen, aber ich fühle sie neben mir. Sie greift meinen Arm und zieht mich zurück. »Mit Anlauf, Leute! Es muss auf die Tür fallen, es muss! Drei, zwei, eins!«

Dann stürmen wir los.

Der Knall ist weniger laut, als ich gedacht hatte. Es hört sich eher an wie ein dumpfer Schlag, als das Klo nach vorne auf den matschigen Boden kippt. Am lautesten ist die Kiste, die durch das Dixi rutscht. Und dann Bernd, den die Kiste wahrscheinlich erwischt hat und der jetzt mit Senta um die Wette jault. Mein Herz hämmert so schnell wie noch nie. Ennas auch. Wir denken dasselbe, das weiß ich. Irgendwo vor uns, ziemlich weit oben im Turm, geht ein Licht an und eine Balkontür auf.

»Ruhe, ihr Spinner!«, schallt es zu uns. »Sonst komm ich da mal runter!«

Tatsächlich hört Bernd sofort auf zu jammern.

Erst jetzt fällt mir auf, dass der Mond inzwischen über dem Turm steht und unsere Mitbewohner:innen perfekte Sicht auf den Platz haben müssen. Ich gehe hinter dem umgeworfenen Klo in Deckung und bedeute den anderen, es mir nachzumachen.

»Wir wollten doch auf Nummer sicher gehen!«, jammert JJ plötzlich leise. »Das Zeug kann explodieren. Dann sind wir die Mörder.«

Vivi starrt uns an. Ihr Blick ist seltsam leer. Auf einmal tut sie mir schrecklich leid.

»Alles in Ordnung, Vivi?«, fragt Enna. »Bist du verletzt?«

Vivien schüttelt langsam den Kopf. Öffnet den Mund und schließt ihn wieder. Atmet. Vier Mal, lächelt gequält und versucht es dann noch einmal. Diesmal klappts: »Wir gehen, Leute. Hier stinkts gewaltig nach Scheiße!«

Eins, eins, null

Während uns Bernd aus seinem Gefängnis abwechselnd leise verflucht, beschimpft oder anbettelt, ihn rauszulassen, rennen wir zurück zur Trauerweide, schnappen uns wortlos und in Windeseile den Relax-Trolley und unsere restlichen Klamotten und sprinten damit über die Baustelle ins Aquarium. Erst dort im Neonlicht sehen wir uns wieder in die Augen.

»Wohin jetzt?«, fragt Enna keuchend und Jack zückt den Schlüssel, doch ich habe eine bessere Idee. Schließlich ist die Nacht noch nicht vorbei und die Lage nicht unter Kontrolle. Außerdem können wir unmöglich aus der Wohnung der Palaskes die Polizei rufen. Wenn die bei einem Kollegen anrückt, kriegt Herr Palaske womöglich ein Problem. Und ich finde, davon haben wir eindeutig genug an der Backe. Jetzt ist Ruhe und Besonnenheit angesagt. Das findet Senta anscheinend auch. Mit letzter Kraft wackelt sie vor uns die Treppenstufen in den ersten Stock hinauf und sieht mich dankbar an, als ich bei den Weißhaupts leise die Wohnungstür aufschließe. Auch wenn es nichts Gutes vermuten lässt, dass Herr Weißhaupt noch immer bei seiner Frau im Krankenhaus ist, bin ich froh, dass wir hier sein können. Denn niemand von uns wohnt auf dieser Seite des Hauses. Und so haben wir unser größtes Problem zumindest im Blick.

Wir stapeln unseren Krempel im Flur und ich bitte alle, ihre dreckigen Schuhe auszuziehen und im Badezimmer in die Wanne zu stellen. Niemand spricht ein Wort und sogar JJ wäscht sich freiwillig die Hände mit Seife. Senta springt auf die Couch und kuschelt sich auf ihre Decke. Während ich in der dunklen Stube den Vorhang zur Seite schiebe, aus dem Balkonfenster auf die Baustelle schaue und beruhigt feststelle, dass das Dixi-Klo scheinbar noch genauso im Dreck liegt, wie wir es verlassen haben, macht Enna in der Küche ein kleines Licht über dem Spülbecken an und füllt Gläser mit Leitungswasser, die sie auf die Durchreiche stellt. Erst da bemerke ich, wie durstig ich bin. Wir alle. Joy stürzt gleich zwei Gläser hintereinander hinunter, dann rülpst sie. Jack kichert. Das tut gut.

»Lass das große Licht lieber aus!«, sagt Enna plötzlich, weil sie Viviens suchenden Blick bemerkt. »Wir können auch im Dunkeln denken.«

Vivien lässt sich erschöpft auf den Teppich sinken. »Ich weiß nicht, ob ich heute überhaupt noch denken kann«, stöhnt sie leise.

»Also ich kann auch besser denken, wenn ich was gegessen habe«, kommt es prompt aus der Küche, wo Jack gerade die Schränke der Weißhaupts inspiziert. Schließlich kommt er mit einer Packung Kekse zu uns zurück. Er sieht mich flehend an und hebt seine Finger zum Schwur. »Ich krümel nicht, versprochen.« Dann setzt er sich zu seiner Schwester auf den Boden.

»Muss man als Soldat eigentlich auch was schwören? Dass man seinem Land dient und alle Gesetze einhält oder so?«, fragt Joy. »Polizisten müssen das.«

Wie auf Kommando heben Bruder und Schwester die rechte Hand. »Ich schwöre, das Grundgesetz der Bundesrepublik Deutschland und alle geltenden Gesetze zu wahren, so wahr mir Gott helfe«, trällern sie im Chor.

Plötzlich kommt Vivien aus der Rückenlage hoch und setzt sich aufrecht hin. »Vielleicht ist das der Grund? Gott hat Bernd nicht geholfen, die Gesetze einzuhalten.«

»Vielleicht ist Bernd aber auch einfach zu blöd und kennt das Grundgesetz nicht?« Enna klingt ärgerlich. »Ehrlich, Vivi, das kannst du jetzt nicht Gott in die Schuhe schieben. Was Bernd braucht, ist Gehirn. Und wir brauchen jetzt …«

»Ein Telefon!«, werfe ich ein. »Wir müssen die Polizei rufen. Jetzt! Das Klo bewegt sich!«

Alle springen auf und drängeln sich zu mir ans Fenster. Das Dixi leuchtet im Mondlicht. Tatsächlich sieht man die schaukelnde Bewegung nur, wenn man genau hinschaut.

»Scheiße!« JJ überrascht mich schon wieder.

»Wer ruft an?« Enna zieht ihr Handy aus der Hose. Ich muss nicht lange überlegen. Wegen mir hat das alles angefangen und ich bringe es jetzt zu Ende.

»Ich machs. Von … meinem Handy! Wenn sie kommen, geht ihr ins Treppenhaus und ich sage … die Wahrheit. Ich bin der Hundesitter und schlafe heute hier. Wenn ich Glück habe, klingeln sie meine Eltern nicht mitten in der Nacht aus dem Bett.«

»Aber vielleicht nehmen sie dich mit auf die Wache?«, gibt Enna zu bedenken.

Vivi nickt. »Da kommt so oder so was nach, darauf kannst du dich verlassen, für uns alle!« Das gefällt mir nicht.

»JJ lassen wir raus! Wir sagen, wir waren zu dritt campen und haben die Kiste zu dritt gefunden.«

»Und wenn sie graben und Pfeffer und Salz finden?« JJ ist nervös.

»Dann – tut mir leid – kennen wir die nicht, nie gesehen, JJ! Es sind nicht unsere Meerschweinchen, verstanden? Denn selbst wenn wir unser ganzes Geld zusammenschmeißen, reicht das niemals für ein Bußgeld wegen Falsch-Beerdigung.«

»Warum müssen wir überhaupt nach irgendwas gegraben haben, Panda? Warum sagen wir nicht, dass wir Bernd beim Ausgraben der Kiste erwischt und ins Klo gelockt haben?« Enna tickt, während sie spricht, und auch in meinem Gehirn geht gerade die Post ab. Zum Glück antwortet Vivien.

»Schon mal einen Krimi gesehen, Rich Girl? Spurensicherung? DNA? Wir haben alles angetatscht. Außerdem ist es nicht die Wahrheit. Bisher ist gar nichts bewiesen. Nicht mal Bernds Schuld. Das muss die Polizei machen. Und die holen wir jetzt!«

Alle starren mich an. Ich ziehe das Handy raus. Meine Hände zittern etwas. In die Stille sagt Enna: »Noch einmal ›Rich Girl‹ und du fängst dir eine, okay, Ghettoqueen?«

»Okay«, antwortet Vivien, ohne den Blick von meinen Händen zu nehmen.

»Welche Nummer?«, frage ich JJ, weil ich gerade Blackout habe.

»110«, kommt es im Chor zurück.

»Aber … muss ich nicht irgendwas mit der Stadt vorwählen?«, stammle ich.

JJ schüttelt energisch den Kopf. »Das erkennen die automatisch.«

»Auch meine Handynummer?«

JJ nickt.

»Und wenn ich die unterdrücke?«

»Die Polizei kann das trotzdem zurückverfolgen, kein Problem.«

»Na gut«, seufze ich und ergebe mich endgültig meinem Schicksal.

»Mach laut!«, befiehlt Enna und ich gehorche. Dann wähle ich die 110. Es klingelt genau einmal, dann geht schon jemand ran. Eine Frau, vermute ich wegen der Stimme.

»Polizei Notruf Sachsen. Wie kann ich Ihnen helfen?«, fragt sie. Plötzlich bin ich sehr aufgeregt.

»Sie … Sie müssen herkommen. Jemanden herschicken, meine ich. Wir … also ich habe eine Kiste gefunden. Und die kann explodieren, weil der Mann … also da ist Munition drin, Patronen oder so was.«

»Ganz ruhig«, unterbricht die Frau mich freundlich. »Wie ist denn Ihr Name? Und von wo rufen Sie an?«

»Ich heiße Bu…« Plötzlich reißt Joy mir das Handy aus der Hand.

»Hallo? Wir rufen aus der Endestraße Nummer drei an. Das ist stadtauswärts der vorderste der drei Türme, gegenüber von der Kiesgrube. Da wo normalerweise der Zirkus gastiert und vorgestern der Großeinsatz der Feuerwehr wegen dem Rohrbruch war. Wir haben danach hier etwas aufgeräumt. Und dabei haben wir eine Metallkiste gefunden. Die ist randvoll mit Munition. Wir wollten sie in Sicherheit bringen und die Polizei rufen. Aber dann ist ein Hausbewohner gekommen und wollte uns die Kiste abnehmen. Er wurde aggressiv. Da haben wir ihn eingesperrt.«

»Moment!«, unterbricht die Beamtin scharf. »Nicht so schnell. Wo befindet sich diese Kiste jetzt?«

»In einer Toilette auf der Baustelle. Draußen vor dem Haus. Es ist ein Dixi-Klo. Ein blaues. Es gibt nur eins.«

»Und der Mann?«

»Er ist auch da drin.«

»Ist die Toilette versperrt? Oder weshalb kommt er nicht heraus?«

»Wir haben sie umgekippt, sie liegt auf der Tür. Aber er versucht sie von innen zu drehen. Er ist sehr stark.«

»Wissen Sie, ob der Mann bewaffnet ist?«

Kurz ist Stille. Joy sieht nachdenklich aus. Dann antwortet sie. »Also, er hat auf jeden Fall tausend Schuss Munition. Ist das bewaffnet?«

»Befinden sich weitere Personen in der Nähe der Kiste?«

Ich gucke aus dem Fenster und schüttle den Kopf.

»Nein«, sagt Joy schnell.

»Können Sie Angaben zu der Person machen, die sich in der Toilette befindet?«

»Er heißt Bernd. Bernd Konopka. Und er wohnt hier im Haus.«

»Endestraße 3, ist das richtig?«

»Ja. Er wohnt in Wohnung 1303.«

»Wissen Sie, ob sich weitere Personen in der Wohnung aufhalten? Angehörige? Freunde?«

Jetzt wird Joy unruhig. Sie beginnt im Zimmer auf und ab zu laufen. »Er hat einen Sohn. Lenny. Der ist fünf.«

»Aber der ist bei seiner Mama«, flüstert Enna Joy zu. »Scheiße! Krieg! *Toktoktok.*« Enna versucht leise zu ticken, die Beamtin hat es trotzdem gehört.

»Was haben Sie gesagt?«

Joy sieht uns Hilfe suchend an.

»Von wo rufen Sie an? Und wie ist Ihr Name?«

»Pimmel!« Enna beißt sich in die Hand.

»Jetzt passt mal auf, falls das hier ein Scherz sein soll, ist das ein ganz schlechter …«

Jetzt reiße ich Joy das Handy aus der Hand. Senta wird wach und spitzt auf der Couch die Ohren. Ich versuche meine Stimme zu dämpfen und nicht zu aufgeregt zu klingen. Beides gelingt mir nur semigut.

»Hallo? Hören Sie mich? Das ist kein Scherz! Bernd Konopka war früher Soldat. Vielleicht ist er es noch. Das wissen wir nicht genau. Was wir wissen, ist, dass er mit einer Kiste Munition von der Baustelle verschwinden wollte. Und jetzt in einem beschissenen Dixi-Klo damit festsitzt. Er hat uns mehrfach bedroht und auch damit gedroht, jemanden umzubringen. Und es wäre wirklich sehr prima, wenn Sie jetzt jemanden schicken könnten. Möglichst schnell, denn wir haben wirklich große Angst, dass uns das Ding hier um die Ohren fliegt.«

Jetzt ist am anderen Ende Stille. Wir hören ein Knacken in der Leitung und ein Rauschen. Dann spricht plötzlich eine Männerstimme.

»Hallo? Hier spricht Raiko Schmidt, Einsatzleiter. Herr …? Wie war noch gleich Ihr Name?«

Ich atme.

»Bulut. Firuz Bulut.«

»Herr Bulut. Befinden Sie sich mit Ihren … Freunden derzeit in Sicherheit?«

Ich gucke aus dem Fenster. Das Dixi-Klo liegt noch auf der Tür.

»Ja. Wir sind im Haus.«

»Dann bleiben Sie bitte, wo Sie sind, Herr Bulut. Verlassen Sie nicht die Wohnung! Sie nicht. Und keiner Ihrer Freunde. Haben Sie mich verstanden?«

»Ja.«

»Wir haben Ihre Nummer, Herr Bulut. Wir melden uns bei Ihnen.«

»Gut.«

»Herr Bulut, wie alt sind Sie, wenn ich fragen darf?«

Darf er nicht, beschließe ich, und lege auf.

Wir drehen die Couch zum Fenster um, damit wir den Überblick haben. Enna löscht das kleine Licht in der Küche. Ich öffne die Balkontür. Die Luft ist warm, trotzdem hole ich Frau Weißhaupts Wolldecke aus dem Schlafzimmer und lege sie uns über die Beine. Dann warten wir. Wir sitzen eng aneinandergekuschelt und starren angespannt aus dem Fenster auf das Dixi-Klo. Rechts neben mir schnarcht Senta auf JJs Schoß, wahrscheinlich wird sie gestreichelt. Ich werde von Enna ins Bein gekniffen.

»Wie spät?«, flüstert sie. Ich versuche an mein Handy zu kommen, aber als ich es endlich aus der Tasche gefummelt habe, ist es aus.

»Mist, Akku ist alle«, flüstere ich.

Und von links außen flüstert Vivi: »Zwanzig nach zwei.«

Dann sind wir wieder still.

»Wenn das Handy aus ist, kann es nicht geortet werden«, sagt Jack plötzlich beschwingt. Doch ich bin mir gar nicht sicher, ob das gut ist. Schließlich habe ich meinen Namen genannt. Und der steht auch bei uns an der Tür. Was ist, wenn die Polizei bei meinen Eltern klingelt? Enna scheint meine Gedanken schon wieder zu erraten. Sie legt mir ihre Hand aufs Knie und kommt mit dem Mund so nahe an mein Ohr, dass es beim Flüstern kitzelt.

»Mach dir keinen Kopf, Panda. Du kannst es jetzt eh nicht ändern. Außerdem ist deine Mutter cool. Sie wirds überleben, falls ne Uniform vor der Tür steht.« Dann starrt Enna wieder geradeaus. Doch ihre Hand lässt sie liegen. Wir warten und dabei glotzen wir wie die Dummis in die Dunkelheit. Bestimmt sehen wir total bescheuert aus. Ich muss an Omar denken und wie er aussieht, wenn er voller Spannung vor dem schwarzen Bildschirm sitzt und darauf wartet, dass Papa oder ich seine Dino-Serie anmachen. Weil wir übers Internet und nicht über Antenne oder Kabel gucken, dauert es manchmal, bis die Verbindung hergestellt ist. Manchmal so lange, dass wir schon denken, unser Fernseher hat nun endgültig den Geist aufgegeben, und dann, bäm!, erscheint das Bild ganz plötzlich doch. Und je nachdem, wer vorher am Apparat war, kann es sein, dass auch der Ton so reinknallt, dass wir alle richtig erschrecken. Aber demnächst gibts ja Glasfaser, da wird das wohl hoffentlich schneller gehen.

Neben mir gähnt Jack ausgiebig und Joy fängt an zu zappeln, weil sie aufs Klo muss. Gerade als ich mich ziemlich frustriert beschweren will, dass die Polizei uns entweder vergessen oder den Anruf nicht ernst genommen hat, ruckelt draußen das Dixi. Und dieses Mal so, dass wir es sofort erkennen und auch hören können. Nach den ersten Rucklern bewegt sich die blaue Box erst langsam, dann schneller von rechts nach links und zurück und scheppert dabei jedes Mal dumpf. Meines Erachtens muss Bernd sich der Länge nach ins Klo gelegt haben und mit seinem massigen Körper von innen abwechselnd gegen die Seitenwände rollen, damit das Teil ins Schaukeln geraten kann. ›Gar nicht mal so bescheuert‹, denke ich und frage mich gleichzeitig, ob er es mit dieser Technik schafft, eine ganze Seite weiter zu kippen. Denn mehr braucht es nicht, damit die Tür frei ist. Den Gedanken, was die Munition zu den Erschütterungen sagt, versuche ich zu verdrängen.

Vivien lässt sich lautlos von der Couch gleiten, legt den Finger an die Lippen, krabbelt zur Balkontür und zieht sie am unteren Rand für uns auf. Wir machen es ihr nach und watscheln in der Hocke wie die Entenküken von der Kiesi hinter ihr her. Auf dem Balkon müssen wir aufpassen nirgendwo anzustoßen und nichts umzuwerfen, denn die Weißhaupts haben neben den Blumenkästen noch jede Menge Blumen in Töpfen und Schalen hier rumstehen. Endlich haben wir uns auch hier in einer Reihe positioniert und alle haben zumindest ein Guckloch zwischen den Pflanzen ergattert. Nervös und auch ein bisschen ängstlich verfolgen wir Bernds Fluchtversuch. Denn was wird er machen, wenn er freikommt? Was wird er mit uns machen? Heimlich bete ich zu Gott, Allah, Buddha und meiner Mutter, dass sie uns helfen oder zumindest dem Bernd nicht die Tür aufmachen. Und ich frage mich, wann endlich der richtige Ton zu diesem Bild erscheint. Ich für meinen Teil fände ja Sirenen und Blaulicht ganz passend. Doch sosehr ich in die Nacht lausche, außer dem dumpfen Poltern des Dixis höre ich absolut nichts.

»Verdammte Scheiße«, stößt Vivien flüsternd hervor und Enna vervollständigt mit einem kaum hörbaren »Krieg!«.

Ich denke mir nichts dabei, bis ich Ennas Hand spüre, die sich langsam in meinen Oberschenkel krallt, so doll, dass ich beinahe schreien möchte vor Schmerz. Gerade noch rechtzeitig lässt Enna los, haucht ein zweites Mal »Krieg!« und zeigt aufgeregt zwischen zwei Blumentöpfe. Ich kneife die Augen zusammen und versuche zu sehen, was sie sieht, aber ich verstehe nicht, was das sein soll. Da draußen ist absolut nichts zu sehen außer schwarze Nacht und ein mondbeschienenes Dixi-Klo, das jetzt in immer länger werdenden Abständen auf die Seiten knallt. Geht Bernd etwa die Kraft aus? Oder bekommt der Soldat plötzlich noch Bedenken wegen der Munition? Ich überlege ernsthaft, ob ich nicht doch meine Eltern wecken soll, denn inzwischen ist es bestimmt drei und gegen fünf verlassen die ersten Leute, die im Schichtdienst arbeiten, das Haus. Und das könnte eine Katastrophe werden.

»Krass«, stöhnt jetzt auch JJ und so langsam frage ich mich, ob hier alle meine Gedanken lesen können. Dann spüre ich Sentas warmen Körper, der sich zwischen uns auf den Balkon drängelt. Ihr Schwanz peitscht mir aufgeregt gegen die Beine, doch Jack legt entschlossen seine Hände um ihre Schnauze und befiehlt leise: »Ruhig, Senta, ruhig jetzt.«

Mein Blick wandert zurück zur Baustelle.

Und dann sehe ich es auch.

Ich verstehe nicht gleich.

Es ist, als ob sich der komplette Bildausschnitt vor mir minimal bewegt. Als ob die Büsche um die Baustelle unmerklich wackeln und ihre Schatten im Mondlicht anfangen zu tanzen. Und dann treten sie hervor, die schwarzen Schatten. Ich muss an Omars Dinosaurier denken. Doch die hier sind lautlos. Kein Gebrüll. Enna krallt sich in meinem Bein fest. Die Schatten sind Menschen. Schwarz gepolstert, mit Helmen und, oh mein

Gott, wie heißt das … Sturmgewehren? Die Schatten bewegen sich jetzt von allen Seiten auf das Dixi zu. Es kommen immer mehr. Von der Straße, aus der Flutrinne, zwischen den Ästen der Trauerweide, aus dem Sandkasten und sogar direkt unter uns müssen welche auf das Kommando gewartet haben. Auf dem Rücken ihrer gepolsterten Westen kann ich die Aufschrift *POLIZEI* lesen. »Die sind vom SEK«, flüstert Jack neben mir fasziniert.

Wir beobachten, wie die erste Reihe der Vermummten bis dicht ans Klo vorrückt. Dann frieren die Schatten plötzlich ein.

Als hätte jemand den Film angehalten.

Ich halte den Atem an. Wir alle halten den Atem an. Enna nimmt meine Hand. Ihre ist eiskalt.

Ich kann nicht erkennen, wer die Macht hat und den Stand-by-Modus ausschaltet, aber jemand tut es. Und dann geht alles ganz schnell.

Mehrere Schatten stürmen auf das Klo zu und drehen es. Andere richten ihre Gewehre auf das Dixi. Die Tür klappt auf.

Einer der Schatten tritt vor und sagt was, leise. Kein Gebrüll. Nicht wie im Film.

Dann krabbelt Bernd Konopka auf allen vieren aus dem Klo. Er versucht sich aufzurichten. Breitbeinig Haltung einzunehmen. Die Polizisten weichen zurück. Der zuvorderst steht, klappt das Visier von seinem Helm runter. Ein riesiger Haufen Scheiße wankt mit erhobenen Händen auf ihn zu.

Und dann brüllt doch einer. Irgendwo hoch über uns vom Balkon. »Verdammte Asis, ich ruf jetzt die Bullerei!«

Gute Nacht, Deutschland

Es ist fünf Uhr vierzig, als ich Frau Weißhaupts Kuscheldecke zusammenlege und ins Schlafzimmer bringe. Weil der Vorhang wirklich kein Licht reinlässt, weiß ichs nicht genau, aber ich schätze, draußen muss es inzwischen hell sein. Senta schnarcht leise. Enna spült in Slow-Mo die Gläser ab und JJ pult die Kekskrümel aus dem Teppich. Vivien holt die Schuhe aus dem Bad, duscht die Wanne gründlich aus. Dann sind wir endlich fertig. Die Sturmtruppe war da deutlich schneller. Es ist bestimmt eine Stunde her, dass wir vom Balkon zurück in die Wohnung geschlichen sind, den Vorhang zugezogen und wieder angefangen haben zu atmen.

Enna sieht mich fragend an.

»Ich hab keine Ahnung«, antworte ich. Und die habe ich wirklich nicht. Meine Akkus sind leer. Ich bin einfach nur noch müde.

»Wollen wir zu uns gehen?«, fragt JJ. »Wir haben auch ein Ladekabel.«

Ich nicke.

»Aber erst mal Hunderunde? Sonst müssen wir in ner Stunde noch mal runter.«

Enna schnappt sich den Relax-Trolley. »Die Sachen parken wir so lange im Treppenhaus. Schätze nicht, dass um die Zeit einer die Treppe nimmt und ein Zelt ausleiht.«

›Und wenn schon‹, denke ich. ›So schnell will wahrscheinlich keiner von uns wieder campen.‹

Im Flur ist es still. Vivien zuckt zusammen, als hinter der Tür von 0102 ein Wecker angeht. Dabei ist das ganz normal. Roswitha ist Krankenschwester, wahrscheinlich hat sie Frühschicht. Wir stellen unsere Sachen auf dem Absatz hinter der Glastür ab und nehmen die Treppe ins Aquarium. Senta ist schläfrig und tapst unsicher die Stufen runter, aber als sie die Haustür offen stehen sieht, wackelt ihr Schwanz vor Freude. Jack leint sie ab und Senta flitzt raus, an den Mülltonnen vorbei auf den Parkplatz.

Ich will protestieren, aber ich komme nur bis zum »Das ist nicht …«, da unterbricht Vivi mich müde.

»Mach dir nicht ins Hemd, Alman.«

»Auf die eine Kackwurst kommt es jetzt auch nicht mehr an«, fügt Enna schwach lächelnd hinzu. Dann tritt sie entschlossen aus dem Haus. In diesem Moment erhebt sich die blutrote Morgensonne über der Kiesgrube und zaubert ihr einen brennenden Heiligenschein.

Enna zeigt auf die Biomülltonne. Irgendjemand hat mit Edding draufgeschrieben: *Tobi ist ein Spast.* Und irgendjemand hat den *Spast* durchgestrichen. Und *Autist* darübergeschrieben. Außerdem *Rauchen ist tödlich, du Dummkopf!*

Senta dreht hinter den Mülltonnen plötzlich um und flitzt schnüffelnd wieder an uns vorbei. Enna dreht sich zu uns um. Atmet. »Bereit für die nächste Katastrophe? Pimmel!« Wir seufzen. Wir nicken. Und biegen dann genau wie Senta nach links.

Aber dieses Mal erwartet uns keine Katastrophe. Die Baustelle sieht aus wie gestern. Gestern Morgen, wenn mans genau nimmt. Das Dixi-Klo steht wieder an seinem Platz. Nicht mal die kleinste Kackwurst ist zu sehen. Keine Angelkiste. Keine

Keksdose. Kein Messer. Und auch sonst keine Spuren. Nicht vom Campen. Nicht vom Sturmtrupp. JJ reibt sich ungläubig die Augen. Vivien und Enna werfen sich einen fassungslosen Blick zu. Und ich stelle die Heinzelmännchen auf meine Google-Liste. Stumm bewegen wir uns langsam und vorsichtig wie über ein Minenfeld vorwärts. Unser unausgesprochenes Ziel ist die Kabine aus leuchtend blauem Plastik. Je näher wir kommen, desto schneller wird Vivien. Ihre Schritte machen jetzt ein schmatzendes Geräusch. Dann ist sie da. Reißt die Tür auf. Frühlingswiese! Auf dem Klo duftet es nach Frühlingswiese und Desinfektion. Die Munitionskiste ist verschwunden. Die Scheiße auch. Jemand hat eine frische Rolle Klopapier aufgehängt.

Aber wann?

»Scheiße!«, keucht Vivien neben mir.

Zurück rennt sie beinahe. Wir haben Mühe, ihr zu folgen. Im Aquarium hinterlassen unsere vermatschten Schuhe erdige Spuren. Ich weiß nicht warum, aber ich gucke bei uns in den Briefkasten, so wie ich es immer mache, wenn auch nicht um kurz vor sechs Uhr in der Frühe. Und wirklich, da liegt was. Eine Visitenkarte der Polizei? Auf die Rückseite hat jemand was mit Kuli gekritzelt.

Enna reißt mir die Karte aus der Hand. »Raiko Schmidt? Das war doch der am Telefon, oder?« Sie dreht die Karte um, aber weiter steht nichts drauf. »Was soll das? Ist das seine Autogrammkarte? Oder sollst du ihn anrufen?«

Vivien schmeißt die Sachen aus dem Notaufgang in den Fahrstuhl, sie hats offensichtlich eilig. »Was jetzt? Kommt ihr?« Wir kommen. Senta trabt als Letzte an.

Joy drückt die Zwölf. Die Tür schließt sich. Wir sehen die Etagen leuchtend vorüberziehen.

»Woran denkt ihr?«, fragt Enna plötzlich.

»Frühstück!«, antwortet JJ wie aus einem Mund.

»Und du, Vivi?«

Ohne den Blick von der Anzeige zu nehmen, sagt Vivien. »Ich denke an Gott. Und an Lenny.« Dann drückt sie die Dreizehn. Als wir in der Zwölf halten, steigt niemand aus.

Wir fahren zusammen weiter. In der Dreizehn schiebt Vivien den Trolley in die Lichtschranke, damit die Fahrstuhltür offen bleibt. Bernds Tür ist ganz hinten links um die Ecke. Hier sind Spuren zu sehen. Der Spion ist zerbrochen. Und über dem beschädigten Türschloss klebt ein rosarotes Polizeisiegel. So steht es jedenfalls drauf. Und da steht noch mehr. »*Wer ein dienstliches Siegel beschädigt, ablöst oder unkenntlich macht, wird gemäß Paragraf 136 StGB strafrechtlich verfolgt*«, liest Enna vor. »Habt ihr ne Ahnung, was das bedeutet?«

»Na ja«, vermutet JJ, »wenn wirs kaputt machen und erwischt werden, gibt das wahrscheinlich ein Bußgeld.«

»Ficker, alle Ficker!« Vivien läuft zurück zum Fahrstuhl. Wir hinterher.

Jack drückt die Zwölf.

»Und du, Panda? Woran denkst du?«, raunt Enna.

»An Heinzelmännchen. Ich frag mich, ob es das jetzt gewesen ist. Oder ob das dicke Ende noch kommt. Ob die Geschichte überhaupt ein Ende hat.«

Joy schließt die Tür auf.

›Bei den Palaskes riecht es nach Katzenklo‹, denke ich. Und nur noch ganz wenig nach Ratten. Jack marschiert mit Senta und in Dreckschuhen ins Wohnzimmer. Er stellt den Backofen an. Holt eine Tüte Aufbackbrötchen aus dem Tiefkühler. Und lässt sich dann auf einen zugemüllten Stuhl fallen. Joy wirft mir ein Ladekabel zu und zeigt auf die Steckdose. Alle sehen mich an. Eigentlich will ich es nicht tun. Ich will es nicht tun. Und mache es doch. Ich muss lernen, der Wahrheit ins Auge zu sehen. Auch wenns wehtut. Das müssen wir alle. Ich stecke das Kabel in die Dose und mein Handy an. Der Ofen piept, aber Jack rührt sich nicht. Er wartet. Dann leuchtet das Display auf. Es folgt das Geräusch der eingegangenen Nachrichten.

»Atmen«, sagt Enna. »Atmen und zählen, dann Zunge gegen den Gaumen drücken, inneres Lächeln aufsetzen, an Dinobabys denken und dann … lesen. Du schaffst das, Panda!«

Ich lese.

Die erste Nachricht ist von meiner Mutter. Mein Magen krampft.

Mami: *Mein Herzblatt, wir wünschen dir und Enna und den anderen eine schöne erste Nacht im Zelt. Sagt Bescheid, wenn ihr was braucht! Seni seviyoruz. Mama & Papa.*

Die zweite Nachricht ist von Rike: *Ich noch mal. Tut mir leid, wenn ich dich erschreckt habe, das war nicht meine Absicht. Ich will einfach nicht, dass dir was passiert. Schließlich bist du mein bester (junger) Mann!*

Die dritte Nachricht ist von Maggie: *Melde dich, ich hab einen Job für euch!*

Die vierte ist eine Sprachnachricht – von Mama? »Ich weiß, dass du dein Geld in der Kaffeedose im Schuhschrank versteckt hast!«, brüllt Omar aus dem Lautsprecher. Enna muss grinsen.

Die nächste Sprachnachricht kommt gleich hinterher: »Aber

meins findest du nie! Und deshalb verrate ich auch nicht, wofür ich spare.«

Und noch eine: »Doch ich sags dir wohl! Aber nicht verraten! Ich will in den Dinopark. Mit dir und deinen Freunden von dem neuen Zuhause. Nee, neue Heimat. Veit und Yildiz kommen auch mit! Und Tobi lade ich ein. Ich lade alle ein. Mit meinem Geld!«

Jetzt muss sogar Vivien schmunzeln.

»Noch mehr?«, fragt Enna.

»Eine letzte Whatsapp«, antworte ich.

»Von Raiko?«, fragt Vivien.

»Nein. Von Edwin.«

»Wer ist Edwin?«

Senta spitzt die Ohren.

Und ich lese vor: »*Liebe Grüße von meiner Frau. Sie lässt euch ausrichten, in der Küche (mittleres Fach über der Spüle) liegen Kekse und Schokolade. Die könnt ihr nehmen. Wir kommen morgen zurück. Alles wird wieder gut. Edwin Weißhaupt.*«

»Das wars?«

Ich nicke.

»Keine Polizei?«

Ich schüttle den Kopf.

Jack springt auf und klatscht begeistert in die Hände.

»Dann gib mal den Schlüssel, Firuz. Ich hole die Schoki hoch!«

Frauke Angel wurde 1974 im Ruhrgebiet geboren. Sie ist ausgebildete Schauspielerin und arbeitete zwanzig Jahre auf deutschen Bühnen, bevor sie 2015 ihr Hörfunk- und 2017 ihr Kinderbuchdebüt gab. Seitdem schreibt sie Bücher, Erzählungen und Hörspiele für Kinder, Jugendliche und manchmal auch für den Rest der Familie. Für ihre Texte wurde sie mehrfach ausgezeichnet.

Stephanie Brittnacher ist selbstständige Illustratorin. Sie begeistert mit ihrer Vielseitigkeit an Themen und Stilen. Ihr Repertoire umfasst Kinder- und Jugendbücher, Live-Visualisierungen – und Comics!

1. Auflage 2024

in der Penguin Random House Verlagsgruppe GmbH,
Neumarkter Straße 28, 81673 München

Text: Frauke Angel
Vermittelt durch die Agentur Susanne Koppe
www.auserlesen-ausgezeichnet.de
Bilder: Stephanie Brittnacher
Druck: GGP Media GmbH, Pößneck
ISBN 978-3-86429-631-4
Printed in Germany

MIX
Papier | Fördert gute Waldnutzung
FSC® C014496
www.fsc.org
Penguin Random House Verlagsgruppe · FSC ® N 001967

www.tulipan-verlag.de

Mehr von der Neuen Heimat

ISBN 978-3-86429-618-5 • € 16,00 (D)/€ 16,50 (A)

Hals über Kopf zieht Enna mit ihrer Mutter Stella aus dem gutbürgerlichen Stadtviertel in den 14. Stock einer Hochhaussiedlung. Während ihre Mutter die neue Wohngegend als Ghetto bezeichnet, wittert Enna ihre Chance: auf einen aufregenden Neuanfang, auf neue Freunde! Doch als gleich in der ersten Woche ihr nagelneues Rad aus dem Fahrradraum geklaut wird, beschließt sie, den Dieb auf eigene Faust zu schnappen. Und sie bleibt mit ihrem Vorhaben nicht lange alleine: Mit Vivien, Firuz und den Zwillingen Jack und Joy, die alle im selben Block wohnen, gründet sie eine Gang, die sie nach der Hochhaussiedlung »Neue Heimat« nennen – und gemeinsam machen sie sich auf die turbulente Spurensuche.